監督署は怖くない！労務管理の要点

元労働基準監督官
特定社会保険労務士
角森 洋子 著

労働調査会

はじめに

労働基準監督署（官）は突然やって来て帳簿や工場を調査し、２年遡って不払い割増賃金の支払いを指導する、あるいは労働基準法や労働安全衛生法違反で司法処分にするなどという怖い役所であると印象付けられています。しかし、2014年（平成26年）の定期監督（監督署の調査）の違反率は69.4％と、何がなんでも法違反を指摘するものではありません。また、重大・悪質な事案は司法処分（送検）を行うことを背景としながら、迅速に労働条件の確保を図ることを基本的使命としているものであり、法違反に対していたずらに司法処分をするわけではありません。実際、2014年の定期監督と申告監督の違反事業場数106,472万件に対して送検件数は1,036件と１％にもなりません。いいかえれば、監督指導時、多少の法違反を指摘されたとしても誠実に改善すれば大きな問題にはならないということです。第１部では、どのような場合に司法処分になるのか、その基準と具体例を掲載しました。

さらに、労働監督制度（労働局・労働基準監督署）は労働者保護を目的としており、企業に敵対するものと思われていますが、企業にとっても必要な制度です。なぜなら、労働監督制度により労働基準法などの法律が斉一的で公正に適用されることで、法を守らず低劣な労働条件で労働者を働かせて企業間競争で優位に立とうとする悪質な企業を放置させないことが可能となり、多くの企業は悪質な企業との不公正な競争を回避できるからです。加えて、労働関係法の効果的な適用によって労働者の生活の安定と向上により社会が安定するなどの社会的利益が得られることで、企業もその恩恵にあずかることができるのです。これらの意義を理解していただくために、第１部では、「労働基準監督年報」をはじめとする厚生労働省の公表する資料を基に労働監督制度について解説しました。

労働基準監督署および労働局は、労働者だけでなく企業の労務管理の相談にも応じています。第２部では、解雇、残業代不払い、長時間労働、安全衛生管理、労働災害、いじめ・嫌がらせ、セクハラ、マタハラなどの労働問題について、事業主および労働者が相談する場合、労働基準監督署や労働局のどこの部署に行けばよいのかを解説しました。さらに、労働局による事業主に対する助言・指導、個別労働問題に関するあっせんという手続き、労働に関するトラブルについての裁判所での手続きとして労働審判および少額訴訟の紹介もしています。

2014年度（平成26年度）のサービス残業により是正勧告された賃金の不払い額は142億4,576万円と前年度比19億378万円の増となっています。また、過労死等による労災の支給決定件数は2015年度が251件、精神障害による労災の支給決定件数は472件と前年度に比べ減少していますが、どちらも請求件数は増加しています。これらの問題の原因の一つとして、企業経営者や労務管理担当者の労働時間制度や過重労働による健康への影響に対する無理解があります。

第３部では、労働時間とは何かについて裁判例や行政解釈を詳しく載せ、また、過重労働はなぜいけないのか、過重労働対策として労働基準監督署はどのような調査・指導をするのかを解説しました。サービス残業に関してはタイムカードの意味や時間外労働の事前承認制の問題点、労働基準法違反とならない管理監督者の基準をすべて掲載しています。

さらに、若者の使い捨てで問題となっているブラック企業で行われている、労働者に対する損害賠償請求、固定残業代や自爆営業（クリスマスケーキ買い取りなど）の違法性も取り上げました。最低賃金については、どのような業種が監督対象に選定されるのか、最低賃金法違反とならないために実務上留意すべきポイント等を記載しました。

安全衛生管理については、健康診断に関する疑問、ストレスチェック制度の目的と制度の解説、安全配慮義務を履行するためには何をするべきかを書きました。発覚すると確実に司法処分にされる労災かくしが、なぜなくならないのか、なぜ、かくしてはいけないのかを解説しました。最後に、派遣労働者、技能実習生、年少労働者を使用するにあたって配慮するべき事項について解説しました。

この本を読んでいただくことで、企業の経営者や労務担当者の皆さんが、労働監督制度の意義と労働関係法令を正しく理解し、労働基準監督署と労働局を不必要に恐れるのではなく、むしろ、法解釈や労務管理および労働安全衛生管理の相談先として上手に利用することをお勧めします。

ところで、労働行政には、東京および大阪労働局に過重労働撲滅特別対策班（通称「かとく」）が設置されるなど過重労働対策に力を入れながら、他方で、長時間労働を助長し、残業代不払い制度とも批判される「特定高度専門業務・成果型労働制」（高度プロフェッショナル制度）の創設（「労働基準法等の一部を改正する法律案」として平成27年の189回国会で提出され、継続審議となっている）をしようとするという矛盾があります。グローバルに通用する「働き方改革」（「個人と企業の成長のための新たな働き方」2014. 4. 22産業競争力会議　雇用・人材分科会）を真剣に実行するのであれば、まず、ILO第1号条約※の批准を行うべきであると考えます。そして、日本においても、ILOの活動の主目標である「ディーセント・ワーク（働きがいのある人間らしい仕事）」が実現されることを願ってやみません。

※正式名：工業的企業に於ける労働時間を1日8時間かつ1週48時間に制限する条約（1919年採択）。日本は未批准。

2016年8月

著　者　角森 洋子

もくじ

第2部　労働問題のトラブル解決のための相談窓口

第3部　法令違反にならないために押さえておきたいQ＆A

Ⅰ　労働時間

［凡　例］

●主な法令名の略語●

労基法……労働基準法　　労基法施行規則……労働基準法施行規則
年少則……年少者労働基準規則
寄宿則……事業附属寄宿舎規程
限度基準……労働基準法第36条第１項の協定で定める労働時間の延長の限度等に関する基準
改善基準……自動車運転者の労働時間等の改善のための基準
安衛法……労働安全衛生法　　安衛令……労働安全衛生法施行令　　安衛則……労働安全衛生規則
クレーン則……クレーン等安全規則　　有機則……有機溶剤中毒予防規則
特化則……特定化学物質障害予防規則　　石綿則……石綿障害予防規則
労災保険法……労働者災害補償保険法　　労災保険法施行規則……労働者災害補償保険法施行規則
徴収法……労働保険の保険料の徴収等に関する法律
最賃法……最低賃金法　　最賃法施行規則……最低賃金法施行規則
労働時間等設定改善法……労働時間等の設定の改善に関する特別措置法
労働者派遣法……労働者派遣事業の適正な運営の確保及び派遣労働者の保護等に関する法律
労働者派遣法施行規則
……労働者派遣事業の適正な運営の確保及び派遣労働者の保護等に関する法律施行規則
派遣先指針……派遣先が講ずべき措置に関する指針
男女雇用機会均等法……雇用の分野における男女の均等な機会及び待遇の確保等に関する法律
育児介護休業法……育児休業、介護休業等育児又は家族介護を行う労働者の福祉に関する法律
パートタイム労働法……短時間労働者の雇用管理の改善等に関する法律
刑訴法……刑事訴訟法

●その他の略語●

監督署……労働基準監督署　　監督官……労働基準監督官　　監督署長……労働基準監督署長
セクハラ……セクシュアルハラスメント
パワハラ……パワーハラスメント
マタハラ……マタニティハラスメント

●解釈例規の略語●

発基……労働基準局関係の事務次官通達
基発……労働基準局長通達
基収……労働基準局長が疑義に答えて発する通達
基監発……労働基準局監督課長通達
基勤勤発……労働基準局勤労者生活部勤労者生活課長通達
婦発……婦人局長通達
職発……職業安定局長通達
能発……職業能力開発局長通達
雇児発……雇用均等・児童家庭局長通達

第1部

監督指導に関して聞きたい疑問

労働基準監督署から「労働条件に関する調査について」という文書で呼出をされたのですが、どうしてなのか理由がわかりません。どうやって呼び出す企業を選ぶのでしょうか。

（インターネット販売の小売業者）

呼出監督対象事業場の選定のやり方はいくつかの方法があります。労働基準監督署（以下「監督署」という）があらかじめ持っている事業場の情報に加えて、申告・相談の記録、業者団体名簿、職業別の電話帳、最近ではインターネットの情報から集めるという方法もとられているようです。

1　監督指導

労働条件の最低基準を定める労働基準法（以下「労基法」という）や労働安全衛生法（以下「安衛法」という）等の労働基準関係法令の実効を確保し、労働者が安全で安心して働くことができるようにするため、監督署では、

① 事業場※を計画的に監督指導する
② 労働者からの申告を受け付けて処理する
③ 重大・悪質な労働基準関係法令違反事案を司法処分とする

等の業務を行っています。監督署では事業場を調査指導することを監督指導といいます。事業場の現状を的確に把握するため監督指導は原則として予告することなく実施されています。

2　監督指導のやり方

監督署の監督指導のやり方には以下の方法があります（監督の種類については **Q8** 参照）。

① 労働基準監督官（以下「監督官」という）が予告なしに企業に監督

※事業場
労基法では、事業場単位で法が適用される。詳しくは、115頁「ミニ知識」参照。

指導に行く

② 電話等で予告があり、監督官が企業に監督指導に行く

③ 複数の事業場を文書で日時を指定して呼び出し、企業が書類を持って監督署に行き、監督署で調査をする

④ はがきや電話で個別に呼出しがあって、企業が書類を持って監督署に行き、監督署で調査する（申告監督のときに使われる方法）

⑤ 特定の地域や業種について集中的に監督指導をする(建設パトロールなど)

③の呼出（集合）監督という方法は、従来、最低賃金の履行に関する監督を行う場合に用いられていた方法です。2010年度（平成22年度）か

◉ 資料１―労働基準監督業務の改革の具体案

Ⅰ　労働基準関係法令の周知・情報提供の徹底（平成22年度上半期に実施）

⑴ 事業主向けに、人を雇い、使用する場合に守るべき基本的なルールを分かりやすく解説したパンフレットや「Ｑ＆Ａ」を厚生労働省ホームページに掲載するとともに、労働保険の年度更新手続等の機会にパンフレットを配布。

⑵ 労働者向けに、労働保護法令など働くに当たっての基本的なルールについて、分かりやすく解説したパンフレットや「Ｑ＆Ａ」を厚生労働省ホームページに掲載するとともに、セミナーを実施。

Ⅱ　監督対象事業場の新たな把握手法の導入

⑴ 厚生労働省ホームページで労働基準関係法令の違反事業場についての情報をメール（匿名可）で受付（平成22年度第４四半期システム改修、受付開始）。

⑵ 労働者から、広く労働条件に関する苦情や不満を内容とする相談が繰り返しある事業場について、相談内容をシステム上集積し、把握できるようにする（平成22年度第４四半期システム改修、実施）。

※特に大都市部の大規模署で相談記録の検索等の省力化効果を期待。

⑶ 地方運輸局・入国管理局等からの通報に加え、平成22年度下半期から国等の発注に関し、低価格で落札した者について公表される情報を活用して労働条件上の問題を抱える事業場を把握。

Ⅲ　新たな監督指導手法の導入（平成22年度試行実施、23年度全面実施）

⑴ 労働条件上の問題を抱える小規模な小売業、飲食店などの事業場に対し、法令の丁寧な説明会の実施後に、個別に指導を行う監督指導の手法を積極的に展開。

⑵ 本省の指揮の下、労働条件上の問題を抱える全国展開企業の情報を全国ネットワークを活用して収集し、本社を管轄する都道府県労働局が全社的に改善させる監督指導の手法を積極的に実施。

資料出所：厚生労働省「労働基準監督業務の改革案について」(2010年（平成22年）省内事業仕分けに係る説明資料)

ら労働条件上の問題を抱える小規模な小売業、飲食店などの事業場については、「法令の丁寧な説明会の実施後に、個別に指導を行う監督指導の手法を積極的に展開」すると公表されています（厚生労働省「労働基準監督業務の改革案について」平成22年度作成）。

2009年（平成21年）の100,535件から2010年（平成22年）の128,959件へと、定期監督件数が28.3％増加しています（**図表１**）。増加しているのは、商業やその他の事業（派遣業、情報処理サービス業等）です。増加理由は2009年度（平成21年度）の第４四半期から呼出（集合）監督を多用することになったことによると思われます。呼出しの対象となる業種は労働条件上の問題を抱える小規模小売業、飲食店などです。

◇ 図表１ ● 定期監督件数の増加

	2009(平成21)年	2010(平成22)年
定期監督件数	100,535	128,959
2009(平成21)年を100とした指数	100	128.3

資料出所：厚生労働省労働基準局「労働基準監年報」

都合がつかないので日を変えてほしいと言ったら、もっと厳しくされるのでしょうか。

日時を変更してほしいと言ったからといって、もっと厳しくするなどの意地悪をされることはありません。監督署から一方的に来署依頼通知を出しているわけですから、一部の事業場から日時の変更を求められることを前提にしています。呼出の文書にも、「やむをえない都合により、上記日時に来署できない場合には、事前に当署監督係までお知らせください。」と書いてあるとおり、都合が悪い場合は遠慮なく日時の変更をしてもらってください。

COFFEE BREAK 1

お土産って何ですか？

監督署の監督指導についてのセミナー会場で、「監督官にはお土産がいるんですか」と質問されました。「お土産って何ですか」と逆に聞き返したところ、税務調査で何も問題点が見つからなければ調査官が業績を残せず税務署に帰りづらいということで、納税者の方であらかじめ帳簿上に適度な間違いをしておくということを聞きました。これを「お土産」というのだということでしたが、監督官の監督に対して「お土産」を用意しておく必要はありません。予告なしに企業に調査（監督）にやって来るような場合に、「お土産」を用意しておく余地は全くありません。

「労働基準監督年報」（厚生労働省労働基準局）を見ると、定期監督等の違反率は2014年（平成26年）で69.4%となっているように、法違反は見つからなかったということも結構あり、そのこと自体が問題とされることはありません。

監督署からの来署依頼通知（例）

平成27年○月○日

事業の代表者　殿

○○労働基準監督署長

労働条件に関する調査について

時下、益々ご清祥のこととお慶び申し上げます。
平素は労働基準行政にご理解とご協力を賜り、厚くお礼申し上げます。
　さて、当署におきましては、かねてより管内事業場における雇用労働者の法定労働条件の履行確保に努めてきたところですが、このたび、貴事業場における雇用労働者の労働条件全般の実態をお尋ねしたく、下記により、労働条件管理に係る調査を行うことといたしました。
　つきましては、ご多忙のところ誠に恐縮ではございますが、事業の代表者又は労務担当者の方にご来署いただけますよう通知いたします。

記

1　日時　平成27年○月○日（月）午前9時30分
　なお、やむをえない都合により、上記日時に来署できない場合には、事前に当署監督係までお知らせください。
2　場所　大阪市○○区○○6丁目4番52号（同封の案内図をご覧ください。）
　○○労働基準監督署　3階会議室
3　お持ちいただくもの
　①　雇用契約書又は労働条件通知書
　②　労働者名簿
　③　賃金台帳・賃金明細書等の賃金計算の記録（平成27年○月分以後）
　④　出勤簿・タイムカード、勤務シフト表等の労働時間の記録（同上）
　⑤　時間外・休日労働に関する協定届（36協定届）、1年単位の変形労働時間制に関する協定届その他の労働時間関係の労使協定届（同上）
　⑥　就業規則届（賃金規定、退職金規定等を含む。）
　⑦　直近1年間の健康診断結果個人票
　⑧　別紙「調査表」（所定事項をご記入の上、来庁時に担当職員にお渡しください。）
　⑨　来庁者の認印

持って来るようにと書かれている雇用契約書または労働条件通知書と労働者名簿はないのですが、作成して持って行った方がいいのでしょうか。健康診断は実施してから行った方がいいのでしょうか。

監督署がこのような文書で呼び出すにあたっては、労働条件について何らかの労基法違反や安衛法違反があることを想定しています。法違反を指摘されても説明を受けてから改善すれば問題はないので、作成していない書類をあわてて用意する必要はありません。調査時に不明なことがあれば説明を求めることもできます。

それでも何か準備をしておきたいということであれば、労働者名簿※1はすぐに作成できるので作って持って行かれたらよいと思います。しかし、雇用契約書あるいは労働条件通知書※2については、そこに記載するべき労働条件があいまいであれば、この機会に従業員との間ではっきりした労働条件を約束することになります。短期間に急いで作成するのは無理があるのでやめた方がよいのではないかと思います。

健康診断には、医師の判断により省略可能な項目があります（第３部のQ45参照）。また、健診機関によって料金も違うので、改善指導されてからよく説明を受けて実施した方がよいと思います。

※１、※２　労働者名簿、労働条件通知書の様式
→厚生労働省主要様式ダウンロードコーナー
http://www.mhlw.go.jp/bunya/roudoukijun/roudoujouken01/

調整手当を残業代の計算に入れていなかったので、これを住宅手当に変更して賃金台帳を作り変えて持って行こうと思いますが、それで差し支えないでしょうか。

調整手当は、労基法37条によれば割増賃金の基礎となる賃金に参入しなくてよい賃金ではないので、時間外労働の割増賃金の基礎に入れなければなりません。それを指摘され遡及払いを指導されるのを回避しようということでしょうが、虚偽の賃金台帳を作って持って行くというのは最もやってはいけないことです。監督官に虚偽の賃金台帳であることがわかってしまうと、割増賃金の不足に加えて新たに労基法120条4号の罰則の対象となってしまいます。

仮に監督官の目をごまかすことができたとしても、従業員の目をごまかすことはできません。従業員が監督署に申告する可能性もあるので、ありのままの賃金台帳を持って行くことをお勧めします。

参照条文

労基法120条　次の各号の一に該当する者は、30万円以下の罰金に処する。
（一～三　略）
四　第101条（第100条第3項において準用する場合を含む。）の規定による労働基準監督官又は女性主管局長若しくはその指定する所属官吏の臨検を拒み、妨げ、若しくは忌避し、その尋問に対して陳述をせず、若しくは虚偽の陳述をし、帳簿書類の提出をせず、又は虚偽の記載をした帳簿書類の提出をした者

「通常の場合、監督官は監督の実施につき事前に使用者に知らせるべきではない。例えば最低年齢制限、深夜業の禁止、労働時間等についての法規の違反を隠滅することを可能ならしめる」（ILO「労働監督の手引き」）といわれているにもかかわらず、呼出しという方法は予告をしているということです。手書きで作成していた時代と違い、賃金台帳もエクセルや計算ソフトを使ってやっているので、作り直そうと思えば短時間でできます。少なからぬ事業主が偽の書類を持って呼出しに応じているのではないかと危惧します。

監督官の調査は突然やって来るということがあるそうですが、断ったらどうなるのでしょうか。

1　監督指導は断れない

監督官の調査を断ることはできません。監督官の「臨検を拒み、妨げ、若しくは忌避し、その尋問に対して陳述をせず、若しくは虚偽の陳述をし、帳簿書類の提出をせず、又は虚偽の記載をした帳簿書類の提出をした者」は、30万円以下の罰金に処せられると労基法120条４号は定めています。

しかし、突然訪問されるのですから、その日あるいは時間がどうしても都合が悪いときは日時を変えてほしいと要望することができます。理由を説明すれば監督官が無理矢理調査するということはありません。

例えば、事務部門の責任者が不在なので書類は見せられないが、工場長がいるので工場内は見てもらってもかまわないという対応はあります。その場合、後日再度調査に来るか、あるいは書類を持って監督署に行くことになるでしょう。

調査を断って送検された事例

品川監督署（東京）は、2011年（平成23年）、店長に対し月200時間を超える違法な長時間残業を行わせた不動産業者を、労基法32条（労働時間）、35条（休日）違反などの疑いで東京地検に書類送検した。

<事案の概要>

同社では、休日出勤が常態化し、７カ月間に４日しか休日を与えない過酷な勤務をさせていた。同社は監督署の呼出しに応じず、選任した弁護士とともに監督官の立入調査を拒み続け、是正勧告書を受け取らないなど行政指導に対する挑発行為を繰り返した。監督署は立入調査や是正勧告書の受取りを拒んだことを理由に強制捜査を行っている。

2　労基法101条と憲法35条の関係

監督官は令状を持たずに事業場に臨検し、強制的に帳簿や書類の提出を求めることができます（労基法101条）。この権利は、「何人も、その住居、書類及び所持品について、侵入、捜索及び押収を受けることのない権利は、第33条〔注：現行犯〕の場合を除いては、正当な理由に基いて発せられ、且つ捜索する場所及び押収する物を明示する令状がなければ、侵されない。」とする憲法35条の規定との関係で問題ありとする学説があります。

しかし、憲法35条は刑事手続き上の強制権を制限したものなので、労基法の権利の救済のための行政上の強制権は憲法35条に抵触しないと解するのが一般的です。

なお、所得税法に基づく収税官吏の質問検査権は憲法35条1項に違反するかについて、「憲法35条1項の規定は、本来、主として刑事責任追及の手続における強制について、それが司法権による事前の抑制の下におかれるべきことを保障した趣旨であるが、当該手続が刑事責任追及を目的とするものでないとの理由のみで、その手続における一切の強制が当然に右規定による保障の枠外にあると判断することは相当ではない。」と最高裁が判示しています（**最高裁大法廷昭47. 11. 22判決**）。これは監督官の監督指導にも妥当すると考えられています。

憲法38条の「何人も自己に不利益な供述を強要されない。」との関係も問題になりますが、労基法101条の目的と強制の程度から考えて、憲法38条には違反しないと考えられます。

当社は毎年監督官がやって来ます。同業者のところはめったに来ないそうですが、監督指導の対象はどのように選ばれるのでしょうか。

毎年監督官が来るという理由には、おそらく、
・36協定に特別条項があり、かつその延長時間が長い。
・派遣労働者、外国人労働者・技能実習生などの特定の労働分野における労働条件確保対策の対象となっている。
・毎回法違反が多い、あるいは使用停止等深刻な違反がある。
・労働災害が多い。
・裁量労働制を採用している。
・労働者がよく辞め、もしかしたら退職後に申告している。
など、何らかの問題があることによると思われます。

1　監督指導計画

監督署の調査とは、労働行政では監督指導といわれているものです。厚生労働省が策定する地方労働行政運営方針および都道府県労働局発出の行政運営方針を踏まえて、毎年度、監督署では監督指導計画が作成されます（図表２）。

計画作成にあたっては、監督署の管内事情を考慮します。図表２のＡ局Ｂ署の管轄地域は、大都市の中心部であり、本店・支店が多く、非工業的業種（小売業、飲食業、サービス業等）が密集しており、北部は工業地帯が形成されています。中心部の非工業的業種の事業場の労働者による申告監督に多くの業務量を割かなければならないという計画になっています。Ａ局Ｂ署の平成22年度の定期監督等827件の重点対象は450件だけ明らかにされていて、残り377件は残念ながらわかりません。

◘ 図表2 ● 監督計画の策定の具体例（A局B署）

管内概況

適用事業場数：約47,000
適用労働者数：約660,000
特徴：管内には本店・支店が多く、非工業的業種が密集。
北部は工業地帯を形成。

平成22年度監督計画

※監督官の総業務量：2,652人日、庁外活動業務量：1,639人日
（監督官の庁外活動業務量）＝（年間総業務量）－（庁内業務量）
庁内業務：申告対応、許可・認定、届出の審査、監督事前準備、復命書作成等の業務

定期監督	申告監督	災害時監督・災害調査	再監督	司法警察事務	未払賃金立替払調査等	集団指導	合計	
827	500	58	48	12	107	49	1,601	（件数）
594	500	67	24	204	215	35	1,639	（人日）

計画策定上考慮する事情

①申告事案が増加し、これに対する優先的処理が重要
（申告監督件数）19年457件、20年547件、21年738件

②多数の投書等の情報があり、この中には多くの労働条件確保上の問題が存在
（情報件数）19年193件、20年172件、21年198件

③過労死等請求件数が高止まりするなど、過重労働の防止が課題
（請求件数）19年度26件、20年度22件、21年度25件

④厳しい経済・雇用情勢を反映し、派遣労働者等非正規労働者の解雇等が発生

⑤縫製業、金属部品加工業等に多数の外国人技能実習生がおり、賃金等について法違反が存在

⑥石綿含有のおそれのある老朽化した建築物の解体が多数存在

⑦建設業、運輸業、製造業を中心に労働災害が多発
（死傷件数）19年1,053件、20年1,064件、21年903件

→ これらの事情を背景に事業場を選定 →

重点対象ごとの監督件数の配分

〔申告監督の実施〕（申告者の権利の救済を図る）
①賃金不払、解雇等の申告のあった事業場　500件

〔定期監督の実施〕
（監督時には、労働条件、安全衛生の全般にわたり調査を行う）
②情報から監督を実施すべき事業場
（下記③から⑦の情報を除く）　45件
③長時間・過重労働のおそれのある事業場
（トラック、IT関連企業、各種小売、メーカー等）　112件
④大量整理解雇・派遣元事業場　86件
⑤外国人技能実習生の受入事業場　40件
⑥石綿障害防止の必要がある建築物解体工事現場　32件
⑦建設現場や安全管理等に問題のある自動車・金属部品の加工等を行う事業場　135件
など合計　827件

〔災害時監督、災害調査の実施〕
（災害発生原因の調査、法違反の是正、再発防止指導を行う）
⑧災害発生事業場　58件

資料出所：厚生労働省「労働基準監督業務について」（2010年（平成22年）省内事業仕分けに係る説明資料）

図表３ ● Ａ局Ｂ署の監督対象とその選定

重点対象	監督対象事業場の選定	件数
①申告監督	労働者等からの申告事案	500
②情報から監督を実施すべき事業場（③～⑦の情報を除く）	労働者等からの情報提供事業場	45
③長時間・過重労働のおそれのある事業場（トラック、ＩＴ関連企業、各種小売、メーカー等）	36協定の情報や労働者等からの情報提供、マスコミ情報等で把握	112
④大量整理解雇・派遣元事業場	大型倒産、大量整理解雇等の情報を把握し、法定労働条件の履行確保上の問題が懸念される事案等	86
⑤外国人技能実習生の受入れ事業場	出入国管理機関との通報制度による情報	40
⑥石綿障害防止の必要がある建築物解体工事現場	安衛法88条の届出により把握可能	32
⑦建設現場や安全管理等に問題のある自動車・金属部品の加工等を行う事業場	建設現場：安衛法88条の届出により把握可能 自動車・金属部品加工等を行う事業場 ：監督署で把握している事業場情報に加え災害情報等により選定	135
①から⑦に加えて 最低賃金履行確保に問題のあると思われる業種・地域、総合安全衛生管理指導対象事業場、安全管理特別指導事業場、衛生管理特別指導事業場、プレス機械設置事業場等		377

参考資料：厚生労働省「労働基準監督業務について」

平成27、28年度の地方労働行政運営方針によると、以下の方法で情報収集をするとしています。

①インターネットによる情報監視（委託事業によるサイバーパトロール）

・インターネット上の求人情報や書き込み等（高収入を謳うもの、求人を繰り返し行うものなど）を監視することを通じて、過重労働等の労働条件に問題のある事業場に係る情報を収集する。

・収集した情報を、事業場を管轄する監督署に提供し、監督指導等に活用する。

◇ 図表4 ● 平成22年度地方労働行政運営方針とA局B署の重点対象

平成22年度 地方労働行政運営方針の概要	A局B署の重点対象 (平成22年度)
(1) 労働条件の確保・改善等 ・解雇・雇止め、賃金不払事案等への的確な対応 ・賃金不払残業の防止 ・改正労働基準法の遵守徹底等による長時間労働の抑制 ・特定の労働分野における労働条件確保対策の推進 派遣労働者、外国人労働者・技能実習生、介護労働者、医療機関の労働者、自動車運転者、パートタイム労働者、障害者 **(2) 最低賃金違反のおそれがある地域、業種等における遵守の徹底** **(3) 労働者の安全と健康確保対策の推進** ・メンタルヘルス対策、過重労働による健康障害防止対策 ・定期健康診断の有所見率の改善に向けた取組 ・労働災害多発分野（製造業、建設業、陸上貨物運送事業、林業、社会福祉・介護事業等）における対策 ・派遣労働者等の安全衛生対策 ・じん肺予防対策、振動障害防止対策 ・化学物質管理対策 ・石綿健康障害予防対策	①申告監督 ②情報から監督を実施すべき事業場 （③～⑦の情報を除く） ③長時間・過重労働のおそれのある事業場 （トラック、ＩＴ関連企業、各種小売、メーカー等） ④大量整理解雇・派遣元事業場 ⑤外国人技能実習生の受入れ事業場 ⑥石綿障害防止の必要がある建築物解体工事現場 ⑦建設現場や安全管理等に問題のある自動車・金属部品の加工等を行う事業場 など

参考資料：厚生労働省「平成22年度地方労働行政運営方針」、「労働基準監督業務について」

②ブラック企業※

「労働条件相談ほっとライン 0120-811-610（はい！ ろうどう）」で受け付けた相談や情報については、所轄の監督署へ取り次ぎ、事案の内容に応じて監督指導等を実施するなど、必要な対応を行う。

③外国人労働者

「外国人労働者向け相談ダイヤル」（英語、ポルトガル語、中国語、ス

※ブラック企業
若者を大量に採用し、過重労働・違法労働によって使いつぶし、離職に追い込む成長企業をいう。

ペイン語、タガログ語、日本語）を平成27年度から整備し、外国人労働者からの相談に的確に対応する。

2　平成28年度労働基準行政の重点施策

厚生労働省から都道府県労働局に対して当該年度の重点施策が記載された地方労働行政運営方針が毎年度示達されています。平成28年度の地方労働行政運営方針の労働基準行政の重点対象と重点事項は以下のとおりです。

◉ 資料２ ―平成28年度労働基準行政の重点施策（地方労働行政運営方針）

（労働基準関係）

１　働き過ぎ防止に向けた取組の推進

（１）長時間労働の抑制及び過重労働による健康障害防止に係る監督指導等

社会的に影響力の大きい企業が違法な長時間労働を繰り返している場合に、是正指導の段階で企業名公表

（２）過労死等防止対策の推進

２　労働条件の確保・改善対策

（１）法定労働条件の確保等

①　基本的労働条件の確立等

基本的労働条件

i　労働条件の明示	ii　賃金の適正な支払
iii　就業規則の作成届出	iv　法定労働時間の履行・確保
v　労働時間管理の適正化	vi　一般健康診断の実施

②　賃金不払残業（サービス残業）の防止

③　若者の「使い捨て」が疑われる企業等への取組

④　未払賃金立替払制度の迅速かつ適正な運営

（２）特定の労働分野における労働条件確保対策の推進

①　自動車運転者　②　障害者　③　外国人労働者、技能実習生

④　介護労働者　⑤　派遣労働者　⑥　医療機関の労働者

⑦　パートタイム労働者

（３）労働時間法制の見直し内容の周知（労基法一部改正法律案が成立した場合）

（４）「労災かくし」の排除に係る対策の一層の推進

３　最低賃金制度の適切な運営（最低賃金額の周知徹底等）

４　労働者が安全で健康に働くことができる職場づくり

（１）労働災害を減少させるための業種横断的な取組

①　転倒災害防止対策

② 交通労働災害防止対策（陸上貨物運送事業、バス業、新聞販売業）
③ 非正規雇用労働者等対策（雇入れ時教育をはじめとする安全衛生教育の徹底等）

（2）労働災害を減少させるための重点業種別対策

① 第三次産業（社会福祉施設、小売業、飲食店）
② 製造業：「はさまれ・巻き込まれ」災害防止、老朽化施設対策、派遣労働者の安全衛生教育
③ 建設業：「墜落・転落」災害防止
④ 陸上貨物運送事業：荷役作業時の「墜落・転落」等の災害防止対策

（3）化学物質による健康障害防止対策

（4）職場におけるメンタルヘルス・健康管理対策

（5）石綿健康障害予防対策

① 建築物解体における石綿ばく露防止対策の推進
② 石綿の輸入禁止の徹底等

（6）職業性疾病等の予防対策

① 熱中症予防対策
② じん肺予防対策

（7）受動喫煙防止対策

（8）安全衛生優良企業公表制度の周知

この運営方針に従って、**図表5**のように監督指導計画を立て（Plan）、実施し（Do）、監督指導の実施状況を点検し（Check）、点検・監察結果を踏まえた業務の見直しをする（Act）というＰＤＣＡサイクルで労働基準監督業務は行われています。

◆ 図表５ ● 労働基準監督業務（監督署）におけるＰＤＣＡサイクル

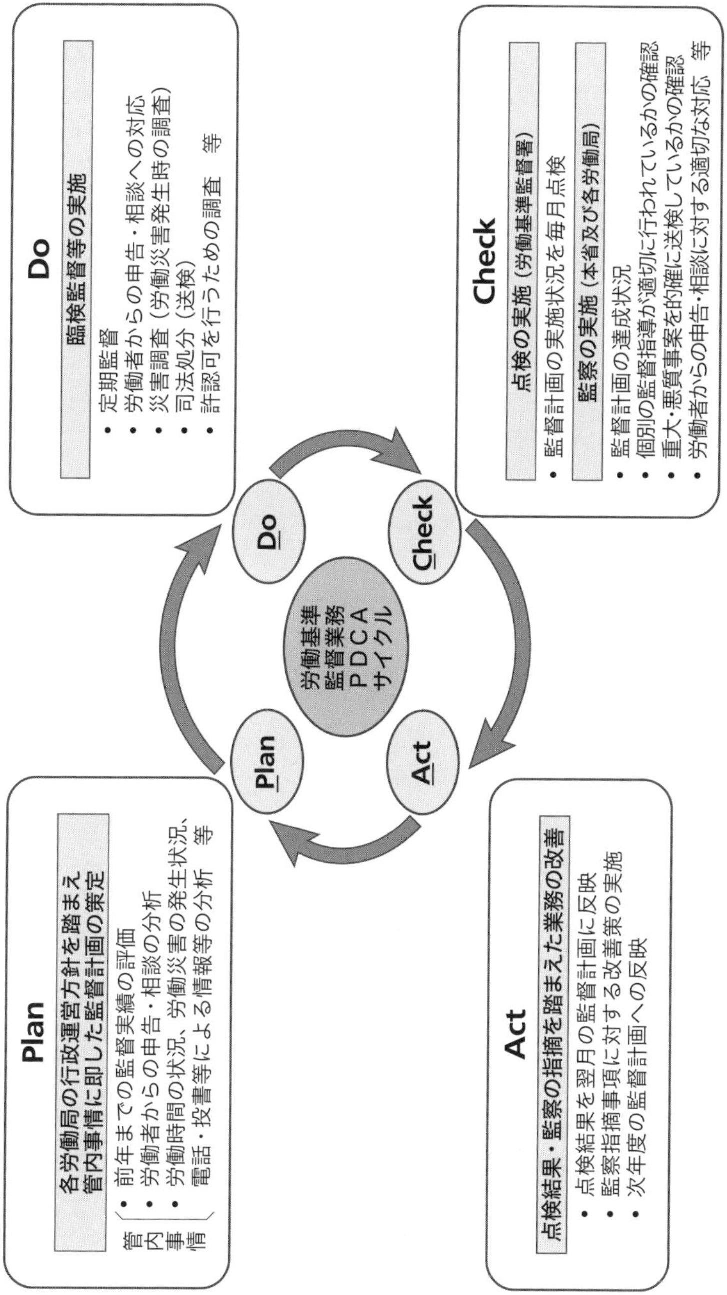

資料出所：厚生労働省「労働基準監督業務について」

「労働条件自主点検表」で点検したところ法違反となることがありますが、ありのまま書いて送ったら監督署が調査に来るのでしょうか。

自主点検結果で法違反の事実が明らかとなっても、緊急を要する場合は別として、すぐに監督指導をされることはありません。

自主点検は労働局が実施する場合と監督署が実施する場合があり、通常郵送で行われます。自主点検の目的は以下の二つです。

① 回答することにより、事業場が自ら労務管理の問題点や法違反の事実に気付き、改善すること。

② 自主点検結果を回収し、集計することにより、管内の自主点検対象業種の実情を知り、その後の指導の参考にすること。

最近行われている自主点検には以下のようなものがあります。

◆労働条件自主点検

◆長時間労働の抑制のための自主点検

◆派遣労働者自主点検

◆メンタルヘルス対策自主点検

◆安全衛生管理自主点検、危険性または有害性等の調査（リスクアセスメント）等の実施に関する自主点検

◆職場の安全衛生自主点検

事業場で自主点検結果を提出しない場合は通常督促があります。労働局や監督署では自主点検結果を集計して、対象となった業種の「自主点検結果」を作成し、それを活用して集団指導※を実施します。

自主点検結果を提出せず、集団指導にも出席しないという事業場については、その後に監督指導対象とされるおそれがあるので自主点検には

※集団指導
労基法や安衛法等が改正されたときの周知や、災害が多い業種を対象とした災害防止の指導等のためなど、様々な目的で行われる。

必ず回答することをお勧めします。

図表６●自主点検業務の流れ

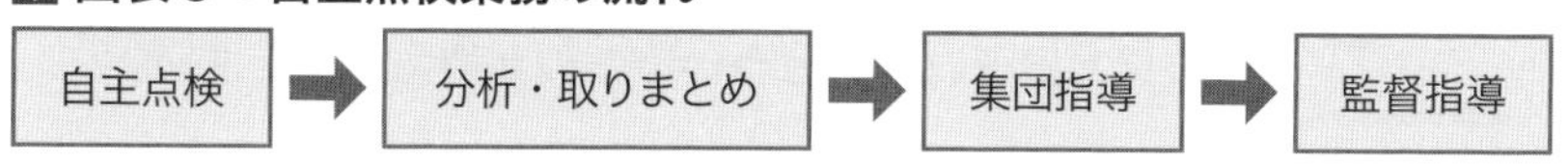

◉ 資料３―労働条件等自主点検の概要

1　正社員およびパートタイム労働者について、**就業規則の作成の有無と内容が実態と合っているか**。

2　正社員およびパートタイム労働者について、**労働条件を書面で明示しているか**。

3　**変形労働時間制**を採用している場合、**法定の手続き**をしているか。

4　**休憩時間**は法定の時間確保できているか。

5　**所定休日**は週に何日あるか。

6　**時間外労働の限度基準**〔編注：146頁参照〕に適合した、時間外労働・休日労働に関する協定（36協定）を締結し、所轄労働基準監督署長に届け出ているか。

7　**労働者の過半数を代表する者の選出方法**はどのようにしているか。

8　時間外労働または深夜労働を行わせた場合に、**割増賃金**はどのように支払っているか。

9　休日労働を行わせた場合に、**割増賃金**はどのように支払っているか。

10　**正社員について年次有給休暇**は、どのように取り扱っているか、**パートタイム労働者に年次有給休暇**を与えているか。

11　正社員とパートタイム労働者に対して**健康診断**を実施しているか。

12　**安全衛生委員会**を設置し、調査審議を行っているか。

13　週40時間を超える労働が１月当たり100時間を超える労働者の申出に対し、**医師による面接指導**を実施しているか。

14　長時間にわたる（**80時間超え、100時間まで**）時間外・休日労働を行った労働者に対して、**医師による面接指導等**を実施しているか。

15　**最低賃金額以上の賃金**を支払っているか。

16　**労働者名簿・賃金台帳**を作成し、必要事項を記入しているか。

17　**労働保険（労災保険と雇用保険）に加入**しているか。

18　労働者をやむを得ず**解雇する場合に、法定の手続き**をとっているか。

19　退職した労働者が**退職時の証明書**を請求した場合、交付しているか。

20　解雇の予告をした労働者が**解雇理由の証明**を請求した場合、交付しているか。

A局B署の監督計画（Q6の図表2（12頁）参照）に書かれている定期監督、申告監督、災害時監督・災害調査、再監督とはそれぞれどういうものか教えてください。

1　監督指導の種類

監督署の監督指導は、**図表7**のとおり定期監督、災害時監督・災害調査、申告監督、再監督の4種類に分類されます。

◇図表7●監督の種類

定期監督	労働局（監督署）がその年度の監督計画に従って法令の全般にわたり適用事業場に対して行われる監督。原則として予告しない。 種々の手法：集合監督、パトロール監督、予告監督
災害時監督・ 災害調査	災害時監督 一定程度以上の労働災害が発生した際実施される臨検監督*。原則として予告しない。 （例：動力プレスで指を切断、休業） 災害調査 死亡災害および重大災害が発生した場合、一定程度以上の身体障害を伴う災害等が発生した場合に行われる。
申告監督	労基法104条1項に基づき、労働者から法令違反等の申告が監督署にあったときに行われる監督。 イ　予告がある場合：賃金不払い、解雇予告手当の請求等 ロ　予告がない場合：外部から見れば定期監督と申告監督の区別はつかない。
再監督 （再々監督）	定期監督、申告監督、災害時監督・災害調査の結果発見された（是正勧告した）法違反が是正されたかどうかを確認するために行われる。

*臨検監督：行政機関の職員が、行政法規の実施を監督するため、営業所・倉庫工場などに立ち入ること。

2　再監督

再監督は他の三つの監督の結果是正勧告した法違反が是正されたかどうか確認のために行われるものですが、再監督の実施があるのは一部の重要な違反についてのみであり、年間監督件数の１割にも達しません。しかし、再監督においても是正されず、悪質であると判断される場合には司法処分にされる可能性があります。

図表８●年次別監督実施状況から

		定期監督等	申告監督	再監督	計
2014年(平成26年)	件　数	129,881	22,430	14,138	166,449
	構成比	78.0%	13.5%	8.5%	100%

資料出所：厚生労働省労働基準局「平成26年労働基準監督年報」

過去に監督署の調査を受けたことがありませんが、これから調査があるとすればどのように対応すればよいでしょうか。（小売業店長）

1　立ち会う人

監督官が臨検監督を実施するときは、事業主、工場長、安全または衛生管理者その他違反の是正について権限を有し、所要の技術的能力を有する使用者の同席、同行を求めなければなりません。

したがって、店内やバックヤードを見るときには、事業主、店長、衛生管理者など責任ある立場の人が監督官に同行し、設備や機械の名称や機能などの説明をします。

2　監督の順序

臨検監督の順序は、事業場の規模、業種、使用者の態度そして記録の妥当性といういくつかの要素によって違います。使用者が現場について法違反の証拠をかくすおそれのあるとき等は、工場内等の現場から監督を実施するでしょうし、逆に、使用者が記録について法違反の証拠をかくす可能性があるときは、関係書類の監督指導から始めるかもしれません。

業種によっては事務所しかないということもありますから、そういうところは事務所を見るのですが、それでもタイムレコーダーの傍らにあるタイムカードに目を通して、休憩室等を見て事務所へ行くということもあり、いろいろです。

3　監督官が調査、指示すべきこと

監督官は、次の①～③について調査、指示をすることになっています。

①　監督の実施に際しては、事業の名称、所在地、事業主の氏名、労働者の性別・数、労働者の種類、年齢別等の構成、事業の内容、経営の方法等についてもできる限り調査すること。

②　監督実施後、使用者に対し、法令違反の点については、違反してい

る法令およびその立法の理由を説明し、是正についての実際的な方法を指示しなければならない。

③　違反の事実を発見した場合は、現場で、使用者に対し、その違反事実を確認させ、その違反が生じた原因、違反是正の影響についても広くかつ具体的に調査しなければならない。

4　小売業の調査

小売業では以下のような調査をします。法違反の指摘があったときは、よくわかるまで説明してもらいます。なぜそのような違反状態が生じたのか、最も合理的な改善方法は何かについて話し合いをします。そのようなやり取りによって、使いやすくかつ安全で、費用も比較的安い改善方法を見つけます。このやり取りをいい加減にすると、一旦は改善されてもすぐに元の状態に戻ってしまうということが起こります。小売業でも食品加工用機械による災害のおそれや転倒災害のおそれもあるので安全対策は重要です。

①バックヤードを中心に店内も見る

法違反の事実を発見した場合は、現場で使用者に対し、その違反事実を確認させ、その違反が生じた原因、違反是正の影響についても広くかつ具体的に調査しなければならない。

②事務所で書類を見る

監督の実施に際しては、事業の名称、所在地、事業主の氏名、労働者の性別・数、労働者の種類、年齢別等の構成、事業の内容、経営の方法等についてもできる限り調査する。

③是正勧告と十分な説明

監督実施後、使用者に対し、法令違反の点については、違反している法令およびその立法の理由を説明し、是正についての実際的な方法を指示する。

定期監督では、どのような書類を見るのでしょうか。安全衛生の監督指導の概要も教えてください。

1　一般労働条件（主として労基法による）

定期監督では、一般労働条件について、以下の書類をチェックされます。

雇用契約書または労働条件通知書

・賃金、労働時間その他の労働条件が明示しているか（労基法15条１項）。

・賃金および労働時間に関する事項その他の厚生労働省令で定める事項については、書面により明示されているか（労基法15条１項）。

労働者名簿

・事業場ごとに労働者名簿を作成し、労働者の氏名、生年月日、履歴その他労基法施行規則で定める事項を記入しているか（労基法107条）。

賃金台帳・賃金明細書等の賃金計算の記録（直近３カ月）

・事業場ごとに賃金台帳を調製し、賃金計算の基礎となる事項および賃金の額その他労基法施行規則で定める事項を賃金支払いの都度遅滞なく記入しているか（労基法108条）。

・賃金が支払日に支払われているか（労基法24条）。

・最低賃金額以上の賃金が支払われているか（最賃法４条）。

・時間外労働・休日労働・深夜労働に対する割増賃金が適正に支払われているか（労基法37条）。

出勤簿・タイムカード、勤務シフト表、パソコン記録等の労働時間の記録（直近３カ月）

・時間外・休日労働に関する協定届等と労働時間に関する記録を照らし合わせながら、時間外労働・休日労働が適法に行われているか（労基法36条）。

・休憩時間が法定どおりに与えられているか（労基法34条）。

・休日が適法に与えられているか（労基法35条）。

時間外・休日労働に関する協定届（36協定届）、１年単位の変形労働時間制に関する協定届その他の労働時間関係の労使協定届

・時間外・休日労働に関する協定届について
　協定の有効期間が切れていないか。
　改善基準（148頁参照）に準拠した延長時間になっているか。
　過半数代表労働者の選出は適正に行われているか。

・変形労働時間制、事業場外労働のみなし労働時間制、裁量労働制を採用している場合は、法定の手続きが行われているか。

就業規則（常時10人以上の労働者を使用している事業場）

・就業規則を作成し、監督署に届け出ているか（労基法89条）。
・パートタイム労働者、契約社員に適用される就業規則を作成しているか（89条）。
・就業規則の規定が労基法等の法令に抵触していないか。
・就業規則を労働者に周知しているか（労基法106条）。

COFFEE BREAK 2

監督官は二重帳簿を見抜けるか

　監督官の目だけではなかなか二重帳簿を見抜けるものではありません。労働者あるいは家族から、二重帳簿の存在、労働時間を証明することができる書類等（パソコンのログオン・ログオフ記録、金庫のカギを警備室に返還した時刻等）を聞いていることもありえます。
　賃金台帳、36協定、タイムカード等の労働時間の記録の不整合により、二重帳簿があるのではないかと疑わしいこともあります。「この数字はおかしいので、正しい数字を書いた帳簿を出してくれるまで帰りません」と言いながら、出してくれないのでそろそろ５時になるからと帰ることになり、少々恰好の悪いこともありました。

2　安全衛生（主として安衛法に基づく）

定期監督では、安全衛生について、以下の事項をチェックされます。

作業場の設備、機械等

忙しいのか、繁忙期はいつか、何を製造しているのか、自社製品か、下請か、他品種少量生産か、納期はいつか、業界の動向はどうなっているか、といった点を聞きながら、工程順に製造設備を見て行きます。機械設備の配置図をメモして、気付いたこと、法違反事項などをメモし、改善の可能性や方法、費用などを立ち会っている責任者に質問します。

① 作業床、通路

② 墜落のおそれの有無（中２階の倉庫、大型の生産設備の点検通路など）

③ 重量物の取扱い

④ クレーン：定期自主検査等

⑤ フォークリフト：通路の表示、警報装置、定期自主検査等

⑥ 配線、移動電線等感電のおそれ

⑦ 機械（機械一般、食品加工用機械、研削盤、動力プレス、シャー、その他の工作機械、コンプレッサー等）

⑧ 化学物質の使用の有無と対策

⑨ 騒音

これ以外に、その事業場の業種や監督の重点項目によって、調査する書類と項目はさらに増えます。

健康診断個人票（一般、特殊等）

・雇入れ時の健康診断を実施しているか（パートタイム労働者を含む）。
・定期健康診断を実施しているか（パートタイム労働者を含む）。
・実施後の措置を行っているか。
・有所見率はどれぐらいか。
・健康診断個人票を作成し、５年間保存しているか。

健康診断結果報告（50人以上の事業場）

・定期健康診断結果報告書を所轄労働基準監督署長（以下「監督署長」という）に提出しているか（安衛則52条）。

長時間労働者への面接指導の実施

・長時間労働を行った者について医師による面接指導を行っているか（安

衛法66条の８）。

受動喫煙防止対策

・労働者の受動喫煙を防止するため、適切な措置を講ずるよう努めているか（安衛法68条の２）。

メンタルヘルス対策

・ストレスチェックを行っているか（安衛法66条の10、50人以上の事業場）。

・メンタルヘルスケアに取り組んでいるか。

熱中症対策

・熱中症対策を行っているか。

安全衛生管理体制の選任・設置の記録

・事業場の規模に応じた安全衛生管理体制を確立し安全衛生管理を行っているか。

作業主任者の選任記録

・労働安全衛生法施行令（以下「安衛令」という）６条の作業について、作業主任者を選任し、その者に作業指揮を行わせているか（安衛法14条）。

安全・衛生委員会の組織図と議事録（50人以上の事業場）（安衛法17条、18条、19条、安衛則23条）

・安全・衛生委員会を設置し、定期的に会議を開催しているか。

・法定の事項について調査審議しているか。

労働者の教育の記録

・雇入れ時等の教育を行っているか（安衛法59条、安衛則35条）。

・特別教育を行っているか（安衛法59条、安衛則36条）。

有資格者名簿（クレーン運転、フォークリフト運転等）

・つり上げ荷重が５トン以上のクレーン、最大荷重が１トン以上のフォークリフト等就業制限業務（安衛令20条）について有資格者に行わせているか。

作業環境測定結果の記録

・作業環境測定を行うべき作業場（安衛令21条）について作業環境測定を行っているか。

特定自主検査をはじめとする機械等の点検記録等

・定期自主検査を義務付けられている機械・設備について検査を行っているか。

・年次検査の中で特定自主検査を行わなければならない機械・設備（安衛令21条）について特定自主検査を行っているか（安衛法45条２項）。

労働者死傷病報告等

・どのような労働災害が発生しているか。

・休業災害について労働者死傷病報告を提出しているか（安衛則97条）。

リスクアセスメントの実施の記録

・リスクアセスメントを行っているか（安衛法28条の２、努力義務）。

・化学物質のリスクアセスメントを行っているか（安衛法57条の３、実施義務）

COFFEE BREAK 3

件数主義

数年前に、ある食料品製造業に災害時監督（回転している機械に蓋がなかったので、手を入れて障害が残る労働災害が発生した）があり、食品加工用機械について使用停止等命令書が交付され、蓋を付けるように指導されたということを聞きました。

「蓋だけですか？　インターロック※について何も指導はなかったですか？」「ありませんでした」ということでした。蓋を付けただけではいつでも蓋を開けて作業が可能であり、また手を入れる可能性があるので、インターロック装置を付ける必要があります。しかし、それは労働安全衛生規則（以下「安衛則」という）で義務付けられていないので、特に指摘がなかったと思われます。蓋だけでなく、インターロックについて指導票を書いてもいいではないかと釈然としませんでした。同様のことが最近もありました。

監督指導を行って１枚是正勧告書を書いても３枚是正勧告書を書いても、監督指導１件に変わりはないので、件数だけ達成すればよしとする態度を「件数主義」といいます。監督指導はこれ以上指摘することはありませんというぐらい丁寧にやっていただきたいものです。

※インターロック

安全装置。ある一定の条件が整わないと他の動作ができなくなるような装置のこと。蓋を閉めないと機械が動かないという装置。

災害時監督、災害調査というのはどのような場合に行われるのでしょうか。

1　災害時監督

一定程度以上の労働災害が発生した際実施される同種災害の再発防止を主眼とする臨検監督です。原則として予告はしません。監督対象の選定は労働者死傷病報告により行われます。

2　災害調査

以下の災害が発生したときに、直ちに複数の監督官、産業安全専門官、労働衛生専門官等により災害調査を実施します。

①　重大災害（一度に３名以上の死傷者が発生した場合を重大災害という）が発生した場合

②　死亡、ひん死の重傷、中毒、爆発災害が発生した場合

災害調査の目的は以下のとおりです。

①　労働安全衛生法令等の法違反の有無を明らかにする。

②　関係者および使用機械、作業形態、管理体制などの人的要因・物的要因・労働環境等複雑に絡み合った災害発生原因を明らかにする。

③　当該災害を発生させた事業者に対する再発防止に役立てる。

④　同種の災害が生じないよう、今後の労働災害防止に向けた行政施策の立案・展開に資する。

調査官（監督官、産業安全専門官、労働衛生専門官）は実際に災害発生現場に立ち入り、災害発生現場に保存された災害発生状況について自分の五感によって認識し、それらを文章・図面・写真等に記録します。

災害発生状況が保存されていない部分および災害発生に至るまでの背景等については、災害発生前後に発生現場周囲にいた関係者あるいは安

全衛生担当者から、当時の様子や通常の作業環境等の聴取等を行うことで災害発生状況を明らかにします。

災害調査を行う中で労基法違反あるいは安衛法違反が災害発生原因となっていると認められる場合には、司法処分の手続きに移行し、災害調査と同時に現場の実況見分※が行われます。

※実況見分

捜査機関が任意処分として行う検証（犯罪捜査規範104条）。実況見分調書（同規範105条）は、検証の結果を記載した検証調書と同様の要件の下で証拠能力が肯定され、公判における証拠として用いられる（刑訴法321条３項）。

どのような労働災害が起こったときに監督署に報告しなければならないのでしょうか。

職場で、

① 重大災害が発生した場合

② 死亡、ひん死の重傷、中毒、爆発災害が発生した場合

は、消防署や警察署だけでなく、所轄監督署にも連絡しなければなりません。死亡災害・重大災害発生時には、休日・時間外を問わずできるだけ早く電話で所轄監督署へ連絡するようにと行政指導がなされています。

また、安衛法100条（安衛則96条）では、**図表９**の災害が発生した場合に事故報告書（様式22号）を所轄監督署長に提出することを義務付けています。

報告を求める趣旨は、事業場の労働災害発生につながる事故の把握を容易にし、労働災害の発生を未然に防止するためです。この報告をしなかった者あるいは虚偽の報告をした者は50万円以下の罰金に処せられます（安衛法120条５号）。

◇ 図表９ ● 事故報告の義務があるもの

1	事業場またはその附属建設物内で、右の事故が発生したとき	イ　火災または爆発の事故（ロ～ニの事故を除く） ロ　遠心機械、研削といしその他高速回転体の破裂の事故 ハ　機械集材装置、巻上げ機または索道の鎖または索の切断の事故 ニ　建設物、附属建設物または機械集材装置、煙突、高架そう等の倒壊の事故
2	ボイラー （小型ボイラーを除く）	破裂、煙道ガスの爆発またはこれらに準ずる事故が発生したとき
3	小型ボイラー、第一種圧力容器および第二種圧力容器	破裂の事故が発生したとき

4	クレーン（クレーン則2条1号に掲げるクレーンを除く）の右の事故が発生したとき	イ　逸走、倒壊、落下またはジブの折損 ロ　ワイヤロープまたはつりチェーンの切断
5	移動式クレーン（クレーン則2条1号に掲げる移動式クレーンを除く）の右の事故が発生したとき	イ　転倒、倒壊またはジブの折損 ロ　ワイヤロープまたはつりチェーンの切断
6	デリック（クレーン則2条1号に掲げるデリックを除く）の右の事故が発生したとき	イ　倒壊またはブームの折損 ロ　ワイヤロープの切断
7	エレベーター（クレーン則2条1号および4号に掲げるエレベーターを除く）の右の事故が発生したとき	イ　昇降路等の倒壊または搬器の墜落 ロ　ワイヤロープの切断
8	建設用リフト（クレーン則2条2号および3号に掲げる建設用リフトを除く）の右の事故が発生したとき	イ　昇降路等の倒壊または搬器の墜落 ロ　ワイヤロープの切断
9	簡易リフト（クレーン則2条2号に掲げる簡易リフトを除く）の右の事故が発生したとき	イ　搬器の墜落 ロ　ワイヤロープまたはつりチェーンの切断
10	ゴンドラの右の事故が発生したとき	イ　逸走、転倒、落下またはアームの折損 ロ　ワイヤロープの切断

長時間労働で司法処分にされている企業がありますが、監督官が捜査をする権限があるのですか。

1　行政監督権限と特別司法警察職員としての権限

監督官の権限には、図表10のように行政監督権限と特別司法警察職員としての権限があります。しかし、この二つの権限の行使は峻別されなければならないとされているので、臨検監督をしていて途中で司法警察職員としての捜査に変わるということはありません。

◆ 図表10●監督官の権限

行政監督権限* （労基法101条）	労基法等の法律に基づいて会社や寄宿舎等に立ち入り、書類等を見るとか、使用者や労働者に質問するというような権限を与えられ、労基法や安衛法等の法律が守られているかを調べ、会社や個人事業を監督指導するという仕事をする。 臨検監督の際には、労働基準監督官証票（身分証明書）を携帯しなければならない。
特別司法警察職員としての権限 （労基法102条）	労基法や安衛法等の違反の罪について専門的な知識と経験を必要とするので、監督官が特別司法警察職員としての職務を行う。 被疑者を取り調べるとか、時には逮捕や捜索差押をすることもある。

＊同様の規定は、安衛法91条、作業環境測定法39条、じん肺法42条、最低賃金法（以下「最賃法」という）32条、家内労働法30条、賃金の支払の確保等に関する法律13条にもある。

図表11のように、司法警察職員には一般司法警察職員と特別司法警察職員の２種類があり、監督官は特別司法警察職員です。

◆ 図表11 ● 司法警察職員

一般司法警察職員	警察官のことで、あらゆる犯罪を捜査する権限がある。特別司法警察職員が捜査をしていると警察官が捜査できないということではなく、警察官もその分野の犯罪を捜査することがあるし、合同で捜査をすることもある。
特別司法警察職員（刑訴法190条）	一般司法警察職員（警察官）よりも特定の分野に詳しい知識や経験を有する公務員が、その専門の知識や経験を活用して犯罪の捜査に従事するように、特定の犯罪に限って権限を与えられている。その捜査権限は警察官と変わらない。例：労働基準監督官、麻薬取締官、海上保安官等

特別司法監督官

労基法等違反事件の悪質化が目立ち、強制捜査※をする事例が増えてきたので、全国13の労働局（北海道、埼玉、千葉、東京、神奈川、新潟、静岡、愛知、京都、大阪、兵庫、広島、福岡）では、特別司法監督官という捜査専門の監督官が配置されています。権限は一般の監督官と変わりありませんが、司法警察権を十全に行使して捜査活動を行うために研修を受け、専門知識を生かした業務遂行を行っています。

◉ 資料4 ― ILO「工業及び商業における労働監督に関する条約」（第81号）

（日本は1953年10月20日批准登録）

労基法101条は、これらILO条約の趣旨を具体化したものとなっています。

> 第12条<労働監督官の権限>
> (a) 監督を受ける事業場に昼夜いつでも、自由にかつ予告なしに立ち入ること。
> (b) 監督を受けるべきであると認めるに足りる相当の理由があるいずれの場所にも昼間立ち入ること。
> (c) 法規が厳格に順守されていることを確認するため必要と認める調査、検査又は尋問を行うこと。特に、
> (i) 法規の適用に関するいかなる事項についても、余人をまじえずに又は証人の立会の下に、使用者又は企業の職員を尋問すること。

※強制捜査

捜査には、任意捜査（刑訴法197条1項本文）と強制捜査（同条同項ただし書）がある。任意捜査とは、捜査の対象とされる者の承諾の下に行われる捜査をいう。強制捜査とは、捜査の対象とされる者の意思に反して行われる捜査をいい、具体的には、逮捕、勾留、捜索、差押、検証等がある。

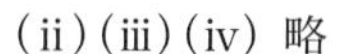
(ii)(iii)(iv) 略

2　監督官の身分保障

工場法の弊害※を克服し、ＩＬＯ「工業及び商業における労働監督に関する条約（第81号）」や「労働監督に関する勧告（第81号）」の要請により、監督官は一般職の国家公務員ですが、他の一般職の国家公務員よりも厳格な身分保障をされています。

監督官を罷免するためには、監督官分限審議会の同意を必要とします（労基法97条、労働基準監督機関令）。

◉ 資料５－ＩＬＯ条約（第81号）<前掲>

第６条

監督職員は、分限及び勤務条件について、身分の安定を保障され、且つ、政府の更迭及び不当な外部からの影響と無関係である公務員でなければならない。

※工場法（1916年（大正５年）施行）による監督機関は、①監督組織およびその指揮系統が統一的でなかったこと、②監督官の資格、素質および身分保障が十分でなかったことにより本来の機能を発揮できなかった。

監督官は労働者派遣法についての指導もできるのでしょうか。監督官が関わる法律はどのような法律なのですか。

1　法に基づく監督官の権限

監督官は法律によって権限を与えられて監督指導をすることができます。労働者派遣事業の適正な運営の確保及び派遣労働者の保護等に関する法律（以下「労働者派遣法」という）には、監督官の権限についての規定はないので、労働者派遣法についての指導はできません。

なお、監督官が臨検監督時に、派遣労働者についても調査することができるのは、労働者派遣法44条により、派遣労働者に関して、派遣先企業を労基法の使用者とし、同様に労働者派遣法45条により、派遣先企業

◇ 図表12●厚生労働省労働基準局の所掌の法律

★……監督官の調査・指導についての権限を定めている法律

★労働基準法（労基法）
★賃金の支払の確保等に関する法律
★労働安全衛生法（安衛法）
★作業環境測定法
★じん肺法
炭鉱災害による一酸化炭素中毒症に関する特別措置法
労働災害防止団体法
労働者災害補償保険法（労災保険法）
★最低賃金法（最賃法）
★家内労働法
勤労者財産形成促進法
中小企業退職金共済法
労働金庫法
石綿による健康被害の救済に関する法律
労働時間等の設定の改善に関する特別措置法（労働時間等設定改善法）
労働保険の保険料の徴収等に関する法律
失業保険法及び労働者災害補償保険法の一部を改正する法律及び労働保険の保険料の徴収等に関する法律の施行に伴う関係法律の整備等に関する法律
社会保険労務士法
労働契約法
過労死等防止対策推進法

を安衛法の事業者と読み替えていることによります。

2　厚生労働省労働基準局の所掌の法律

厚生労働省労働基準局の所掌の法律は**図表12**のとおりです。このうち、監督官の調査・指導についての権限を定めている法律は、労基法、賃金の支払の確保等に関する法律、安衛法、作業環境測定法、じん肺法、最賃法、家内労働法です。

Q15 監督指導の際、是正勧告書、指導票、使用停止等命令書という三つの書類が交付されましたが、これらはどう違うのでしょうか。

監督官が、監督指導時に法違反などがあった場合、是正勧告書、指導票、使用停止等命令書という三つの書類を交付して是正期日を指定の上、是正することを求めます。是正したことについては、是正報告書を提出するように指導されます。

1　是正勧告書

監督官が事業場の臨検監督を実施し、労基法等の法令違反を認めたときは是正勧告書を交付します。このとき、いつまでに是正できるのかという事業場の事情を配慮して是正期日が決められます。そして、事業主または労務担当者等は受領年月日を記入し、記名・押印して是正勧告書を受け取ります。

是正勧告は行政処分※1ではなく行政指導※2に当たり、使用者はこれに従う法律上の義務を負いません。是正勧告に従って行う改善は、あくまでも任意の協力によってなされているものです。したがって、監督官の是正勧告に従わないことのみをもって送検されることはありません。しかし、是正勧告に従わないことと労働関係法令違反の事実があることは別問題であり、労基法等に違反する状態を放置すれば司法処分に付される可能性があるということを背景として間接的な強制力を持っています。

※1　行政処分

行政機関が国民に対し、法規に基づいて権利を与えたり義務を負わせたりすること。営業の認可、租税の賦課など。行政行為。行政庁の処分その他公権力の行使に当たる行為をいう（行政手続法２条２号）。

※2　行政指導

行政機関がその任務または所掌事務の範囲内において一定の行政目的を実現するため特定の者に一定の作為または不作為を求める指導、勧告、助言その他の行為であって処分に該当しないものをいう（行政手続法２条６号）。

◉ 資料６―「ILO労働監督の手引き」より抜粋

労働法規の適用に関する監督業務を行なうに当り、使用者および労働者の積極的な援助と協力を得ることがきわめて重要なことはいうまでもないことである。生産活動に直接従事している者の実際的知識を活用することは、監督官にとって大いに有益である。そして、労働者および使用者がただ単に監督の対象という受身の立場にあるのではなく、監督の仕事の一部にたずさわっているのだという感じを抱くならば、彼等は監督機関に対し、一層大きな信頼を寄せるようになるであろう。それ故、労働者および使用者に、彼等の意見を述べさせたり、提案を行なわせたり、場合によっては監督業務の一つの積極的な役割を持たせる機会を与えることが大切である。

協力の形態の若干についてはすでに述べた。すなわち、弊害を訴える申告、記録簿、登録簿等の保存、災害の報告等がそれである。

(「第２章　労働監督の方法および基準」「第４節　使用者および労働者の協力」)

2　指導票

指導票は、労基法や安衛法等に直接違反するものではないのですが、改善を図らせる必要のある事項（例えばガイドラインについて）があった場合に、その事項を改善すべき旨記して使用者に対して交付する文書です。あるいは、法令違反と断定しがたいが改善すべきことや改善の方法について書くこともあります。

3　使用停止等命令書

使用停止等命令書は、施設や設備に安全対策上の不備があり、労働者に急迫した危険があると認められる場合などで緊急を要するものについて、監督署長名で交付されます。

是正勧告書や指導票は監督官の考えを使用者に伝えるもので法的な効果はありませんが、使用停止等命令は行政不服審査法２条にいう「行政処分」に該当します。したがって、これに対しては不服申立てをすることができます。また、その命令に従わないことについては罰則の適用もあります。

図表13●主な使用停止等命令（平成21年）

項　目	根拠条文	件数
①高さが２メートル以上の作業床の端で、墜落防止のための手すり等が設けられていないもの	安衛則519条１項	2,707件
②機械の原動機、回転軸、歯車、プーリー、ベルト等であって、覆い、囲い、スリーブ、踏切橋等が設けられていないもののうち、通常の作業の際労働者が危害を受けるおそれのあるもの	安衛則101条１項	696件
③木工機械	安衛則114条ほか	514件
④動力プレスで、安全装置等が設けられていないもの	安衛則131条	276件
⑤クレーン等の安全装置	クレーン則17条ほか	274件

参考資料：厚生労働省「労働基準監督業務について」

裁判例 —— 是正勧告が「処分」に該当するかどうかについての判断

札幌東労働基準監督官（共永交通）事件（札幌地裁 平2. 11. 6判決）

被告（札幌東労働基準監督署所属の監督官）は、原告（会社）に対し、平成元年３月20日付け是正勧告書によって、原告が法定の除外事由がないのにもかかわらず従業員（タクシー乗務員）である訴外Ａらの２月分の賃金について、１回の客待ち時間が15分を超えることを理由として、超過時間に相当する賃金を支払っていないのは労基法24条に違反するとして、是正勧告をなした。これに対して、原告が是正勧告の取消しを求めたが、却下された。

〔判決の内容〕

労働基準監督官の発する是正勧告というのは、一般に労働基準監督行政を実施した際に発見した法違反に対する行政指導上の措置に止まるもので、何らの法的効果をも生ずるものではないと解されている。

すなわち、是正勧告は、これにより法違反の状態を当然に変更するものではなく、また、勧告を遵守しない使用者に対し、罰則を科するとか、その他これの遵守を強制する制度も設けられておらず、あくまで、勧告を受けた使用者が自主的に勧告にしたがった是正をするのを期待するものに過ぎない。使用者は、勧告に従った是正をしなかったとしても、その法的地位に何らの影響も受けないのである。

ところで、行政事件訴訟法３条２項の抗告訴訟〔編注：行政庁の公権力の行使に関する不服の訴訟〕の対象たる処分とは、当該措置がそれ自体において直接の法的効果を生ずる行為、すなわち、直接に国民の権利自由に対する侵害の可能性のある行為に限られると解される。したがって、何らの法的効果も生じない本件是正勧告が抗告訴訟の対象とならないことは明らかである。

監督指導は行政指導ではないが、是正勧告は行政指導

【国会での質問と答弁の概要】

Q　監督官の行う調査は行政指導ではないか。

A　臨検監督は行政指導ではない。
理由：労基法101条等の規定に基づき、臨検、帳簿および書類の提出要求等を行うもの。
監督官の勧告や指導は、厚生労働省設置法４条１項41号に掲げる厚生労働省の所掌事務に関する行政指導である。

Q　昭57. 2. 16基発110号通達「監督官には、未払い分の支払いを命じる権限はない」は現在も変わりはないのか。

A　現在も変わりはない。

Q　タイムカードで、正確な労働時間が算定できるのか。

A　タイムカードの記録により算定された労働時間に基づく賃金の支払いを強要しているわけではない。タイムカードの使用を含め、個々の事業場の実情に応じて適切な方法により確認された労働時間に基づき、賃金を支払うよう行政指導を行っている。

資料出所：労働基準監督機関の役割に関する質問趣意書（2010年11月）
衆議院議員村田吉隆君提出労働基準監督機関の役割に関する質問に対する答弁書（2010年11月）

是正勧告書（例）

是　正　勧　告　書

平成27年５月29日

○○株式会社
代表取締役　○○○○殿

○○労働基準監督署
労働基準監督官　○○○○㊞

貴事業場における下記労働基準法、~~労働安全衛生法~~　　　　違反~~および自動車運転者の労働時間等の改善のための基準違反~~については、それぞれ所定期日までに是正の上、遅滞なく報告するよう勧告します。

なお、法条項に係る法違反（罰則のないものを除く。）については、所定期日までに是正しない場合又は是正期日前であっても当該違反を原因として労働災害が発生した場合には、事案の内容に応じ、送検手続きをとることがあります。

また、「法条項」欄に□印を付した事項については、同種の違反の繰り返しを防止するための点検責任者を事項ごとに指名し、確実に点検補修を行うよう措置し、当該措置を行った場合にはその旨を報告してください。

法条項等	違　反　事　項	是正期日
労基法第32条	パートタイム労働者について、時間外労働に関す	即時
第１項	る協定を所轄労働基準監督署長に届け出ていないに	
	もかかわらず、法定労働時間を超えて時間外労働を	
	行わせていること。	
労基法第37条	労働者○○ほか13名に対して平成○年○月○日から	27. 6. 30
	同年○月○日までの時間外労働に対して、通常の労	
	働時間の賃金の２割５分以上の率で計算した割増賃	
	金を支払っていないこと。（遡及して確認し、不足が	
	あれば支払うこと。）	
労基法89条	賃金規程が変更されているにもかかわらず、就業規則	27. 6. 30
	変更届を所轄労働基準監督署長に届けていないこと。	
受領年月日 受領者職氏名	平成27年５月29日 代表取締役　○○○○　㊞	(1)枚のうち (1)枚目

指導票（例）

指　導　票

平成○年○月○日

○○株式会社
代表取締役○○○○殿

○○労働基準監督署
労働基準監督官
~~労働技官~~　○○○○㊞
~~労働事務官~~

あなたの事業場の下記事項については改善措置をとられるようお願いします。

なお、改善の状況については○月○日までに報告してください。

指　導　事　項

1　労働者の自主申告による時間外労働時間数と推認される時間外労働時間数との間にかい離があり、その結果割増賃金の不払いおよび過重な時間外労働が生じているので、「労働時間の適正な把握のための使用者が講ずべき措置に関する基準」に基づき、タイムカード等の客観的な記録を行い、それを根拠として始業・終業時刻の確認を行ってください。

2　1についての具体的な改善対策の実施状況および労働時間管理の改善状況を、平成○年○月○日までの間、月1回定期的に報告してください。

3　時間外労働が月45時間を超える労働者がいますが、貴事業場の産業医と連携して、「過重労働による健康障害を防止するため事業者が講ずべき措置等」に基づき、これらの労働者の健康確保に努めてください。

受領年月日 受領者職氏名	平成○年○月○日

使用停止等命令書（例）

（1枚のうち1枚目）

労○○基署○号の○
平成○年○月○日

使用停止等命令書

(事業者等)

○○○○殿

労働基準監督署長　○○○○㊞

における下記の「命令の対象物件等」欄記載の物権等に対し、「違反法令」欄記載のとおり違反があるので~~労働基準法第96条の3、第103条、~~労働安全衛生法第98条第1項に基づき、それぞれ「命令の内容」欄及び「命令の期間又は期日」欄記載のとおり命令します。

なお、この命令に違反した場合には送検手続をとることがあります。

番号	命令の対象物件等	違反法令	命令の内容	命令の期間又は期日
1	食品加工用混合機	安衛法20条 (安衛則130条の5)	右の期日までに安全ガードを設けること	○年○月○日
2	作業床の端	安衛法20条 (安衛則519条1項)	右の期日までに手すりを設けること	○年○月○日

1　上記命令について、当該違反が是正された場合には、その旨報告してください。なお、番号欄に□印を付した事項については、今後同種違反の繰り返しを防止するための点検責任者を事項ごとに指名し、確実に点検補修を行うように併せて報告してください。

2　この命令に不服のある場合には、この命令のあったことを知った日の翌日から起算して3ヶ月以内に~~厚生労働大臣~~○○労働局長　~~労働基準監督署長~~に対して審査請求をすることができます（命令があった日から1年を経過した場合を除きます。）。

3　この命令に対する取消訴訟については、国を被告として（訴訟において国を代表するものは法務大臣となります。）、この命令があったことを知った日の翌日から起算して6ヶ月以内に提起することができます（命令があった日から1年を経過した場合を除きます。）。

4　この命令書は3年間保存してください。

受領年月日　平成○年○月○日
受領者職氏名　△△△　○○○○

4　乗らなければ落ちるわけがない

私は、林業の監督は一度もしたことがありません。ところで、山間部の砂防ダムの工事現場では、林業で使われる運材索道で資材の運搬をします。それは人が乗ってはいけないものです。その運材索道から墜落して死亡という労働災害がありました。

「乗ってはいけないのだから、誰も乗っていません」「どうして、運材索道から落ちたのか全くわかりません」「運材索道のどこかに作業服でも引っかかってつり上げられたのではないのでしょうか」などと、同僚の作業員は皆、乗っていたのではないと供述しました。真相は不明で、運材索道の不適格なワイヤロープの使用で司法処分にしました。

約30年経って、林業監督をしたことのある元監督官達から運材索道にはよく人が乗るということを聞きました。そこで、あっと気付いたのです。30年前、作業員達にすっかり騙されてしまったことを。乗らなければ落ちるわけがないのです。

是正勧告書の是正期日について

① 是正勧告書の是正期日を遅らせてもらうことができますか。そもそも是正期日はどのような基準で決められるのでしょうか。

② 設備違反について、改善まで３カ月ぐらいかかるということは聞いてもらえるのでしょうか。

1　是正期日の決め方

是正期日とは、是正勧告された労基法等違反についていつまでに改善するのかという期日のことです。これについては目安があります。しかし、それは絶対そのとおりにしなければならないというものではなく、担当監督官の裁量の余地があるので、どうしても考慮しなければならない事情があれば、是正勧告書を受け取るときに率直に事情を説明して、事情に配慮した是正期日を決めてもらうことが可能です。

2　「設備の改善に３カ月必要」は聞いてもらえるか

設備によって違います。例えば、食品加工用機械に安全ガード（蓋）がないというような法違反について、改善するのに３カ月かかりますということは通常認められません。なぜなら、蓋がない状態で作業を続ければ、いつ労働者がうっかり回転している機械に手を入れるかわからないからです。また、蓋を付ける程度の改善であれば３カ月もかかるはずがないからです。

しかし、例えば局所排気装置を設置するという場合には、１カ月で改善しなさいと言われても無理があるかもしれません。

Q17　是正勧告書や指導票を受け取った後、社内で何をすればいいのでしょうか。

1　是正勧告書や指導票を受け取った後に社内ですること

是正勧告書や指導票を受け取った後の社内処理は大変重要なので、以下のことを行うことをお勧めします。

① 事業主や責任者だけで処理せず、改善すべき事項とその方法は従業員を含めた共通の認識とする必要があります。従業員にも指摘された問題点を知らせその改善方法など一緒に検討することは、安全・衛生への関心を高めるためにも欠かせません。

② 安衛則21条５号と22条11号は、監督官等からの文書による命令、指示、勧告または指導を受けた事項を安全・衛生委員会で調査審議しなくてはならないと定めているので、安全・衛生委員会の議題にしなければなりません。

③ 一般労働条件についても指摘事項を従業員に明らかにしたうえで改善することは、従業員の士気を高めるために重要です。

2　是正報告書の書き方

是正報告書（是正勧告書、指導票、使用停止等命令書に記載された事項について、使用者が是正・改善状況を報告するために提出する文書）により、改善されたことを報告することが求められます。

是正報告書は任意の様式なので、内容が整っていればワードやエクセルで作成しても差し支えありません。書き方に決まりはありません。

◆使用停止、変更命令等、機械設備関係の是正については写真を添付することが求められます。

◆賃金、割増賃金等の支払いについては、個人別支払明細書、賃金台帳等を添付することが求められます。

是正報告書様式例（愛知労働局　豊田労働基準監督署）

平成　年　月　日

豊田労働基準監督署長殿

事業場名
代表者職氏名　　　　　㊞
事業場所在地

是　正　報　告　書

平成　年　月　日に指摘された労働基準法、労働安全衛生法等の違反事項又は指導事項につき下記の通り是正しましたので報告します。

①　法違反事項

違反法条項	是正内容 (未是正の場合はその理由及び是正計画)	是正年月日

報告書作成者 職氏名		報告書作成者 連絡先電話番号	

(注)　本様式欄に記入しきれない場合は、別紙を使用すること。
使用停止、変更命令等、機械設備関係の是正については写真を添付すること。
賃金、割増賃金等の支払については、個人別支払明細書、賃金台帳等を添付すること。

http://aichi-roudoukyoku.jsite.mhlw.go.jp/news_topics/kantokusho_oshirase/toyota/_120230.html

次のような理由で是正期日までに改善できなかった場合はどうなるのですか。

①　是正期日までに改善が間に合わなかった。

②　時間外労働・休日労働協定に定めた限度を超えて残業をさせたことについての是正勧告に従わなかった。

③　使用停止命令をされた機械を改善せずに使っていた。

1　是正期日までに改善が間に合わなかった

担当の監督官に事情を説明して、是正期日の延期をしてもらうことは可能です。やってはいけないことは、是正期日が到来しても是正報告書を提出せず放置することです。

是正期日に間に合わない場合として、以下のようなものがあります。

①　食品加工用機械の安全装置が未設置などのために使用停止命令を受けたが、改善には思ったより時間がかかる

この場合は使用停止等命令書が交付されているので、是正されるまで使えない状態が続く。

②　是正期日までに就業規則が間に合わない

就業規則作成の進行状況と遅れる理由を説明して納得してもらえば延期も可能。

2　時間外労働・休日労働協定に定めた限度を超えて残業をさせたことについての是正勧告に従わなかった

是正報告書を提出するようにという督促がされる可能性があります（平22. 2. 17基発0217第２号）。それでも是正報告書を提出しない場合には再監督が行われる可能性があります。繰り返し何度も放置すると悪質事業場として書類送検されることも考えられます（**Q24**の事例①（62頁）参照）。

放っておくと労基法違反で労働者に申告されるかもしれません。

3　使用停止命令された機械を改善せずに使っていた

使用停止等命令書に、「この命令に違反した場合には送検手続をとることがあります。」と記載してあります。使用停止命令を無視して使っていると、労基法119条２号または安衛法119条２号の刑罰に処せられる可能性があります。

◉ 資料７ ―「是正確認の徹底」を強調する通達

少額の賃金不払、解雇手続等の同種の申告が繰り返され、その度に詭弁を弄して法違反の事実を否定するなど法令遵守の意識の低い事業主に対しては、監督機関として毅然とした対応を行うべきである。

（省略）

……監督機関が行う是正勧告は、仮にそれが是正が図られず放置された場合には、企業における遵法意識に悪影響を及ぼすのみならず、監督機関の信頼を損なうことになる。

このため、監督機関としては、是正確認の徹底を図る必要があり、[illegible] 次に示すところにより対応すること。

（以下略）

「監督指導業務の運営にあたって留意すべき事項について」
（平22. 2. 17基発0217第２号）
情報公開推進局公開文書
http://www.joshrc.org/~open/files2010/20100217-001.pdf

是正勧告を放置して裁判で不法行為と判断された例

是正勧告された労基法違反を放置して、裁判で不法行為と判断された裁判例があります。時間外勤務手当を請求した事件（杉本商事事件：時間外勤務手当等請求控訴事件、広島高裁平19. 9. 4判決）では、時間外勤務手当請求権が労基法115条（時効２年）によって時効消滅した後においても、使用者側の不法行為（時効３年）を理由として未払い時間外勤務手当相当損害金の請求が認められた珍しい裁判例です。裁判所は、「労働基準局の巡回検査の際に時間外勤務問題についての指摘がされたが、その後も特に改善されることはなかった」ことを、不法行為の成否の判断材料としています。

Q19　是正したと嘘の報告をして、もしそれがわかってしまったらどうなりますか。

虚偽の報告をした場合に、監督署へ従業員が通報することで嘘がわかってしまうことがあります。そうすると新たに労基法120条（虚偽の報告をした者には罰則の適用があること）あるいは安衛法121条（虚偽の報告をした者には罰則の適用があること）が適用される可能性があります。

資料８のとおり是正報告書は労基法104条の２に基づくものではないので、必要に応じて、改めて、同条に基づき監督署長名で報告が求められることもありえます。

◉ 資料８―「監督指導業務の運営に当たって留意すべき事項について」（平19. 2. 14基発0214001号）（情報公開されたもの、抜粋）

是正勧告及び是正報告はあくまでも事業主に対し自主的に法違反を是正させその結果を任意に求めるものであり、その法的性格は労基法第104条の２に基づく行政処分には当たらないことから、監督指導により是正勧告を行った事案について是正報告をしないこと又は虚偽の是正報告をしたことをもって労基法第120条第５号〔「第104条の２の規定による報告をせず、若しくは虚偽の報告をし、又は出頭しなかつた者」〕に該当しない（以下略）

参照条文

（報告等）

労基法104条の２　行政官庁は、この法律を施行するため必要があると認めるときは、厚生労働省令で定めるところにより、使用者又は労働者に対し、必要な事項を報告させ、又は出頭を命ずることができる。

２　労働基準監督官は、この法律を施行するため必要があると認めるときは、使用者又は労働者に対し、必要な事項を報告させ、又は出頭を命ずることができる。

残業代の遡及期間について、

① 監督署の調査で割増賃金の不足が指摘され、2年分調査して改善するように指導されました。しかし、同業者の会合でほとんどの会社は3カ月の遡及を指導されたということがわかりました。なぜこのような不公平なことになるのでしょうか。3カ月分しか支払わなかったらどうなるのでしょうか。

② 監督官から4カ月遡って残業代の不足分を支払うようにと指導されましたが、是正期日までに不足分を計算するのは無理だということがわかりました。そこで遡及期間を3カ月にしてもらえないかと思いますが、聞いてもらえるでしょうか。遡及払いをする資金がないわけではありません。

1 遡及期間に決まりはない

かつて割増賃金の遡及期間については、通達（「賃金不払い等に係る法違反の遡及是正について」（昭57. 2. 16基発110号）により一律に3カ月とされていました。なぜ3カ月かについては、「不払いの日数、時間数、金額を特定できない場合は是正勧告すべきでなく、臨検監督において3カ月分程度を確認するのが限度である」ということと、「既に発生した賃金不払いは、労使が自主的に解決すべきこと」であり、行政が指導すべきことではないということが書かれています。

監督時に労働者数名の事業場であれば2年分の不払い事実の確認もそれほど大変ではないのですが、何百人もいるような事業場の2年分の賃金台帳や労働時間の記録などを調べることはほとんど不可能です。このような実務の面からも2年遡（さかのぼ）って割増賃金の法違反を指摘するのは無理があります。

1987年（昭和62年）5月、総評（当時の労働組合のナショナルセンター）が、この遡及期間を3カ月とする通達の存在を知って、「労働者の保護

にあたる労働省（当時）が、現場の監督機関にサボタージュを指示しているようなものだ」と反発し、労働省にこの通達の撤回を迫りました。その結果この通達は廃止され、以後遡及期間について通達による制限はなくなりました。現在は監督官によってバラバラの遡及期間となっているようです。

したがって、同業者が３カ月遡及を指導されていることを担当監督官に率直に言えばよいと思います。

◇ 図表14●遡及期間の変化の経緯

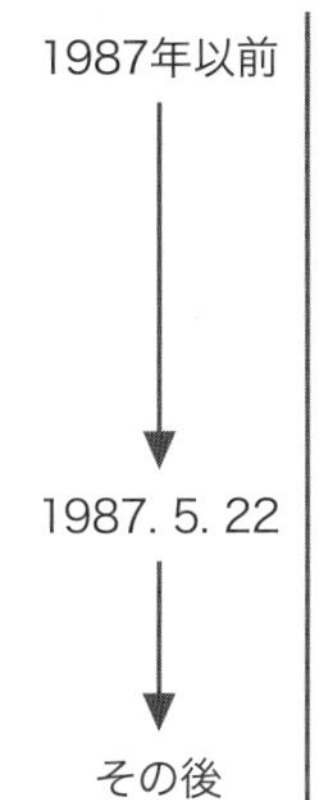

1987年以前

「賃金不払い等に係る法違反の遡及是正について」
（昭57. 2. 16基発110号）
割増賃金については３カ月遡及についての考え方

・不払いの日数、時間数、金額を特定できない場合は是正勧告すべきでない。したがって、３カ月分程度を確認するのが限度である。
・既に発生した賃金不払いは、労使が自主的に解決すべきこと。

1987. 5. 22

総評が問題にした。
　割増賃金の不払い是正、３カ月分を限度とする労働省通達に反発し、通達の撤回を迫った。

その後

「賃金不払い等に係る法違反の遡及是正について」（昭57. 2. 16基発110号）廃止以後、監督官によって遡及期間は異なることとなった。
現状：３カ月遡及から２年間遡及

2　是正期日を延ばしてもらう

資金があるのに遡及月数を減らしてくださいというのは説得力がありません。是正期日は絶対的なものではないので、担当の監督官に間に合わない理由を説明して是正期日を延ばしてもらってください。

是正勧告書を受け取るときに、「いつまでに直せますか？」と必ず聞かれているはずです。そのときに遠慮せずに希望の期日を率直に言ってください。もちろんすべてが認められるわけではありませんが、ある程度は事情を考慮してくれます。

申告監督について詳しく教えてください。監督官が当社の支店に来て直近３カ月分の割増賃金の不足を指摘しましたが、ある従業員の賃金の記録を特に注目していました。この調査はその従業員の申告によるものでしょうか。

仮に調査がその従業員の申告により行われたとした場合、むしろ申告をした従業員に関する書類をことさら丁寧に見ることは避けるはずです。したがって、調査に来た監督官に、申告であること、申告をしたのがその従業員であることをかくそうとする気持ちがないからこそ、何の配慮をする必要もなく丁寧に見ることができたのではないでしょうか。

また、遡及期間も３カ月と短いので、その点からも申告監督である可能性は低いと考えられます。申告であれば、申告した従業員が２年分払ってほしいと主張している可能性があるので遡及期間が３カ月で済むとは思えません。

定期監督なのに疑心暗鬼になり申告監督だと勘違いして犯人探しをするということが最も悪い対応です。それよりも労基法に違反する事実を指摘されたことをきっかけにして、企業のコンプライアンスを見直すことが大切です。

1　申告監督

労働者は、事業場の労基法等の違反事実について、監督署長または監督官に申告をすることができます（労基法104条）。申告とは、違反事実を通告して、監督機関の行政上の権限の発動を促すことです。

情報公開されている通達によれば、申告・相談者が処理を求める事項だけでなく、その事業場の法定労働条件に係る履行確保上の問題点やその他の労働条件に係る問題点の存否についても、注意深く聴取し、監督指導を実施することが適当であるかどうか判断することとされています（平15.4.1基発0401015号）。そして、申告のあった事業場に対する監督指導を実施するか否かの決定は、相談票を活用するなどにより監督署として組織的に行うこととされています。

申告監督は定期監督と同様な方法をもって監督を実施することが原則とされています。そのような場合は、「このたび、貴事業場が定期監督対象として選定されました」として、監督実施の端緒が申告であることは明らかにされません。

しかし、申告内容が特定の労働者に関するものであり、申告者が氏名を明らかにすることを承諾している場合（例えば、解雇予告手当を払ってほしいという場合）は、監督署に事業主を呼び出すなどにより、処理されます。

◇ 図表15●申告監督のやり方

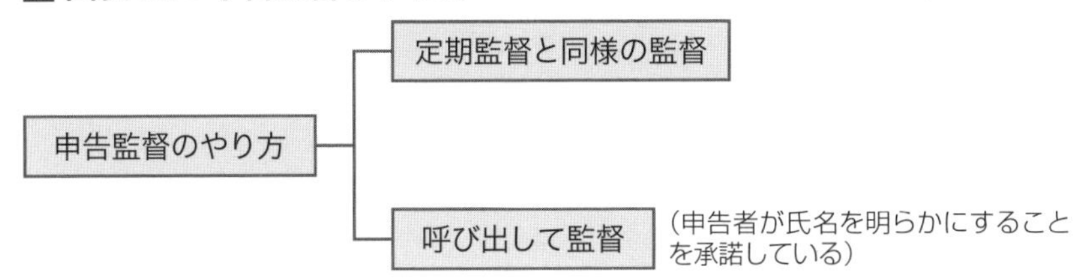

さらに、被申告事業場の監督指導の結果、その法違反の問題が業種全体に共通する問題であると考えられる場合には、当該業種・業界等を一般労働条件確保改善対策等の重点対象とするとしています（平15. 4. 1基発0401015号）。

◉ 資料９―「申告・相談等の対応に当たって留意すべき事項について」（平15. 4. 1基発0401015号）（情報公開された文書、抜粋）

1　申告・相談で、その処理を求めている事項に関して労働基準関係法令違反を構成するおそれがあると認められる事案については、これを申告事案として受理し、優先的かつ迅速な処理に努める。

2　申告・相談全体の内容からみて、当該事業場における法定労働条件に係る履行確保上の問題点の存在が推測され、監督機関として監督指導を実施することが適当であると考えられる事案については、申告・相談者に係る法定労働条件の履行確保をより適切に図る観点から、以下により積極的に監督指導をもって対処する。

⑴　申告・相談者に対しては、その処理を求める事項にとどまらず、当該事業場の法定労働条件に係る履行確保上の問題点に加え、その他の労働条件に係る問題点の存否についても、これを注意深く聴取し、監督指導を実施することが適当であるかどうか判断すること。

⑵　当該事業場に対する監督指導を実施するか否かの決定については、上記相談票を活用するなどにより監督署として組織的に行うこと。

3　被申告事業場の監督指導の結果、申告監督の実施状況からみて、問題となる事業場が特定の業種・業界全体に共通する法定労働条件に係る履行確保上の問題が存在すると考えられる場合には、当該事業場が属する当該業種・業界等を一般労働条件確保改善対策等の重点対象とすること。

COFFEE BREAK 5

調べても何も見つからない

労働基準局（当時）の指示により、某事業場の情報に基づく監督を実施したことがあります。長時間労働をしているという情報があったので、タイムカードや運転日報（トラック運転者）など労働時間に関係する書類を調べましたが、労基法違反や自動車運転者の改善基準（148頁参照）に違背する事実は見つかりませんでした。その旨労働基準局に報告したところ、「そんなばかな、お前の眼は節穴か」ということで、監察官とともに２回目の調査を実施することになりました。２人で調べても何も見つかりませんでしたが、そのことで署長あるいは労働基準局からお叱りを受けることはありませんでした。調べても何も見つからなかったのはこのときだけです。

インターネットを検索すると、監督署の調査件数は増えているとか、申告監督が増えているとか書かれていますが、本当でしょうか。

1　申告監督件数

監督官の人数は、**図表39(99頁)**に見るとおりほとんど増員されていません。一人ひとりの監督官の業務量は人日（にんにち）で管理されているので、監督官が増えない限り監督件数が増える理由がありません。ただし、**Q1**の**図表１(４頁)**に見られるように、呼出(集合)監督による増加はあります。

申告監督件数についてですが、監督機関が意図的に申告監督を増やすということはなく、申告件数が多くなれば増えるというものです。**Q6（11頁）**のＡ局Ｂ署の場合は、年間の監督等の件数1,601件のうち500件を申告監督に充てています。このような監督署では、おそらく20年前に比べれば申告監督が増えているということになるでしょう。しかし、全国的に見れば、**図表18**のとおりで特に増えているということはありません。むしろ、リーマンショック※の翌年である2009年（平成21年）よりも減少しています。

◆図表16●平成26年の申告処理状況

<table>
<tr><td colspan="4">前年からの繰越件数</td><td>4,620</td><td rowspan="6">監督実施事業場数に対する構成比(%)</td></tr>
<tr><td colspan="4">当年受理件数</td><td>27,089</td></tr>
<tr><td colspan="4">計</td><td>31,709</td></tr>
<tr><td colspan="4">監督実施事業場数</td><td>22,430</td></tr>
<tr><td colspan="4">同違反事業場数</td><td>16,321</td></tr>
<tr><td colspan="4">同違反事業場比率</td><td>72.8%</td></tr>
<tr><td rowspan="4">主要事項別被申告事業場数(新規受理に関して)</td><td rowspan="3">労働基準法</td><td colspan="2">賃金不払い</td><td>12,884</td><td>57.4</td></tr>
<tr><td rowspan="2">労働時間等</td><td>一般</td><td>262</td><td>1.2</td></tr>
<tr><td>年少者</td><td>11</td><td>0.05</td></tr>
<tr><td colspan="3">最低賃金法</td><td>1,067</td><td>4.8</td></tr>
</table>

資料出所：厚生労働省労働基準局「平成26年労働基準監督年報」

※リーマンショック

2008年（平成20年）９月15日に、アメリカ合衆国の投資銀行であるリーマン・ブラザーズが破綻したことに端を発して、続発的に世界的金融危機が発生した。

2014年（平成26年）中に取り扱われた申告件数は31,709件であり、このうち当年に完結した件数は27,580件です。

2　申告新規受理件数

1990年（平成2年）は申告受理件数が最も少なかった年で、年間12,637件でした。その後増加に転じ、リーマンショックの翌年である2009年（平成21年）は年間42,472件となりました。これをピークにその後は減少し続け、2014年（平成26年）は27,089件となっています。このように、申告受理件数は経済の変動に影響されて増減するものです。

図表17●申告新規受理件数の推移

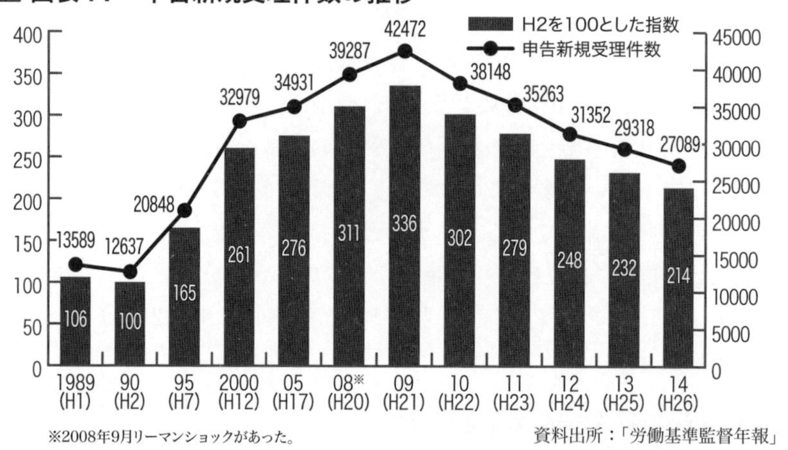

※2008年9月リーマンショックがあった。　　資料出所：「労働基準監督年報」

ミニ知識

申告監督実施の義務はあるのか

労基法104条は労働者の申告に対して、監督機関が監督または調査を実施することを義務付けていません。最高裁も「同項に基づく申告は、労働者が監督官に対して事業場における同法違反の事実を通告するもので、監督官の使用者に対する監督権発動の一契機をなすものではあっても、監督官に対してこれに対応して調査などの措置をとるべき職務上の作為義務まで負わせるものではない。」とする東京高裁の判決（青梅労働基準監督署長事件、東京高裁昭56. 3. 26判決）を是認しています（青梅労働基準監督署長事件、最高裁昭57. 4. 27判決）。とはいえ、監督機関は申告事案を迅速に処理しなければならないことは当然のことです。

図表18●年次別監督実施状況

年	適用事業場数	定期監督等（災害時監督を含む）	申告監督	再監督	その他の監督	計	監督実施率	昭23を100とした指数
大正12	25,739	臨検工場数　21,352 臨検延回数　32,033	—	—	—	—	—	—
'48/昭23	738,411	181,636(94.9)	9,681(5.1)	—	0	191,317(100.0%)	24.6%	100.0
'55/昭30	1,053,968	154,546(64.0)	37,989(15.7)	48,992(20.3)	61,665 (20.3)	241,527(100.0)	14.7	126.2
'65/昭40	2,171,698	191,053(80.4)	16,506(6.9)	30,211(12.7)	—	237,770(100.0)	8.8	124.2
'75/昭50	2,911,991	165,483(80.3)	20,327(9.9)	20,249(9.8)	—	206,059(100.0)	5.7	107.8
'85/昭60	3,488,605	173,438(84.1)	15,644(7.6)	17,133(8.3)	—	206,125(100.0)	5.0	107.7
'95/平７	4,354,576	175,875(86.7)	15,759(7.8)	11,277(5.6)	—	202,911(100.0)	—	106.1
'05/平17	4,428,238	122,734(74.8)	31,206(19.0)	10,201(6.2)	—	164,141(100.0)	—	85.8
'09/平21	4,087,519	100,535(68.5)	36,444(24.8)	9,881(6.7)	—	146,860(100.0)	2.5	76.8
'10/平22	4,087,519	128,959(73.9)	33,077(19.0)	12,497(7.2)	—	174,533(100.0)	3.2	91.2
'11/平23	4,275,819	132,829(75.7)	29,442(16.8)	13,261(7.6)	—	175,532(100.0)	3.1	91.7
'12/平24	4,275,819	134,295(77.4)	25,418(14.6)	13,807(8.0)	—	173,520(100.0)	3.1	90.7
'13/平25	4,275,819	140,499(78.9)	23,408(13.1)	14,226(8.0)	—	178,133(100.0)	3.3	93.1
'14/平26	4,275,819	129,881(78.0)	22,430(13.5)	14,138(8.5)	—	166,449(100.0)	3.0	87.0

注　1　（　）内は監督実施件数に対する種類別監督実施件数の割合を示す。
　　2　各年とも１月１日から12月31日までの件数を示すが、昭和40年については４月１日から翌年３月31日までの件数を示す。
　　3　その他の監督とは、特殊安全監督と、その他の監督を合わせたものである。
　　4　監督実施率＝定期監督実施件数／適用事業場数

資料出所：「労働基準監督年報」、内務省社会局「工場監督年報」

インターネット上で申告監督が増えているなどの間違った情報が流されているのに、厚生労働省は正しい件数を公表していないのでしょうか。

1　労働基準監督年報

厚生労働省は毎年「労働基準監督年報」という監督行政についての報告書を作成しています。これは、ＩＬＯの「工業及び商業における労働監督に関する条約」（第81号）21条により以下の内容の報告を公表することが義務付けられていることにより作成しているものです。

(a)　労働監督機関の業務に関係のある法令
(b)　労働監督機関の職員
(c)　監督を受けるべき事業場に関する統計及びそこで使用する労働者の数
(d)　臨検に関する統計
(e)　違反及び処罰に関する統計
(f)　産業災害に関する統計
(g)　職業病に関する統計

そして、この報告書の意義は以下のとおりとされています。

<国内的な意義>

公衆（使用者や労働者の組織、社会福祉団体など）および立法機関に次のことを判断させることを可能にする。

・労働者保護法規が現実にどの程度まで適用されているか
・現在の法規ではうまく規制できない点は何か
・弊害を是正するのに必要な立法措置は何か　　など

<国際的な意義>

・監督によってのみ明らかにされる現実の労働基準（法規の条文に示されている単なる理論上の基準とは区別して）の国際比較を行う資料を提供し、さらに関係者はその体験と比較して、法施行の方法を改善することについての有益な情報を引き出すことができるとともに、効果的な予防手段の採用を促進することを得る。

2　公表を怠る厚生労働省

ところが、厚生労働省はかつては国会図書館に「労働基準監督年報」を収めていましたが、近年はそれがなされず、最新で1982年（昭和57年）のものしか確認できません。長期にわたって国民は、労働者保護法規が現実にどの程度まで適用されているか、現在の法規ではうまく規制できない点は何か、弊害を是正するのに必要な立法措置は何かなどを検討する資料を得る機会を奪われていたのです。情報公開推進局が情報公開請求した結果、厚生労働省のホームページに2011年（平成23年）以降のものが掲載されました。2016年４月現在、2014年（平成26年）の「労働基準監督年報」まで公表されています。

「労働基準監督年報」→http://www.mhlw.go.jp/bunya/roudoukijun/kantoku01/

◉ 資料10―ILO「工場及び商業における労働監督に関する条約」（第81号）

第20条　中央監督機関は、その管理の下にある監督機関の業務に関する年次一般報告を公表しなければならない。

2　その年次報告は、当該年度の終了後適当な期間内に、いかなる場合にも12カ月以内に公表しなければならない。

3　年次報告の写は、公表後適当な期間内に、いかなる場合にも３カ月以内に国際労働事務局長に送付しなければならない。

Q24 労基法で是正勧告されても期日までに直せばよいと聞いています。いったいどのような場合に送検されるのですか。

平成28年度地方労働行政の運営方針で司法処分をするべきとされている法違反、過重労働総合対策による法違反および送検事例による法違反は以下のとおりです。

1 平成28年度地方労働行政の行政運営方針で司法処分をするべきとされている法違反

①労働基準関係法令に関する重大または悪質な事案

中央監督署（東京）は、平成20年4月から平成25年7月までの間4回にわたり違法な時間外労働の是正を指導するも法違反を繰り返した事業者等を労基法違反の容疑で、平成26年11月28日、東京地方検察庁に書類送検した。

<事件の概要>

被疑会社は、36協定において、延長時間は1カ月につき45時間までとし、特別条項の延長時間を80時間までとしていた。

しかし、被疑会社は、平成25年4月16日から同年10月15日までの6カ月間に延長時間が1カ月45時間を超えたことにより、同年10月16日以降は延長時間を1カ月45時間までとしなければならないにもかかわらず、同年10月16日から11月15日までの1カ月につき延長時間が45時間を超えていたことが判明した。

中央監督署は、被疑会社に対する4回にわたる臨検監督において、36協定未締結、36協定で定める延長時間の限度を超える時間外労働等の事態を把握し、その都度、是正を求めていたが、法違反が繰り返されたため、労基法違反として捜査に着手したものである。

②重大悪質な賃金不払残業（サービス残業）事案

大田監督署（東京）は、リネンサプライ業者および同社代表取締役専務を労基法違反の容疑で、平成27年３月31日、東京地方検察庁に書類送検した。

<事件の概要>

被疑会社リネンサプライ業者は、平成25年２月１日から同年９月30日までの間、同社東京事業部所属の労働者１名に対し、法定の労働時間を延長して労働させながら、通常の労働時間の賃金の計算額の２割５分以上の率で計算した割増賃金計111万7439円を所定賃金支払日である毎月23日に支払わなかったものである。

大田監督署は、労働者の申告に基づき、被疑会社に対する複数回にわたる監督において、割増賃金が未払いである実態を把握し、再三是正を求めていたが、法違反を解消しなかったもの。

③技能実習生に関する重大悪質な労働基準関係法令違反等の事案

倉敷監督署（岡山）は、技能実習生に対して賃金と残業代の一部を支払わず、月に１度しか休日を与えなかった縫製会社（岡山県倉敷市）と同社取締役を労基法32条違反などの容疑で、平成28年３月25日、岡山地方検察庁に書類送検した。

<事件の概要>

同社は、中国人技能実習生５人との間で、残業時間を１日２時間、１カ月30時間、１年200時間とする36協定を締結していたにもかかわらず、最長で１週30時間、１日３時間40分の時間外労働を行わせていた。平成26年１月12日～平成27年10月10日には、週１日の法定休日を１月当たり１日程度しか与えていなかった。

平成25年12月１日～27年８月31日までの間、最低賃金を下回る賃金を支払い、残業代についても１年目は１時間当たり400円、２年目以降は同500円としていた。５人の支払い不足分は、賃金が380万8845円、残業代が847万1419円に達している。

平成27年７月に、実習生からの相談から違法残業や賃金不払いが発覚した。

④技能実習生に係る強制労働が疑われる事案および技能実習生への暴行・脅迫・監禁、技能実習生からの違約金の徴収または技能実習生の預金通帳・印鑑・旅券等の取上げ等が疑われ、かつ、技能実習生に係る労働基準関係法令違反が疑われる事案

平成28年5月12日、新庄監督署（山形）は、縫製会社（山形県新庄市）と同社代表取締役を労基法37条（時間外、休日および深夜の割増賃金）違反容疑で山形地方検察庁に書類送検した。

＜事件の概要＞

中国人技能実習生10人に時間外および休日労働をさせたにもかかわらず、所定の割増賃金を支払わなかった。パスポートや預金通帳を同社が保管していたため、実習生は容易に離職できない状況にあった。

実習生による同監督署への申告で発覚している。

⑤労災かくし

品川監督署（東京）は、平成27年5月27日、塗装工事業者および同社代表取締役を、安衛法違反容疑で東京地方検察庁に書類送検した。

＜事件の概要＞

平成26年9月13日、東京都品川区内の集合住宅大規模修繕工事現場で、塗装会社の作業員（当時64歳）が、塗装工事に伴う養生シートの撤去作業のため外部足場からバルコニーに移動中、誤って転落し、左膝内側半月板損傷等を負う休業2カ月を要する労働災害が発生した。

同作業員を雇用する被疑会社の代表取締役は、同現場を管轄する品川監督署長に対し、遅滞なく、労働者死傷病報告書を提出しなければならなかったが、これを行わなかったもの。

2　過重労働による健康障害防止のための総合対策

（平18. 3. 17基発0317008号、改正：平28. 4. 1基発0401第72号）

脳・心臓疾患（「過労死」等）に係る支給決定事案で労働基準関係法令違反が認められるもの

亀戸監督署（東京）は、平成27年３月26日、労基法違反容疑で、パン製造販売業を営む会社の元東京工場エリアマネージャー（工場長）および元工場サンドイッチ部門チームリーダー（部門長）を東京地方検察庁に書類送検した。

<事件の概要>
東京工場サンドイッチ部門に所属するパートタイム労働者３名（１日の所定労働時間６時間）に対し、平成25年12月１日から同月31日までの間、最長で月139時間に達する時間外労働を行わせ、もって36協定の延長時間の限度を超える違法な時間外労働を行わせていたもの。
また、同期間、本来支払うべき時間外労働に対する割増賃金のうち３割程度の支払いしかしていなかったもの。
パートタイム労働者が作業中に脳疾患で倒れ、労災請求が出されたことにより発覚した。

3　送検事例から見て

①死亡等重大災害を起こし、かつ安衛法等の違反が認められるもの

池袋監督署（東京）は、平成27年６月５日、土木工事業を営む個人事業主を、安衛法違反の容疑で東京地方検察庁に書類送検した。

<事件の概要>
平成26年８月23日、東京都板橋区内の倉庫解体工事において、被疑者が使用していた労働者（当時43歳）が、屋根の明り取り用の合成樹脂製屋根板を踏み抜き、4.3メートル下のコンクリート床に墜落し重傷を負った事故の際、歩み板を設ける等踏み抜きによる危険を防止する措置を被疑者が行っていなかったもの。

②虚偽の是正報告、虚偽の書類提出

青梅監督署（東京）は、平成27年４月30日、婦人服小売業者を最賃法違反および労基法違反の疑いで東京地方検察庁立川支部に書類送検した。

<事件の概要>
被疑会社は、東京都羽村市内で、婦人服等の販売業を営む事業主、被疑者は同会社の代表取締役であるが、労働者Ａに対し、平成25年３月18日から平成26年６月30日までの賃金をその所定支払日に、東京都最低賃金以上の賃金を支払わなかったもの。
また、同会社は、平成26年１月21日、監督官が賃金台帳の提出を求めたことに対し、虚偽の記載をした賃金台帳を提出し、最賃法違反の事実を隠蔽したもの。

③石綿製品使用

平成22年３月17日、関監督署（岐阜）は排ガス測定および作業環境測定を営む事業者を安衛法55条（製造等の禁止　安衛令16条１項）違反の疑いで書類送検した。

<事件の概要>
平成22年１月、管内の工場において排ガス測定を行う際、使用が禁止されている石綿を含有した布（アスベスト製品）を労働者に使用させていたものである。排ガス測定の際、当該布がファンベルトに巻き込まれた。

④告訴によるもの

平成20年12月10日、仙台監督署（宮城）は、牛丼店で働くアルバイト従業員３名につき、平成19年12月から20年９月に対する残業代の未払いがあるとして、労基法違反（賃金未払い）で、牛丼店を経営する会社と同社給与担当幹部を仙台地方検察庁に対し書類送検したが、仙台地方検察庁は、１月19日までにこの件を不起訴処分（給与担当幹部に対して起訴猶予処分）とした。
アルバイトら３名が、平成19年11月に同監督署に残業代不払いで違反申告をし、監督署が是正勧告をしたが、同社が応じなかったため、平成20年４月に刑事告訴がなされ、悪質だと判断されたもの。

司法処分とするかどうかについては、どのような基準で決められるのでしょうか。

厚生労働省作成の「労働基準監督業務について」(平成22年省内事業仕分けに係る事務・事業説明資料）では、監督官の基本的使命は、立入権限等を活用した監督指導（是正が図られない等、重大・悪質な事案は司法処分（送検）を行うことを背景として）によって、法違反の是正を促し、迅速に労働条件の確保を図ることであり、その点において捜査等による刑事責任の追及を基本とする警察官とは違うとしています。

司法処分にするかどうかの考え方は、衆議院予算委員会議事録に記録されています。そこにおいて、労働基準局長が「司法処理基準」について明らかにしています。議事録はインターネット上で公表されています。

衆議院予算委員会議事録（第145国会予算委員会第21号（平11. 7. 15木曜日）29頁、大森委員と伊藤局長との質疑応答）

→http://kokkai.ndl.go.jp/SENTAKU/syugiin/145/0018/14507150018021c.pdf

◇ 図表19● 司法処分をするか否かの基本的な考え方

a　割増賃金が絡むケース

是正させる ➡ 是正指導に応じない等の悪質なケースは司法処分

b　人の生命等あるいは健康等に関わるケース

c　違反の事実を監督等にあたってもあえてかくしていたケース等悪質な場合

➡ 司法処理ということを急ぐ

<悪質か否かの判断>

違反事実の発生していた経緯とか、それに対する事業主の対応、あるいは繰り返して行われること等、総合的に見た上で悪質であるかどうかという判断になる。

図表20 ● 業務運営の基本的考え方

ア　法違反の是正を主眼とし重大・悪質な事案を司法処分（送検）

労働基準監督官		警察官
立入権限等を活用した監督指導（是正が図られない等、重大・悪質な事案は司法処分（送検）を行うことを背景として）によって、法違反の是正を促し、迅速に労働条件の確保を図ることが基本的使命。		捜査等による刑事責任の追及を基本。

（参考）ILO事務局「労働監督の手引き」（1955年）（抄）
○　最も効果的な手法は、健全な労働条件と法の規定に関する認識を促進すること及び使用者と労働者に対し法的義務を履行する最も効果的な方法について教示し、助言すること等に重点をおくことである。と同時に、重大な違反、度重なる違反や明らかに故意の違反が行われた場合には、やむを得ず制裁的な手段を執る方途がとられるべきである。

イ　事業場を選定し、計画的に監督指導するほか、労働者の申告等に機動的に対応

・広範な事業場の中から問題があると考えられる事業場に対し、計画的に監督指導を実施するほか、労働者の申告により把握した問題事業場に対して機動的に監督を実施。
・PDCAサイクル〔編注：略〕にのっとって、計画性と同時に、機動性・即応性の確保に努めている。

（参考1）ILO第81号条約
第16条　事業場に対して、関係法規の実効的な運用の確保に必要である限りひんぱん且つ完全に監督を実施しなければならない。

（参考2）ILO事務局「労働監督の手引き」（1955年）（抄）
○　監督の対象となる事業場については、例えば、年に少なくとも一回臨検するというような年度型で基準を定めるか、又は事業場に対しては「関係法規の実効的な適用の確保に必要である限り頻繁に監督を実施する」というような必要型で基準を定めるかということである。事実後者は、1947年の労働監督に関する条約中において用いられている基準であり、そしてこれは長い経験と確固たる業績を有する監督行政において最も普通に採用されている基準であるように思われる。
○　ひとたびいくつかの優先的取扱の必要（例えば災害、職業病、苦情の調査）が生じた場合、監督の対象となる事業場間の定期的調査についての相対的緊急度に関し、まずどれを行うべきかの判断が下されなければならないことを意味する。この問題の最も効果的な解決は、安全および衛生に対する高度の危険を蔵する作業を行う事業場や、はなはだしい法規違反の前歴のある事業場に対し、まず第一に監督を集中して行うということである。

資料出所：厚生労働省「労働基準監督業務について」

◉ 資料11 ─ 司法処理に関する労働省（当時）労働基準局長の国会答弁

○伊藤（庄）政府委員　私どもは、全国の労働基準監督署におきまして、例えば平成10年、1,200件ほど、最終的に司法処理をしたという件数がございます。

労働時間関係で申し上げれば、まず是正をさせるということを先行させてまいります。ただ、そうしたことにも応じない等々の悪質なケースにつきましては、最終的にそうした司法処理という段階に至ることもございます。

ただ、労働時間関係以外の例えば安全関係とか、人の生命等にあるいは健康等にかかわる、いわば待ったなしの問題とかそうしたケース、あるいは、そうした違反の事実を監督等に当たってもあえて隠していたケースとか、いろいろな悪質な事例があるわけでございますので、そうした場合にはまず司法処理ということを急ぐケースもございますが、こういう割り増し賃金が絡むケースにつきましては、まず労働者にそうした分の賃金を必ず支払わせて、その所得を確実なものにする、こういう側面も重要でございますので、そうしたことをまず先行させる扱いをいたしているところでございます。

○伊藤（庄）政府委員　割り増し賃金の場合は基準法の37条、さらにその不払いの場合には24条というのが該当条文になってまいりますが、そうした場合におきましても、それに違反したからといって、重大な法違反ということで直ちに司法処理に至るという意味ではございません。そうした事態の発生していた経緯とか、それに対する事業主の対応、あるいは繰り返して行われること等、総合的に見た上で悪質であるかどうかという判断になるわけでございます。

とりわけ、労働時間にせよ、先生御指摘の24条、賃金不払いにいたしましても、まず賃金を確保して、労働者の方に確実に手に入る形をつくるというのが私ども行政官庁としての務めでもございますので、まずそういうことを先行させるのが一般的な扱いかというふうにいたしております。

衆議院予算委員会議事録（平11．7．15）より

6　送検でも何でもしてくれ！

食料品製造業の監督をしたときのことです。事業主は篤志家で数人の障害者を雇っていたのですが、最低賃金未満で使用するための許可（当時）をとらずに最低賃金未満の賃金を支払っていました。そこで、許可申請するように指導しました。

翌日事業主が監督署にやって来て、「送検でも何でもしてくれ！」と息巻くのでした。法違反が明らかになったといっても、いきなり送検手続きをとることはありえないことを説明したのですが、納得してくれたのかどうか今でははっきり覚えていません。

事業主がそのような態度をとったのには思い当たる理由がありました。その頃、ある企業を最賃法違反で送検したところだったので、事情を知らない事業主は自分も送検されると早とちりをしたようでした。

Q26 定期監督、申告監督、災害調査から司法処分までは、どのような流れで行われるのですか。

司法処分に至るには、定期監督をきっかけとするもの、申告監督をきっかけとするもの、あるいは災害調査をきっかけとするものがあります。

定期監督や申告監督で法違反があった場合には是正勧告書により是正勧告が行われます。その際に、当該法違反が重大・悪質であると判断された場合には司法処分とされます。

是正されたかどうかを確認するために再監督（場合によっては再々監督）が実施されることがあります。そのときに法違反が放置されていることが明らかになり、重大・悪質と判断された場合には、それを理由として司法処分に付されることがあります。

図表21●労働基準監督のしくみ

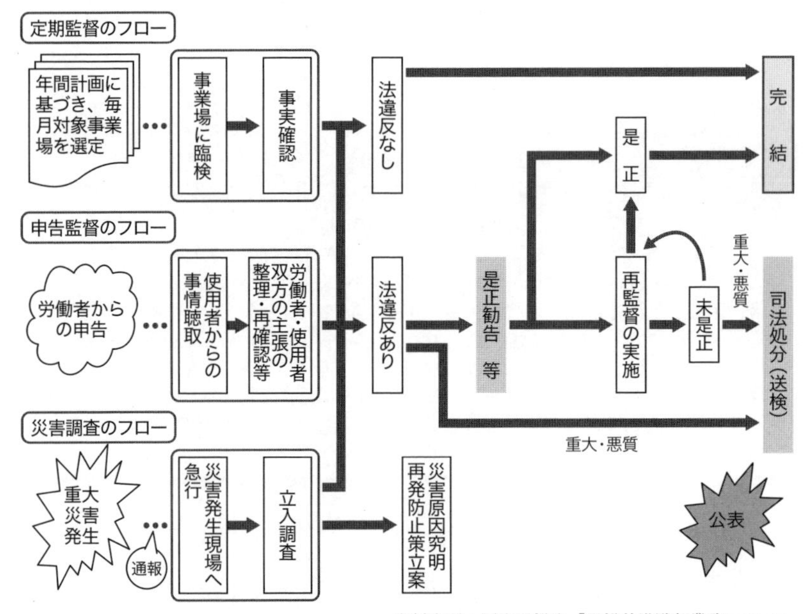

資料出所：厚生労働省「労働基準監督業務について」

また、災害調査が行われている中で労基法違反あるいは安衛法違反が災害発生原因となっていると認められる場合には、司法処分の手続きに移行します。

これらのきっかけ以外に、労働者等からの告訴・告発を端緒として捜査が行われることも最近は多くなっています。

送検された事件のどれぐらいが起訴され、さらに有罪になるのでしょうか。

1 低下する起訴率

捜査が終了すると検察庁に送検されます。検察庁は送られてきた事件のすべてを起訴するのではなく、不起訴処分（起訴猶予、嫌疑不十分、罪とならず）とすることもあります。

監督署の送検事件の起訴率は1955年（昭和35年）の76.9%が最高で、その後1980年（昭和55年）に71.6%となった後は年々低下傾向となり、2014年（平成26年）の起訴率は40.3%です。これでは、司法処分を受けてもどうせ不起訴になると高をくくられてもしかたのない数字です。にもかかわらず、厚生労働省が起訴率の低下している理由を明らかにしていないということは大きな問題です。さらに、不起訴事件の内訳（起訴猶予、嫌疑不十分、罪とならず）についても公表されていません。

◇ 図表22 ● 司法処分の後の流れ

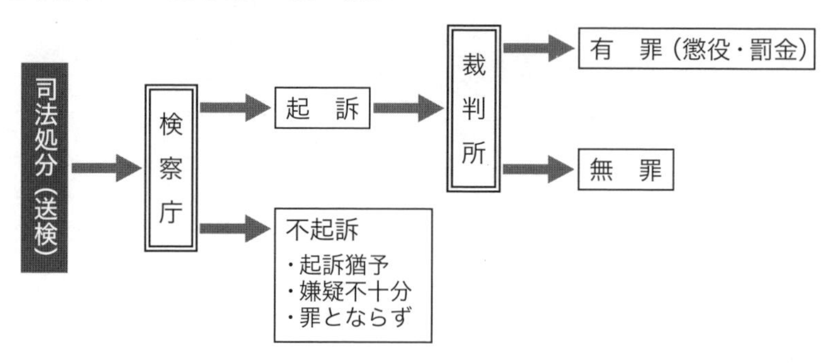

図表23 ● 労基署送検事件の起訴率の推移

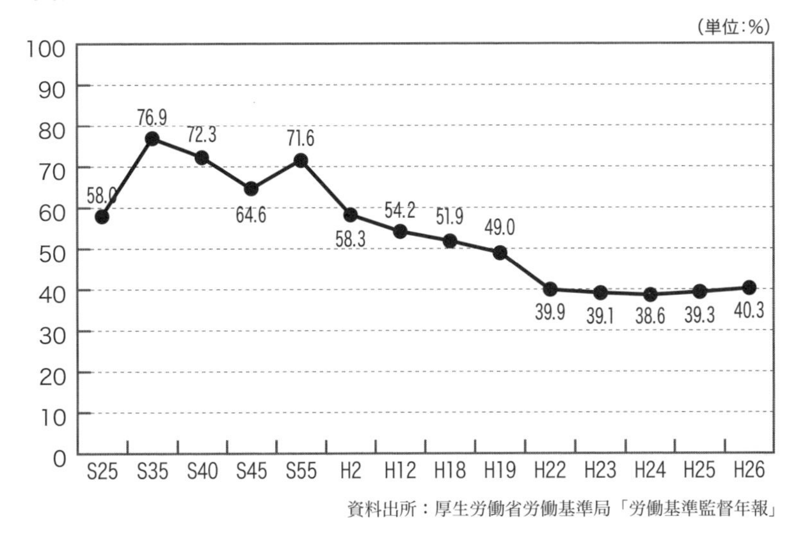

資料出所：厚生労働省労働基準局「労働基準監督年報」

2　有罪の件数

労基法違反や安衛法違反事件は略式請求[※1]により処理される事件が多いのですが、中には正式裁判[※2]となる事件もあります。**図表25**を見ると、無罪は０～５件となっており、起訴された事件はほとんど有罪になっていることがわかります。平成26年では、起訴された410件のうち、懲役２件、正式裁判により罰金刑とされたものが10件、略式手続きにより罰金刑とされたものが395件です。

※１　略式手続き（刑訴法461条～470条）

簡易裁判所は検察官の請求により、その管轄に属する事件について、公判前、略式命令で、100万円以下の罰金または科料を科することができる（刑訴法461条）。

※２　正式裁判の請求

略式命令を受けた者または検察官は、その告知を受けた日から14日以内に正式裁判の請求をすることができる（刑訴法第465条）。

◇ 図表24●送検件数と起訴件数の推移

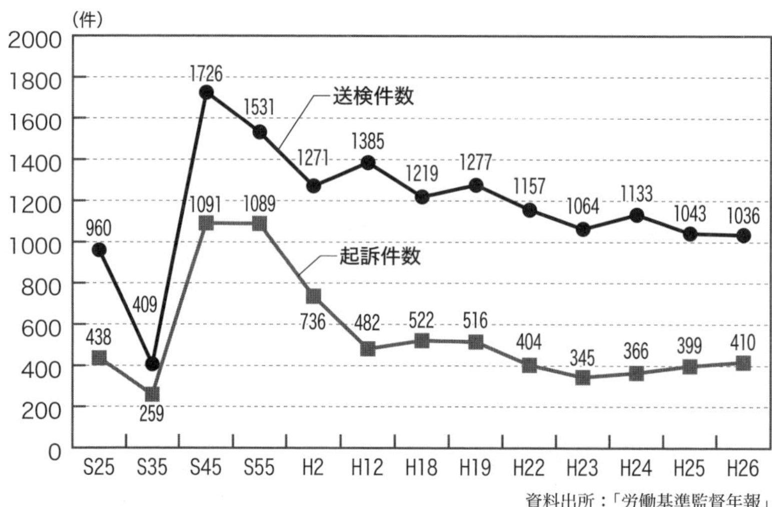

資料出所：「労働基準監督年報」

◇ 図表25●送検結果の比較

	送検件数*	検察官処分		裁判結果			
		起訴	起訴率	懲役	罰金(正式)	罰金(略式)	無罪
1950/昭25	960	438	58.0%	32	116	236	5
1955/昭35	409	259	76.9%	3	36	221	0
1970/昭45	1,726	1,091	64.6%	8	31	1049	0
1980/昭55	1,531	1,089	71.6%	1	11	1073	2
1990/平2	1,271	736	58.3%	1	7	724	0
2000/平12	1,385	482	54.2%	0	8	471	0
2010/平22	1,157	404	39.9%	3	3	393	0
2011/平23	1,064	345	39.1%	1	3	340	0
2012/平24	1,133	366	38.6%	2	17	346	0
2013/平25	1,043	399	39.3%	1	3	381	0
2014/平26	1,036	410	40.3%	2	10	395	2

*送検された事業場数であり、送検された人数は掲載していない。

*起訴率＝ $\dfrac{\text{起訴件数}}{\text{起訴件数}+\text{不起訴件数}}$ （不起訴件数は掲載していない）

資料出所：「労働基準監督年報」

どのような法違反で、どれぐらい送検されているのでしょうか。

2014年（平成26年）の送検件数は1,036件です。違反条文で見ると、最も多いものが労基法24条違反の賃金不払いで255件（24.6％）、次に安衛法20条違反の設備等で199件（19.2％）、そして、同法21条違反の作業方法が173件（16.7％）となっています。

図表26●送検事件状況（2014年／平成26年）

法律名	違反条文		件数（件）	構成比（％）
労働基準法	24条	賃金支払	255	24.6
	32条	労働時間	39	3.7
	37条	割増賃金	33	3.2
	その他		73	7.0
	小　計		400	38.6
労働安全衛生法	14条	作業主任者	12	1.2
	20条	設備等	199	19.2
	21条	作業方法	173	16.7
	30条	特定元方事業者等	10	1.0
	31条	注文者	26	2.5
	59条	安全衛生教育	11	1.1
	61条	就業制限	40	3.9
	100条	報告等	127	12.3
	その他		30	2.9
	小　計		628	60.6
合　計			1,036	100.0

資料出所：厚生労働省労働基準局「平成26年労働基準監督年報」

監督署の捜査ではどのようなことをするのでしょうか。

1　労基法違反被疑事件の例

大田監督署（東京）は、リネンサプライ業者および同社代表取締役専務を労基法違反の容疑で、平成27年３月31日、東京地方検察庁に書類送検した。

＜事件の概要＞

被疑会社リネンサプライ業者は、平成25年２月１日から平成25年９月30日までの間、同社東京事業部所属の労働者１名に対し、法定の労働時間を延長して労働させながら、通常の労働時間の賃金の計算額の２割５分以上の率で計算した割増賃金計1,117,439円を所定賃金支払日である毎月23日に支払わなかったものである。

大田労働基準監督署は、労働者の申告に基づき、被疑会社に対する複数回にわたる監督において、法定の労働時間を超えて労働させているにもかかわらず、割増賃金が未払いである実態を把握し、再三是正を求めていたが、法違反を解消しなかったものである。

このような事案について、大まかな捜査の流れは次のとおりです。

①証拠品の収集

任意に関係書類（労働時間の記録、賃金台帳、労働者名簿等）を押収する。証拠隠滅のおそれがある場合は捜索差押を行うことがある。

②必要な捜査資料について照会・収集

法人の登記簿謄本、前科照会など

③取調べ

関係者（代表者、管理者、関係労働者等）の取調べを行い供述調書を作成する。

④送致書作成、送致

2　安衛法違反被疑事件の例

立川監督署（東京）は平成26年３月25日、貨物自動車運送業者と同社センター所長を、安衛法違反（フォークリフトの無資格運転）の容疑で、東京地方検察庁立川支部に書類送検した。

<事件の概要>

被疑者Ａ（センター所長）は、平成24年10月22日、トラックから荷下ろしした冷凍食品を同センターに設置された冷凍庫に移動する作業において、フォークリフト運転技能講習修了等の運転資格を有しない労働者に最大荷重1.25トンのフォークリフトを運転させたもの。

その結果、同日午後７時ころ、同労働者が冷凍庫内で当該フォークリフトと冷凍庫内に設置された鋼製の棚の枠との間に挟まれた。

被災者は意識不明の状態で発見され、その後意識を回復したものの、現在も後遺症が残り、リハビリテーションなどの療養を継続している。

このような事案について、大まかな捜査の流れは次のとおりです。

①災害調査

災害発生の連絡により、直ちに複数の監督官、産業安全専門官、労働衛生専門官により災害調査が行われる。

②実況見分

災害調査を実施する過程で安衛法違反が明らかとなった場合は、実況見分が行われる。

③証拠品の収集

労働者名簿、安全衛生法関係の有資格者名簿、フォークリフトの仕様書を押収する。

④必要な捜査資料について照会・収集

法人の登記簿謄本、前科照会など。

⑤取調べ

関係者（代表者、センター所長、関係労働者等）の取調べを行い、供述調書を作成する。

⑥送致書作成、送致

7 取り調べられる側の気持ち

「監督署に呼び出されて、ペットボトル1本で1日取り調べられたんだ。自分はただ書類にハンコを押しただけで、ハンコを押した役員は他にも複数いるのに、なぜ自分が被疑者なんだ」と訴える人がいました。また、監督官に取り調べられてから、監督官が怖くて、元監督官という人に会うのも怖いという人がいました。

私が取り調べる側にいたとき、取り調べられる人達の気持ちについて軽く考えていました。警察のように暗い取調べ室（テレビドラマ情報でしかないが）で取り調べるわけでもないし、殺人や強盗事件でもないし、淡々と事実を話してくれればいいんだぐらいに思っていました。しかし、取り調べられる人の立場になってみると、そんな軽いものではないということを知らされました。社員が取り調べられる側として、つらい立場に立たされないためにも、企業は法の最低基準は守ってほしいと思います。

監督官は強制捜査もできるのですか。

監督官は捜索、差押、検証および逮捕等の強制捜査（34頁の脚注参照）をする権限を持っています。

昭和20年代の「労働基準監督年報」には正式裁判となった事件の判決文も掲載されています。最近の「労働基準監督年報」には司法処分に関する数字が掲載されているだけで、具体的事案については何も記載されていません。

少なくとも1949年（昭和24年）から昭和30年代までは、「労働基準監督年報」に捜査、差押等の件数等の分析がなされているのですが、最近は、逮捕や捜索差押が増加しているにもかかわらず、それらの状況が再び掲載されることはありません。また、インターネット上で一部の都道府県労働局が強制捜査の状況を公表していますが、全国の状況は公表されていないようです。

大阪労働局では、2014年（平成26年）に送検した事案90件のうち強制捜査を実施した件数は17件と報告しています。

図表27●強制捜査件数（大阪労働局）

年	2012/平24	2013/平25	2014/平26
総件数＊	62	79	90
強制捜査（捜索、差押等）件数	3（5％）	12（15％）	17（19％）

＊当該年度において送検した事件に関する件数である。

◉ 資料12―「昭和24年労働基準監督年報」

（労働省労働基準局、121～122頁）より

なお労働基準法違反事件の捜査に当たつて違反事実の確認、証拠の蒐集その他必要に応じて司法警察員としての強制捜査を実施した事例は127件に及ぶ。この中、13件は捜査したのみで送検していないので送検件数の中10.4%が強制捜査によっているものである。これは労働基準法違反事件の捜査が原則として通常捜査によるべきものとされておりながら、その捜査が極めて困難であるため、度々強制権が行使されている実状を示すものであり、殊に悪質違反者については、その必要が痛切に感ぜられる場合が多い（第80表（編注：図表28）参照）。

◇ 図表28●第80表―強制捜査実施状況（昭和24年度）

送検	任意捜査	強制捜査	逮捕状による逮捕	現行犯逮捕	緊急逮捕	差押	捜索	検証	身体検査	警察引渡をせる		強制捜査事例計
										事件	人数	
1,094	980	(13) 127	23	―	―	(8) 109	(12) 120	(1) 4	―	13	14	(21) 255

（　）内の数字は強制捜査をしたが、送検に至らなかった件数と推定される。

資料出所：労働省労働基準局「昭和24年労働基準監督年報」

ささいな労基法違反で司法処分にされましたが、どうしてなのか理由を教えてください。

厚生労働省は、全国の司法処分について詳細な数字を公表していませんが、一部の労働局は捜査の端緒や強制捜査の件数などを公表しています。例えば、大阪労働局の「平成26年における司法処分状況」を見ると、捜査の端緒として、告訴・告発が平成24年は15件だったものが、平成25年には17件、平成26年には19件と増えています。

告訴・告発が行われた場合は、監督官は速やかにこれに関する書類および証拠物を検察官に送付しなければなりません（刑訴法242条）。ささいな法違反で司法処分にされたという理由はこのためです。

◆図表29●端緒別の司法処分件数（大阪労働局）

	平成24年			平成25年			平成26年		
	労働基準法等	労働安全衛生法	計	労働基準法等	労働安全衛生法	計	労働基準法等	労働安全衛生法	計
告訴・告発	15	0	15	16	1	17	19	0	19 (21%)
告訴・告発以外	6	41	47	16	46	62	15	56	71 (79%)
（うち、重大な労働災害）	(1)	(32)	(33)	(4)	(30)	(34)	(4)	(28)	(32)
総件数	21	41	62	32	47	79	34	56	90 (100%)

資料出所：大阪労働局

退職時にトラブルのあった労働者が、退職後に既に改善されている労基法違反（時間外労働手当の不支給と36協定の延長時間を超えて時間外労働を行わせていたこと）を理由として告訴したことについて、監督署から連絡があり、その後、社長や取締役などが次々に取調べを受けたといったケースがあります。

法違反は既に是正されているにもかかわらず告訴された理由は、退職した従業員の嫌がらせによるものだと思われますが、監督署ではそのような場合でも捜査をしなければなりません（刑訴法242条）。捜査の結果、法違反が既に是正されていたことが確認されても、検察官に書類および証拠物を送付しなければならないのです。

◆ 図表30●送致と送付の違い

司法警察員からの事件送致	司法警察員は、犯罪の捜査をしたときは、刑事訴訟法に特別の定めがある場合を除き、速やかに書類及び証拠物とともに事件を検察官に送致しなければなりません。
司法警察員からの事件送付	告訴・告発又は自首に係る事件については、司法警察員は、速やかに一応の捜査を終えた上、意見を付して書類及び証拠物を検察官に送付しなければなりません。

資料出所：法務省ＨＰ

◆ 図表31●告訴と告発の違い

告　訴		告　発
被害者またはその法定代理人が捜査機関（監督署など）に対して犯罪の被害を報告してその処罰を求める意思表示（刑訴法230条）	定　義	**第三者**が、捜査機関（監督署など）に対して犯罪の被害を報告してその処罰を求める意思表示（刑訴法239条）
書面 （書面でも口頭でもできる（刑訴法241条1項）。口頭の場合は、捜査機関に調書作成義務が課される（刑訴法241条2項））	方　法	書面 （書面でも口頭でもできる（刑訴法241条1項）。口頭の場合は、捜査機関に調書作成義務が課される（刑訴法241条2項））
書面による場合の書面を告訴状という。		書面による場合の書面を告発状という。
告訴・告発を受けた捜査機関は、これを拒むことができず、捜査を尽くす義務を負う（刑訴法242条）。	捜査機関の対応	告訴・告発を受けた捜査機関は、これを拒むことができず、捜査を尽くす義務を負う（刑訴法242条）。

労基法はなぜ必要なのでしょうか。

雇用契約を契約自由の原則※の下に放置しておくと、労使の経済力や交渉力が不均等なので低賃金や長時間労働などの劣悪な労働条件が横行し、健康破壊や社会問題が発生することは、それによって18、19世紀のイギリスにおいて労働力の再生産すら困難な状態となったことを書いている『イギリスにおける労働者階級の状態』（エンゲルス著）や、戦前の『女工哀史』（細井和喜蔵著）にみられる低賃金、長時間労働や結核の蔓延などからも明らかです（労働監督制度の歴史については88頁「ミニ知識」参照）。

このような劣悪な労働条件から労働者を保護するために、「賃金、就業時間、休息その他の勤務条件に関する基準は、法律でこれを定める。」として契約自由の原則を修正した日本国憲法27条２項に基づき、労基法は労働条件の最低基準を定め、罰則を設けてそれを守ることを強制しています。

労基法１条に「労働条件は、労働者が人たるに値する生活を営むための必要を満たすものでなければならない。」と規定されています。「人たるに値する生活」とは日本国憲法25条の定める健康で文化的な生活を実現するものです。このように労基法は健康で文化的な生活が可能となる労働条件の最低基準を定め、その遵守を労働監督制度によって担保しています。過労死するような長時間労働を契約することが許されているわけではありません。

※契約自由の原則

契約は個人の自由な意思に基づいてなされるべきであり、どんな内容の契約を結ぶかは自由であるという原則をいう。

企業の社会的責任（CSR）

近年CSR（Corporate Social Responsibility）、すなわち「企業の社会的責任」の表明と実行が求められるようになってきています。「企業の社会的責任」とはその利害関係者に対して会社の財務状況や経営の透明性を高めるなど説明責任を果たし、適切な企業統治と法令遵守を実施すること、環境や労働問題などについて自主的に取り組むことをいいます。

CSRが企業の利害関係者としての従業員に関わる労働分野に及んだものが「労働CSR」です。労働CSRには、優れた人材の登用、エンプロイアビリティ（雇用される能力）の向上、家庭生活に配慮した職場環境の実現、女性管理職の積極的登用等の倫理的責任や能動的責任も掲げられますが、法令遵守（コンプライアンス）が当然に含まれ、CSRの基本となります。

法令とは国内法にとどまらず、①結社の自由および団体交渉権、②強制労働の禁止、③児童労働の実効的禁止、④雇用および職業における差別の排除からなるILOの中核的労働基準がその基本となるとされています。その当否はさておき、アメリカでは、SAI（Social Accountability International）という民間の社会基準認証機構が作成したSA8000（ILO条約や国連の人権条約などに準拠した「公正労働基準」）の認証が受けられなければ企業取引ができないという社会環境が作られつつあると聞きます。また、ISO（国際標準化機構）では労働CSRを含む規格（ISO26000：認証規格ではなくガイダンス規格）が作成されています。

将来的には、グローバルな事業展開にあたっては労働CSRに取り組んでいないと排除される可能性も考えられます。国内でも、食品偽装を行った企業が倒産に至ることも少なくありません。また、過労自殺で民事裁判が行われていたワタミは、ブラック企業批判などから主力の居酒屋で苦戦が続き、2015年（平成27年）に赤字となりました。近い将来、過労死やサービス残業を起こした企業が、その存続すら危うくなるような厳しい批判にさらされる可能性は否定できません。

2015年（平成27年）から、厚生労働省は、社会的に影響力が大きい企業が違法な長時間労働を繰り返しているような場合、是正指導の段階で企業名を公表することとし、2016年（平成28年）5月に企業名公表を行いました。

また、厚生労働省は、「労働に関するCSR推進研究会報告書」（2008年（平成20年）3月）により、「企業の取組みの先進事例」や、「労働に関するCSR自主点検チェック項目」の公表等を行っています。

労基法は労働者ばかり保護しているようですが、使用者を保護する法律はないのですか。

労基法は労働者の保護を目的としていますが、企業に敵対するものではありません。労基法は、低劣な労働条件によって優位に立とうとする者との不公正な競争に対して経営者をも保護する役割を持っています。

労働条件に最低基準を設けないでおくと、低劣な労働条件によって製品の値段を下げること等により優位に立とうとする経営者が現れ、労働者の生活を配慮した労働条件を守ろうとする企業を排除する結果となります。

労基法は労働条件に最低基準を設け、それを下回る労働条件を許さないことにより、より低劣な労働条件による抜け駆けをできないようにさせるという意味で、使用者にとっても必要な法律なのです。そして、企業において健全な労働基準を維持すれば、労働者は生理的限界を超えて働かされることもなく、かつ、安全で健康的な職場と労働条件を与えられることになり、労働意欲や質が向上して企業業績も上がるということ

ミニ知識

低劣な労働条件で抜け駆けをした事例

2000年代、労働者派遣業に対する指導が効果的に行われていなかったので、二重派遣や偽装請負などが野放し状態で行われていました。そのために、労基法や労働者派遣法を守って、派遣労働者の安定雇用に努めた派遣会社をしのいで、法を守らない一部の派遣会社が業界大手となりました。

「この業界は、厚生労働省とのせめぎあいの中で、行政がいうような完璧なものは難しいが、可能な限り（派遣と請負を区別する労働省）告示で定める形に近づけよう、安定雇用に努めようと努力を重ねてきたが、ひとり臆することなく人材を右から左へ渡すだけの“派遣”形態を強行したのがクリスタルだ」（業界幹部の言）。

「結局、怖いもの知らずに突き進んできた彼らの勝ちだったということだよ」（古参の業界幹部の言）。（参考：風間直樹『雇用融解』35頁）。

になります。

さらに、個々の企業において労使双方に対してもたらされるこれらの利益は、産業界全体の能率的な経済的生産性をもたらし、公共の福祉が向上し社会全体の利益へとつながり安定した社会が作られます。

残念なことに現在の日本では、長時間労働による過労死や過労自殺があり、また、ブラック企業が若者を使い捨てにしているという現実があります。また、非正規雇用者（パートタイム労働者、アルバイト、派遣労働者、契約社員、嘱託等）の割合が平成26年平均で雇用者全体の37.4％と過去最高となり（総務省「労働力調査」平成26年（2014年））、それを原因の一つとする格差拡大は社会不安を生み出しています。

◉ 資料13―ILO「労働監督の手引き」（1955年）より

使用者は、この制度〔編注：労働監督制度〕により法規の斉一的で公正な適用が確保されることを期待することができるから、その結果低劣な労働基準に立つ他のものとの不公正な競争に対して保護され、かつ労働法の効果的な運営によって生ずる社会的利益について、自らもその分前にあずかるということができるわけである。使用者が労働監督機関の協力を受けつつ、企業において健全な労働基準を維持するならば、労働者の、労働時間は合理的なものとなり、肉体力を超える任務に使用されることもなく、かつ、安全で健康的な職場と労働条件を与えられることとなるから、生産性の増大を招来するにいたるものである。

事業場における労使双方に対してもたらされるこれらの利益は、より高度な、かつ、より能率的な経済的生産性、公衆の福祉の保護および産業界の調和的雰囲気の醸成という形において社会の一般的利益となって報いられる。

（「第1部　労働監督行政」）

監督署はなぜ必要なのでしょうか。

1　労基法の実効性を確保するしくみ

労基法は労働条件の最低基準を設定し、以下の二つにより、法の実効性の確保を期しています。

①　民事上の実現を図るために、「この法律で定める基準に達しない労働条件を定める労働契約は、その部分については無効」とし、無効となった部分は、労基法で定める基準まで引き上げるとしている（労基法13条）。

②　罰則を設けて、これに違反する使用者を罰する（同法第13章）。

しかし、現実にこの最低基準が守られない事態が生じたとき、民事訴訟手続きにより侵害された権利の回復を図るには時間とお金がかかります。また、賃金不払いで使用者に罰金を科しても、労働者の賃金の強制的な取立てができるわけではない等権利の救済には不十分な結果となります。

そこで時間とお金をかけずに労働者の権利の救済を行うために日常的

◇ 図表32●労基法の実効性の確保

	趣　旨	特　徴
民事上の実現	民事上の実現を図るために、労基法で定める基準に達しない労働条件を定める労働契約は、その部分については無効とし、無効となった部分は、この法律で定める基準による（労基法13条）とする。	民事訴訟手続きにより侵害された権利の回復を図るには、時間とお金がかかる。
罰　則	違反する使用者を罰する。（労基法第13章）	刑事罰を事後的に課しても、権利の救済には不十分である。
行政的監督制度	日常的に指導監督	労働者はお金を払う必要がない。時間はそれほどかからない。

に法の遵守状況を監督するという行政的監督制度が設けられているのです。

2　労働基準監督機関の基本的使命

厚生労働省作成の「労働基準監督業務について」によると、労働基準監督機関が目指すもの（基本的使命）は以下のとおりです。

◎　憲法第27条第２項に基づき労働条件の最低基準を定める労働基準法や労働安全衛生法等の労働基準関係法令（違反に罰則）の実効を確保する。

◎　この機能を担う国直轄の機関として、労働基準監督機関が労働基準法に規定されている。

労働監督制度の歴史

労働者の保護にとどまらず、生産性の増大など使用者の利益や社会の安定にも役立つという必要性により、1833年にイギリスにおいて世界で初めての労働監督制度が設けられ、欧米先進国に広がりました。1919年ベルサイユ平和条約に規定された監督制度は、国際労働機関ＩＬＯに引き継がれ、さらに1947年に「工業及び商業における労働監督に関する条約（第81号）」が採択され、今日、労働監督制度は国際的にも普遍的な制度となっています。

日本では、工場法（1916年（大正５年）施行）により、中央と地方に監督機関が設けられましたが、①監督組織およびその指揮系統が統一的でなかったこと、②監督官の資格、素質および身分保障が十分でなかったことにより本来の機能を発揮できませんでした。そこで、労基法による労働監督制度は、国際労働条約の要請するところに従って監督権限を地方行政機関に委任せず、厚生労働省労働基準局から末端の監督署に至るまで、すべて厚生労働大臣の直轄管理の下に置き、その統一的行政監督の効果を期待するものとなっています（労基法97条、99条、100条）。さらに、労基法97条により監督官の資格、任免および身分保障を規定しています。

監督署と労働局の関係について教えてください。

1　監督組織

労基法の実施機関である監督機関の組織については、厚生労働省の内部部局として労働基準局を置き、労働条件および労働者の保護に関する事務を所掌するとし、その下に都道府県労働局を、さらにその下に監督署を置き、監督署には監督官と厚生労働省令で定める必要な職員を置くことができると定められています（労基法97条）。

都道府県労働局の監督課は、図表33のような体制で以下の業務を行っており、上部機関として監督署の業務を指揮・指導をしています。

・監督署に対する年間監督計画の作成方針の指示と作成された計画が適切かどうかの審査
・監督計画に沿って監督が行われているか、使用停止命令など事業活動への影響の大きい処分が適切に行われているかの確認・指導（監察）
・署の管轄を超える広域事案の指揮
・重大・悪質な労働基準関係法令違反の事案の処理方針の指示、地方検察庁との連携

監督署は、労働局の指揮・指導の下に以下の業務を行っています。

・監督官が個別事業場に対し監督を行い、労働基準関係法令違反を是正指導すること
・監督官が司法警察員として重大・悪質な労働基準関係法令違反の事案を送検すること
・労働者からの申告の受付
・就業規則、「36協定」など労使協定の受理・指導

◆ 図表33●監督機関の体制

《参考》ＩＬＯ第81号条約（1953年批准）第４条第１項「労働監督は、加盟国の行政上の慣行と両立しうる限り、中央機関の監督及び管理の下に置かなければならない。」

厚生労働省（本省）	・労働基準法など労働条件の最低基準の定立 ・法令の適用に当たって労働局、監督署からの随時の疑義照会に対する回答等 ・労働基準監督官の権限行使の全国統一的な運用を確保するための労働局への指導（監察） ・都道府県を超える広域事案の指導調整 ・全国一斉の監督指導（名ばかり管理職問題についての一斉監督など）の指示 ・労働基準監督官制度（試験、採用、研修など）の運用
↓ 指揮監督（労働基準法第99条第１項）	
都道府県労働局（47局）	・監督署に対する年間監督計画の作成方針の指示と作成された計画が適切かどうかの審査 ・監督計画に沿って監督が行われているか、使用停止命令など事業活動への影響の大きい処分が適切に行われているかの確認・指導（監察） ・署の管轄を超える広域事案の指揮 ・重大・悪質な労働基準関係法令違反の事案の処理方針の指示、地方検察庁との連携
↓ 指揮監督（労働基準法第99条第２項）	
労働基準監督署（321署） 事業場数、労働者数、危険有害業務の状況、利用者の利便性、組織の効率性を考慮し、配置	・労働基準監督官が個別事業場に対し監督を行い労働基準関係法令違反を是正指導 ・労働基準監督官が司法警察員として重大・悪質な労働基準関係法令違反の事案を送検 ・労働者からの申告の受付 ・就業規則、「36協定」など労使協定の受理・指導

資料出所：厚生労働省「労働基準監督業務について」

2　都道府県労働局全体の組織

都道府県労働局の中には職業安定部や雇用環境・均等部（室）もあり、標準的な労働局の組織は図表34のように、そして業務内容は図表35のようになっています。

図表34●都道府県労働局組織図（標準的な労働局）

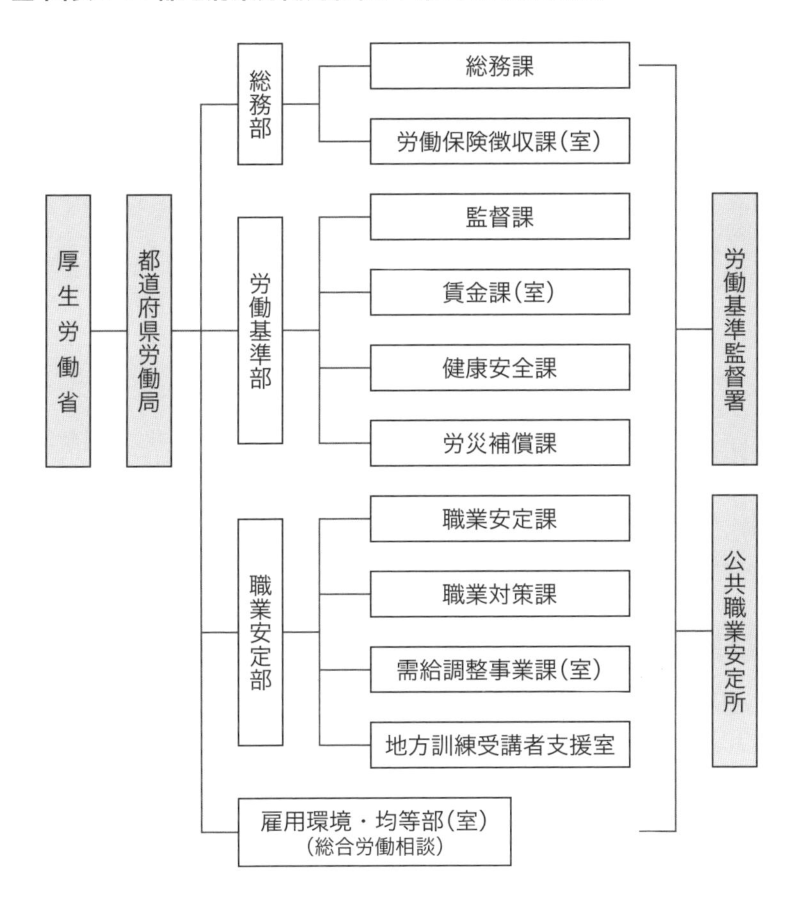

◇ 図表35 ● 労働局内各組織の業務内容

<table>
<tr><td rowspan="13">都道府県労働局</td><td rowspan="2">総務部</td><td>総務課</td><td>人事、会計、給与などの事務</td></tr>
<tr><td>労働保険徴収課</td><td>労働保険の適用・徴収などの事務</td></tr>
<tr><td rowspan="4">労働基準部</td><td>監督課</td><td>事業場に対する監督指導、司法事件の捜査</td></tr>
<tr><td>賃金課（室）</td><td>最低賃金、最低工賃の決定、賃金制度に関する指導などの事務</td></tr>
<tr><td>健康安全課</td><td>労働災害防止、職業性疾病の予防などの事務</td></tr>
<tr><td>労災補償課</td><td>労災保険給付、審査請求・社会復帰促進、労災診療費の審査点検などの事務</td></tr>
<tr><td rowspan="4">職業安定部</td><td>職業安定課</td><td>職業紹介、職業指導、雇用保険給付などの事務</td></tr>
<tr><td>職業対策課</td><td>高齢者・障害者・外国人の雇用対策・雇用管理の改善、事業主に対する助成金の審査・支給決定などの事務、助成金の審査点検</td></tr>
<tr><td>需給調整事業課（室）</td><td>労働者派遣事業および職業紹介事業・委託募集等の許可・届出の受理事務、並びに関係事業者の指導・監督事務</td></tr>
<tr><td>地方訓練受講者支援室</td><td>求職者支援制度の運用、ジョブ・カード制度の推進などの事務</td></tr>
<tr><td colspan="2">雇用環境・均等部（室）</td><td rowspan="2">総合的な施策の企画・立案、広報、男女雇用機会均等の確保、育児・介護休業制度の定着促進
仕事と家庭の両立支援、女性の活躍促進、労働時間等の設定改善、総合労働相談、個別労働関係紛争解決援助制度などの事務</td></tr>
<tr><td></td><td>総合労働相談コーナー</td></tr>
</table>

3　雇用環境・均等部（室）の設置

都道府県労働局では、2016年（平成28年）４月に組織の見直しを行い、従来の企画室、雇用均等室を統合し、新たに雇用環境・均等部（室）が設置されました。同時に、労働基準部と職業安定部の業務の一部が雇用環境・均等部（室）に移管され、雇用環境・均等部（室）では、以下のように業務を行うことになりました。

▶「女性の活躍推進」や「働き方改革」等の企業・経済団体への働きかけを、ワンパッケージで効果的に実施する。

▶労働相談の利便性をアップするため、パワーハラスメント（以下「パワハラ」という）や解雇等に関する相談窓口（従来は企画室総合労働相談コーナーで実施）と、マタニティハラスメント（以下「マタハラ」という）やセクシュアルハラスメント（以下「セクハラ」という）等に関する相談窓口（従来は雇用均等室で実施）が一つになった。

▶個別の労働紛争を未然に防止する取組み（企業指導等）と、解決への取組み（調停・あっせん等）を、同一の組織で一体的に進める。

監督署を地方移管するべきだというようなことを以前に聞いたことがあります。将来的には地方に移管される可能性があるのですか。

ＩＬＯ「工業及び商業における労働監督に関する条約」（第81号）により、図表33（90頁）のように中央（厚生労働省）と地方（都道府県労働局、労働基準監督署）を一貫して国の直轄機関としています（労基法97、99、100条）。厚生労働省労働基準局長、都道府県労働局長および労働基準監督署長は監督官をもって充てるとしています（労基法99条）。

日本においても、次頁の「ミニ知識　戦前の監督制度」の工場法時代のように、中央、地方を一貫した国の直轄機関でなければその機能を発揮できなかったという経験があります。今後も地方行政にまかせるということは考えられません。労働基準行政においては全国斉一行政を行わなければならないということが折にふれ強調されています。

◉ 資料14―ＩＬＯ「工業及び商業における労働監督に関する条約」（第81号）

第4条第1項

労働監督は、加盟国の行政上の慣行と両立しうる限り、中央機関の監督及び管理の下に置かなければならない。

(以下　略)

◇ 図表36●1923年（大正12年）の適用工場数に対する臨検工場数の歩合

都道府県名	臨検率	都道府県名	臨検率	都道府県名	臨検率
東　京	121%	石　川	100%	京　都	61%
岐　阜	108%	高　知	100%	岡　山	55%
福　井	103%	佐　賀	100%	北海道	44%
島　根	101%	宮　崎	100%	新　潟	43%
香　川	101%	大　阪	66%		
三　重	100%	山　口	66%		

資料出所：内務省社会局「大正12年工場監督年報（第8回）」

戦前の監督制度

工場法は1911年（明治44年）に公布、1916年（大正５年）まで施行が引き延ばされ、内容も骨抜きになり、その適用範囲は常時職工15人以上の工場と事業の性質上危険または有害な工場に限定されました。工場監督官（県によっては工場監督官補）以下職員の工場臨検による取締りは、原則として女子および15歳未満者の１日12時間を超える労働の禁止、深夜業（午後10時から午前４時）の禁止、休日・休憩時間に関して行われました。

工場法の施行に先立ち中央と地方に監督機関が設けられました。中央では1915年（大正４年）に農商務省商工局内に工場課が設置され、翌大正５年には各府県警察部に工場監督官と工場監督官補が置かれ、工場の立入検査など工場法違反の取締りにあたりました。1925年（大正14年）末監督官数は、250人（工場監督官35、工場監督官補215、婦人監督官０：1913年（大正２年）11月大阪府で任官するがその後辞任）でした（『改正工場法論』吉阪俊蔵著）。

しかし、工場法下の監督制度は、①監督組織および指揮系統が統一的でなかったこと、②監督官の資格、素質および身分保障が十分でなかったことにより本来の機能を発揮できませんでした。

「大正12年工場監督年報（第８回）」（内務省社会局）14頁に、「……元来警察署に於ける工場関係事務は警察事務としては未だ重きを為すに至らず。之を修熟するも警察官吏としての栄達の便宜は他の警察、高等及刑事等の諸事務に比し遥かに尠(すくな)きを以って関係法規の研究及執務方法に熱心ならざる傾向著しきは頗(すこぶ)る遺憾とする所なり。依て巡閲に際しては……」と記載されているように、昇進の可能性が少ないので職務に熱心でない傾向があると記載されています。

8　斉一行政は行われているのか

36協定に特別条項を設けると１カ月45時間という限度時間を超えて時間外労働を行わせることができます。しかし、この特別条項を使うためには、特別の事情がなくてはならず（通常の忙しさでは認められない）、労使で決めた特別条項を使うための手続きを経ることが必要です。

監督指導時のこの条件をしっかりチェックする監督官と（2011年（平成23年）に、「労使協議せず、36協定超え」でＪＲ北海道が是正勧告されている）、特別の事情の有無を調べず、とにかく特別条項は１年の半分までにするようにと指導する監督官がいるように思われます。はたして、全国斉一行政なのだろうかと気になります。

監督署の組織と業務について教えてください。

現在、監督署は全国に321署＋４支署あります。また、廃止された監督署※の分庁舎や臨時窓口が設けられているところもあります。監督署の規模などによって構成が異なりますが、多くの監督署の内部組織は以下のとおりです。

図表37●労働基準行政の組織

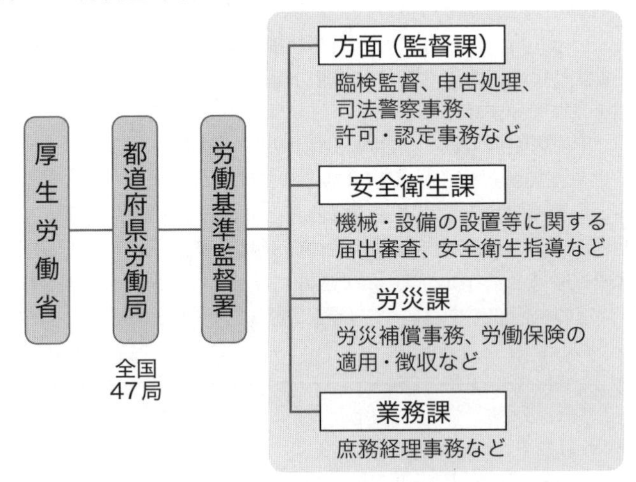

資料出所：厚生労働省リーフレット「労働基準監督署の役割」

※1997年（平成９年）に343署＋４支署あった監督署は、年々減らされ、2010年（平成22年）には321署＋４支署となっている。

◇ 図表38●監督署が行っている業務

方面（監督課）	◆届出（時間外労働協定、就業規則（変更含む）、１年単位の変形労働時間協定、適用事業報告など） ◆許可（最低賃金適用除外、監視断続労働適用除外、断続的宿日直など） ◆認定（解雇予告除外、倒産事業場における未払賃金の立替払い※など） ◆申告・相談（賃金未払い、解雇、サービス残業等一般労働条件関係） ◆管内の事業場に対する監督指導 ◆悪質事案に対する捜査・送検
安全衛生課	◆届出（建設物機械等設置、建設工事計画など） ◆報告（労働者死傷病、定期健康診断結果、安全管理者・衛生管理者・産業医の選任など） ◆申請（クレーン・ボイラー等の落成検査など） ◆相談（災害防止対策、健康保持増進など安全衛生関係）
労災課	◆保険給付請求・申請（療養、休業、障害、介護、遺族補償、特別加入など）労災保険給付請求書の処理・審査・実地調査・支給または不支給決定・支払い ◆申告・納付（労働保険概算・確定保険料）・労働保険料の徴収 ◆届出（保険関係成立、一括有期事業開始など） ◆相談（労災保険関係）
業務課	◆庶務、会計等の管理業務

※「未払賃金立替払制度」は、企業倒産により賃金が支払われないまま退職した労働者に対して、未払賃金の一部を立替払いする制度で、全国の監督署および独立行政法人労働者健康安全機構で実施している。

立替払いを受けることができるのは、次の要件を満たしている場合である。

①使用者は……（ｉ）１年以上事業活動を行っていたこと（ii）倒産したこと

②労働者は……倒産について裁判所への申立て等（法律上の倒産の場合）または監督署への認定申請（事実上の倒産の場合）が行われた日の６カ月前の日から２年の間に退職した者であること

資料出所：厚生労働省

監督官は意外と少ないと聞きましたが、何人いるのでしょうか。

1　少ない監督官

2014年（平成26年）の全国の適用事業場数は4,275,819事業場であるにもかかわらず、監督官の人数は3,954人（本省40人、都道府県労働局707人、監督署3,207人、平成26年度）で、そのうち第一線で監督業務に当たっている監督官の人数は約1,500～2,000人程度（全労働省労働組合発表）しかいません。すべての事業場に対して一定の頻度で監督を実施するには25～30年かかり、一定の頻度で臨検するのはほとんど不可能です。2014年の定期監督等実施件数は129,881件で、監督実施率は３％（129,881÷4,275,819＝0.0303……）にしかなりません（図表39）。

2　ILOの基準に達しない監督官数

ILOの「工業及び商業における労働監督に関する条約」（第81号）によると、(i)監督を受ける事業場の数、性質、規模および位置、(ii)それらの事業場で使用する労働者の数および種類、(iii)実施を確保すべき法規の数および複雑性等を考慮して、監督官の数を決定しなければならないとされています。さらに、ILO事務局の担当部署は「先進工業市場経済国では労働監督官１人当たり最大労働者数１万人とすべきと考える」としています（2006年11月ILO理事会「Strategies and practice for labour inspection（GB.297/ESP/３）」）。雇用者１万人当たりの監督官の数は、ドイツは1.89人とクリアしていますが、日本は0.53人とほど遠い水準であり、行政本来の目的が果たせない状態です（図表40）。

◇ 図表39●監督官数・適用事業場数等の推移

年	労働基準監督官数	労働者数	適用事業場数	監督件数 定期監督等件数	定期監督実施率
1948(昭23)	2,114	—	738,411	191,317 181,636	24.6
1950(昭25)	2,647	10,547,035 (適用事業場報告による)	813,816	338,014 143,636	17.7
1955(昭30)	2,385	11,903,996	1,053,968	241,527 154,546	14.7
1960(昭35)	不明	16,298,973	1,367,953	185,172 135,909	—
1965(昭40)	2,598	26,309,742	2,171,698	237,770 191,053	8.8
2009(平21)	3,949	494,52,510	4,087,519	100,535	2.5
2010(平22)	3,970	494,52,510	4,087,519	128,959	3.2
2011(平23)	3,979	52,094,209	4,275,819	132,829	3.1
2012(平24)	3,961	52,094,209	4,275,819	134,295	3.1
2013(平25)	3,948	52,094,209	4,275,819	140,499	3.3
2014(平26)	3,954	52,094,209	4,275,819	129,881	3.0

注１　監督件数は、定期監督、申告監督、再監督を合計したものである（2009年以降は定期監督等件数)。
注２　定期監督実施率は定期監督等を適用事業場数で割ったものである。
注３　適用事業場数と労働者数は「事業所・企業統計調査」（総務省統計局）より算出したものである（2009年、2010年は2006年調査の数値。2011年以降は「平成21年経済センサス―基礎調査」により算出した2009年７月１日現在の数値)。

資料出所：厚生労働省労働基準局「労働基準監督年報」

◆ 図表40●諸外国の労働監督官の数（2010年7月）

	監督する者の数		雇用者1万人当たりの監督官の数
日本	2,941人	本省 23人 地方局 444人 監督署 2,474人	0.53
アメリカ 注2	3,878人	・労働基準監督官 894名(2009年度) ・労働安全衛生監督官 1,740名(2010年度) ・安全衛生法令について労働長官の承認を受けて州で監督を行う者 1,244名(2009年度)	0.28
イギリス 注3	2,742人	・最低賃金監督官 153人(2008年) ・衛生安全監督官 1,439人(2007年) ・安全衛生法令について雇用担当大臣の委任を受け地方政府で監督を行う者 1,150人(2003年)	0.93
フランス 注4	1,706人	・労働監督官 535人(2008年) 労働監督員 1,171人	0.74
ドイツ 注5	6,336人	・営業監督官 3,340人 ・労災保険組合の監督官 2,996人(2007年)	1.89
スウェーデン 注6	262人	労働環境庁地方支部の職員約500人のうち、262人が監督業務に従事(2009年)	0.64

注1　上記は、各国政府の公表資料による。制度がそれぞれ異なることに留意が必要。
注2　賃金や労働時間については、連邦労働省賃金時間部の地方支部の労働基準監督官が監督指導。安全衛生については、連邦労働省安全衛生局の地方支部の労働安全衛生監督官が監督指導するが、州の安全衛生法令が連邦法の定める基準と同等以上であり、かつ、労働長官の承認を受けた場合は、各州の職業安全衛生局の職員が監督指導。
注3　最低賃金については、歳入関税庁の最低賃金監督官が監督指導。安全衛生及び労働時間については、衛生安全庁の衛生安全監督官が監督指導するが、雇用担当大臣は、安全衛生について、小売店、事務所、ホテル等に関する執行権限を地方政府に委ねることができる。
注4　労働法令全般について、労働連帯省の労働監督官が監督指導。
注5　労働時間、休暇等については、州政府の営業監督官（環境保護業務も兼務する場合あり）が監督指導。安全衛生については、州政府の営業監督官に加え、事業主団体であり、行政機関でもある労災保険組合の監督官が構成員である事業主の事業所に対して指導等を実施。
注6　労働時間及び安全衛生について、労働環境庁の監督官が監督指導。
注7　ＩＬＯ事務局の担当部署は「先進工業市場経済国では労働監督官１人当たり最大労働者数１万人とすべきと考える」としている（2006年11月ＩＬＯ理事会「Strategies and practice for labour inspection（GB.297/ESP/3）」）。
注8　各国の雇用者数は、ILO LABORSTA（2009年11月現在）による。

資料出所：厚生労働省「労働基準監督業務について」

◉ 資料15―ＩＬＯ「工業及び商業における労働監督に関する条約」(第81号)

第10条
　労働監督官の数は、監督機関の任務の実効的な遂行を確保するために充分なものでなければならず、また、次のことを考慮して決定しなければならない。
　(a)　監督官が遂行すべき任務の重要性、特に、
　　(i)　監督を受ける事業場の数、性質、規模及び位置
　　(ii)　それらの事業場で使用する労働者の数及び種類
　　(iii)　実施を確保すべき法規の数および複雑性
　(b)　監督官が使用できる物的手段
　(c)　監督を実効的なものにするため臨検を必要とする実情

◉ 資料16―ＩＬＯ「労働者保護を目的とする法令及規則の実施を確保する為の監督制度の組織に付ての一般原則に関する勧告」(第20号)

(第５回総会で1923年10月29日採択。その他の勧告)

18　各事業場の大小及(および)軽重に著しき差異の存すること、並(ならびに)工場の広く散在し村落的性質を有する地方に於て特殊の困難の存することを認むるも、監督官は、特定の異議の取調其の他の目的を以てする特殊の臨検の外、一般監督の目的を以て能ふ限り少くとも一年一回各事業場を臨検すべきを望ましとすること。又大なる事業場、労働者の健康及安全の見地より経営の不満足なる事業場並危険なる又は健康上有害なる工程の行はるる事業場は、一層頻繁に之を臨検すべきを望ましとすること。事業場に於て重大なる反則の発見せられたる場合に於ては、監督官は、該反則の改められたりや否やを確むる為短時日内に右事業場を再臨検すべきことを望ましとす。

ＩＬＯ（国際労働機関）

　ＩＬＯ（国際労働機関）は1919年にベルサイユ条約によって国際連盟とともに誕生しました。第１次世界大戦後の社会改革に対して高まる懸念、そしてあらゆる改革は国際的なレベルで進められるべきだという確信を体現するものとして設立されたのです。
　第２次世界大戦後、フィラデルフィア宣言（資料18、107頁）によってＩＬＯの基本目標と基本原則が拡大され、力強く再確認されました。宣言は戦後における独立国家数の増大を予見し、大規模な対途上国技術協力活動の開始を明言しました。
　1946年、ＩＬＯは新たに設立された国際連合と協定を結んだ最初の専門機関となりました。

監視労働で許可を受けたいのですが、どうすればよいのでしょうか。許可されやすいように少し実態と違う勤務内容の書類を作成し、提出するのはだめでしょうか。

許可を受けたいがために、実態に合わない書類を作成してはいけません。監視労働の許可要件は、『労働基準法　上』（厚生労働省労働基準局編）や『労働基準法解釈総覧』（厚生労働省労働基準局編）に記載されているので、許可が受けられる内容かどうか、これらを読んで十分検討してください。

許可されるかどうか心配な場合は、許可申請書を提出する前に監督署に行って許可を受けたい業務について説明し、どのような要件を満たせば許可を受けられるのか相談してください。

監視労働を含めて、労基法41条の許可申請を提出すると、必ず監督官が監視を行う場所、仮眠設備、巡回経路などについて実態調査に来ます。調査内容は担当の監督官によって多少の違いがあります。かつては、関係労働者の聴き取りを行い聴取書を作成しましたが、現在、それは行われていないようです。その代わりと思われますが、許可申請の際に勤務する労働者の同意書の添付が必要となっています。調査の結果は書類に記載され、監督署長の決済を受けて許可・不許可の判断が行われます。

ちなみに、断続的な宿直または日直勤務の許可にあたって十分な調査を行わずに許可を与えたために労働者が精神的損害を被ったとして国家賠償を求めて訴えを提起した結果、監督署長の職務上尽くすべき注意義務違反が認められた事件があります（**中央労基署長事件**）。

裁判例 ―― 宿日直許可に関する監督署長の注意義務

中央労基署長事件（東京地裁 平15. 2. 21判決）

診療所Aに勤務していたXが、Aにおいて労基則23条およびこれに関する通達の定める許可基準が満たされていないにもかかわらず、十分な調査を行わないまま、断続的な宿直または日直勤務の許可をし、許可後も原告が再三にわたり調査を要求したにもかかわらず、十分な調査を行わず、許可を迅速に取り消さなかったことが、B監督署長の過失ある公権力の行使または不行使に該当し、これによって精神的損害を被ったとして、国に対し、国家賠償法１条１項に基づき、損害賠償を求めた裁判で、同署長に職務上尽くすべき注意義務に違反した過失があるとされ、Xの請求が認容された。

監督署の業務には、監督指導、申告・相談、司法処分以外に、監視労働業務の許可等の許可、認定業務（図表41）があります。

図表41 ● 監督署が行う許可・認定とその件数

	申請件数	許可・認定等件数
非常災害時の理由による労働時間延長・休日労働許可（労基法33条１項、労基則13条）	8	7
断続的な宿直または日直勤務許可（労基法41条、労基則23条）	1,633	1,380
休憩時間自由利用除外許可（労基法40条、労基則33条）	—	—
監視・断続的労働に従事する者に対する適用除外許可（労基法41条、労基則34条）	1,641	1,435
職業訓練に関する特例許可（労基法71条、労基則34条の４）	6	4
児童の使用許可（労基法56条２項、年少則１条）	545	541
交替制による深夜業時間延長許可（労基法61条３項、年少則５条）	—	—
事業附属寄宿舎規程36条による適用特例許可（労基法96条、寄宿則36条）	6	6
衛生管理者選任特例許可（安衛則８条）	—	—
産業医選任特例許可（安衛則13条）	6	5
施設の特例許可（有機則13条）	419	404
局所排気装置特例稼働許可（有機則18条の３）	17	17
製造等の特例許可（特化則46条、石綿則47条）	—	—
作業環境測定特例許可（作業環境測定基準２条、10条、13条）	1	2
健康診断の特例許可（有機則31条）	—	—
解雇制限・解雇予告除外認定（労基法20条１項ただし書前段）	30	26
解雇予告除外認定（労基法20条１項ただし書後段）	2,172	1,857

資料出所：厚生労働省労働基準局「平成26年労働基準監督年報」

当社では派遣社員を受け入れています。労働局の需給調整事業課から派遣労働について調査に行くと連絡がありましたが、何を見られるのでしょうか。司法処分もあるのでしょうか。監督署との違いを教えてください。

労働者派遣事業や民間職業紹介事業の中には、無許可、無届により労働者派遣を行ったり、請負と称して実態は労働者派遣を行ういわゆる偽装請負であったりなど違法なものがあります。需給調整事業課（労働局によっては部、室または職業安定課）はこのような違法な事業が行われることがないように、労働者派遣事業や派遣先企業の指導・監督を実施しています。

需給調整事業課は図表34（91頁）のように労働局職業安定部に属しています。

需給調整事業課で指導監督業務を行っているのが需給調整指導官です。調査は、事前に日時の連絡があったということですが、予告なく調査に来ることもあるようです。

[派遣先の調査書類]

① 労働者派遣個別契約書（基本契約書がある場合は、基本契約書も用意）
② 派遣受入れに際しての労働組合等の意見（派遣期間の制限が適用されない場合を除く）
③ 派遣先の事業所単位の派遣受入れ期間制限の抵触日通知（派遣期間の制限が適用されない場合を除く）
④ 派遣元からの派遣労働者に係る通知書（派遣労働者の氏名、年齢、各種保険関係の加入状況が記載されたもの）
⑤ 派遣先管理台帳（派遣元に報告している直近の就業状況を含む）
⑥ 派遣契約事業所（派遣元事業所）一覧
⑦ 請負（業務委託）契約事業所名簿
⑧ ⑦の請負契約のうち、最も請負事業者の労働者が多い契約に係る請負契約書

図表42●労働者派遣事業等指導監督業務

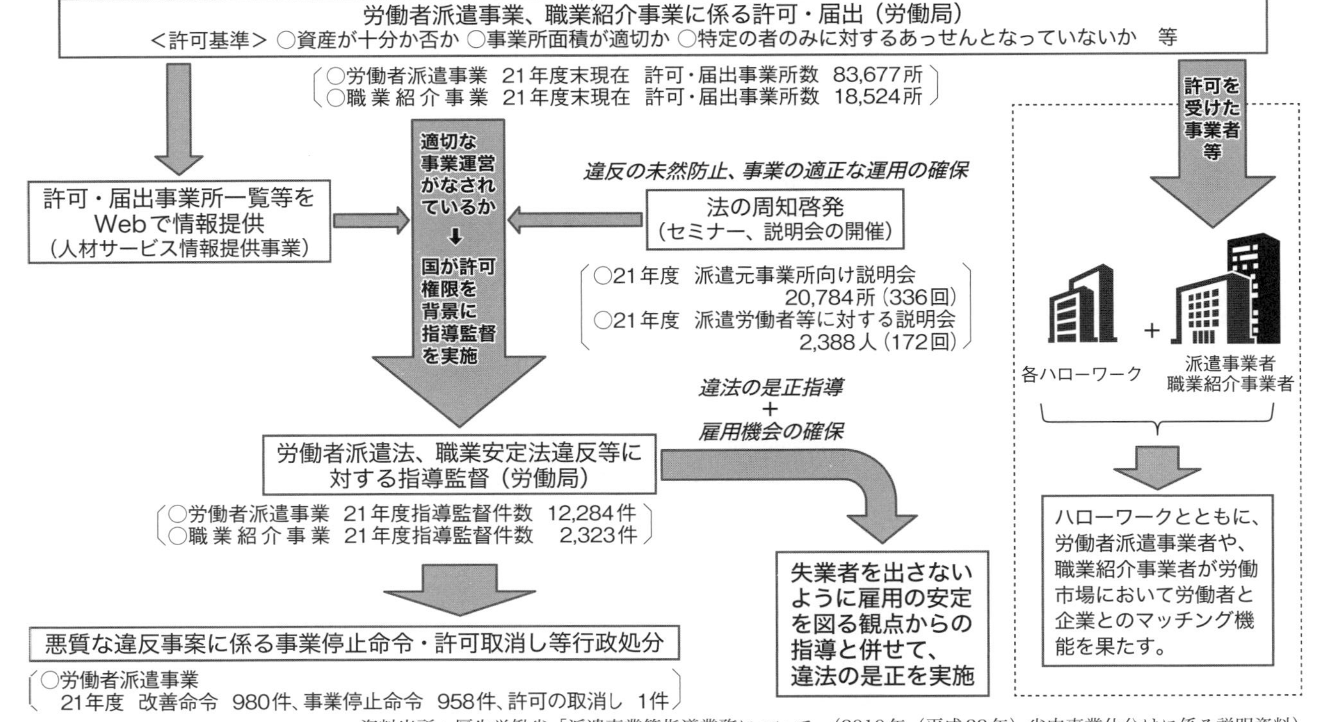

資料出所：厚生労働省「派遣事業等指導業務について」（2010年（平成22年）省内事業仕分けに係る説明資料）

労働者派遣法には罰則がありますが、需給調整指導官は捜査権限を持っていないので罰則の適用をしなければならない事案については告発をするしかありません。

労働者派遣法等の法違反を確認した場合は、是正させるとともに特に悪質なケースについては、派遣元に対する行政処分として事業停止命令や許可の取消し等、厳正な対応を行っています。監督官は事業停止命令を発することはできないので、監督指導や司法処分よりもむしろ需給調整事業課の調査の方が怖いといえるかもしれません。

大阪労働局の処分事例

Ａ社は、労働者派遣法違反について繰返し是正指導されていたにもかかわらず、複数の事業所において同様の法違反が認められたため、大阪労働局長から全契約の点検および是正を２度にわたり指示されていたが、２度目の指導中においても複数の事業所において法違反が認められたため、改善命令および事業停止命令を受けたところである。

しかし、本来事業改善に取り組むべき事業停止期間中にもかかわらず、福井県に所在する派遣先に対し、派遣可能期間を超える労働者派遣を行っていたこと、大阪労働局職員が福井営業所を立入検査する際に当該検査を拒み必要な調査を妨害するなどの法違反が認められたため、派遣事業の許可の取消しを行った。

◉ 資料17―需給調整指導官とは

指導監督や行政処分等にあたっては、苦情・相談や申告等の丁寧な聴き取りや現場確認を含む綿密な事業所調査を行います。これらの業務を担っているのが、大阪労働局長から任命を受けた「需給調整指導官」です。調査にあたって、違法行為が行われている恐れがある場合には、原則として派遣元や派遣先に対して具体的就業の状況等を報告させたり、アポイントなしで直接事業所等に立ち入り、派遣元や派遣先から事情聴取し、派遣元・派遣先管理台帳や、労働者派遣契約をはじめとする帳簿・書類等を検査しています。

また、他府県をまたぐ広域的な労働力需給調整に係る違法事案に対しては、他労働局との合同調査を実施するなど、効果的な指導監督に努めています。

（資料出所：大阪労働局「平成25年度　労働者派遣事業等の指導監督業務について」）

◉ 資料18―国際労働機関の目的に関する宣言（フィラデルフィア宣言）

国際労働機関の総会は、その第26回会期としてフィラデルフィアに会合し、1944年５月10日、国際労働機関の目的および加盟国の政策の基調をなすべき原則に関するこの宣言をここに採択する。

1　総会は、この機関の基礎となっている根本原則、特に次のことを再確認する。

(a)　労働は、商品ではない。

(b)　表現および結社の自由は、不断の進歩のために欠くことができない。

(c)　一部の貧困は、全体の繁栄にとって危険である。

(d)　欠乏に対する戦は、各国内における不屈の勇気を持って、且つ、労働者および使用者の代表者が、政府の代表者と同等の地位において、一般の福祉を増進するために自由な討議および民主的な決定にともに参加する継続的且つ協調的な国際的努力によって、遂行することを要する。

2　永続する平和は、社会正義を基礎としてのみ確立できるという国際労働機関憲章の宣言の真実性が経験上充分に証明されていると信じて、総会は、次のことを確認する。

(a)　すべての人間は、人種、信条又は性にかかわりなく、自由及び尊厳並びに経済的保障及び機会均等の条件において、物質的福祉及び精神的発展を追求する権利をもつ。

(b)　このことを可能ならしめる状態の実現は、国家の及び国際の政策の中心目的でなければならない。

(c)　国家の及び国際の政策および措置はすべて、特に経済的及び財政的性質を持つものは、この見地から判断することとし、且つ、この根本目的の達成を促進するものであり且つ妨げないものであると認められる限りにおいてのみ是認することとしなければならない。

(d)　この根本目的に照らして経済的及び財政的の国際の政策及び措置をすべて検討し且つ審議することは、国際労働機関の責任である。

(e)　国際労働機関は、委託された任務を遂行するに当り、関係のあるすべての経済的及び財政的要素に考慮を払って、その決定及び勧告の中に適当と認める規定を含めることができる。

3　総会は、次のことを達成するための計画を世界の諸国間において促進する国際労働機関の厳粛な義務を承認する。

(a)　完全雇用及び生活水準の向上

(b)　熟練及び技能を最大限度に提供する満足を得ることができ、且つ、一般の福祉に最大の貢献をすることができる職業への労働者の雇用

(c)　この目的を達成する手段として、及びすべての関係者に対する充分な保障の下に、訓練のための便宜並びに雇用及び定住を目的とする移民を含む労働者の移動のための便宜を供与すること。

(d)　賃金及び所得並びに労働時間及び他の労働条件に関する政策ですべての者に進歩の成果の公正な分配を保障し、且つ、最低生活賃金による保護を必要とするすべての被用者にこの賃金を保障することを意図するもの

(e)　団体交渉権の実効的な承認、生産能率の不断の改善に関する経営と労働の協力並びに社会的及び経済的措置の準備及び適用に関する労働者と使用者の協力

(f)　基本収入を与えて保護する必要のあるすべての者にこの収入を与えるように社会保障措置を拡張し、且つ、広はんな医療給付を拡張すること。

(g)　すべての職業における労働者の生命及び健康の充分な保護

(h)　児童の福祉及び母性の保護のための措置

(i)　充分な栄養、住居並びにレクリエーション及び文化施設の提供

(j)　教育及び職業における機会均等の保障

4　この宣言に述べた目的の達成に必要な世界生産資源の一層完全且つ広はんな利用は、生産及び消費の増大、激しい経済変動の回避、世界の未開発地域の経済的及び社会的発展の促進、一次的生産物の世界価格の一層大きな安定の確保並びに国際貿易の量の多大な且つ確実な増加のための措置を含む実効的な国際的及び国内的の措置によって確保できることを確信して、総会は、国際労働機関がこの偉大な事業並びにすべての人民の健康、教育及び福祉の増進に関する責任の一部を委託される国際団体と充分に協力することを誓約する。

5　総会は、この宣言に述べた原則が全世界のすべての人民に充分に適用できること並びに、それをいかに適用するかは各人民の到達した社会的及び経済的発達の段階を充分に考慮して決定すべきであるとしても、まだ従属的な人民及び既に自治に達した人民に対してそれを漸進的に適用することが文明世界全体の関心事項であることを確認する。

第2部

労働問題のトラブル解決のための相談窓口

監督署ではどのような相談を受け付けてくれるのでしょうか。

監督署では、労働者（その家族等）や事業主から次のような相談を受けています。

①**労働条件関係**

賃金、労働時間、解雇、退職金、その他の待遇等

②**労災保険関係**

仕事中のけが等、通勤途中のけが等

③**安全衛生関係**

労働災害防止、職業性疾病防止等

1　労働条件関係

働いている（いた）方からの相談

労基法等の法違反の疑いがある場合は、相談だけでなく申告ができます（**Q2** 参照）。

① 賃金等が採用時の話と違う。
② 雇用条件がよくわからない。
③ 賃金を払ってもらえない。
④ 会社が倒産し、未払いの賃金がある。
⑤ 早出残業をしても割増賃金が払われない。
⑥ 突然解雇され、解雇予告手当が払われない。
⑦ 満18歳未満の場合、就かせられない仕事とは。
⑧ 就業規則を見せてもらえない。
⑨ 最低賃金とはどのようなものか。
⑩ 内職（家内労働）の最低工賃はいくらか。
⑪ 内職（家内労働）のお金（工賃）を払ってもらえない。
⑫ インチキ内職とは。

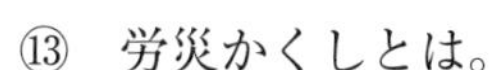
⑬　労災かくしとは。

事業主からの相談

①　労働者の採用時に明示すべき労働条件とは（外国人労働者の場合を含む）。

②　労働者を解雇できない場合とは。

③　労働者を解雇する手続きを知りたい。

④　週40時間制にするにはどうしたらよいか。

⑤　小規模店舗の労働時間について知りたい（特例措置対象事業場、166頁参照）。

⑥　残業、休日出勤を適法に行うには（36協定届）。

⑦　高校生など満18歳未満の者を雇い入れる際の注意事項は。

⑧　最低賃金とはどのような制度か。

⑨　最低賃金を下回る賃金で雇い入れるための許可とは。

⑩　就業規則を作成し、あるいは変更するには。

⑪　その他（例えば、労務管理士の受講案内がきたがどうすればよいか等）

2　労災保険関係

働いている（いた）方からの相談

①　仕事中にけがをしたが労災保険で治療するにはどうしたらよいか。

②　労災保険給付の内容を知りたい。

③　仕事中のけが等を会社が労災扱いしてくれないがどうしたらよいか。

④　労災保険の請求手続きについて知りたい。

⑤　労災で治療を受けている病院を変更するには。

⑥　脳疾患・心臓疾患による疾病が業務上になるかどうか。

⑦　年金を受けている場合の注意事項は。

⑧　身体障害等級について知りたい。

⑨　通勤途中の事故の扱いは（通勤途上災害）。

⑩　「労災かくし」に関する相談

⑪　その他

事業主からの相談

①　労災保険に加入するにはどうしたらよいか。

② 労災事故や職業病が発生したが、どうしたらよいか。
③ 労災保険料はどのように計算するのか。
④ 経営者や役員が労災保険に加入するには（特別加入）。
⑤ 海外派遣労働者の労災保険加入について知りたい（特別加入）。
⑥ 労働保険事務組合について知りたい。
⑦ 診療費等を立て替えた場合の取扱いはどうなるか。
⑧ 労災保険給付の内容を知りたい。
⑨ 労災保険の請求手続きについて知りたい。
⑩ 障害等級について知りたい。
⑪ 通勤途中の事故の扱いはどうなるか（通勤途上災害）。
⑫ その他

3 安全衛生関係

働いている方からの相談

① 玉掛け技能講習や免許等の資格を取るには。
② クレーンの運転や玉掛けの資格、免許等の資格を必要とするのはどんな仕事があるか。
③ 免許等を紛失したが再交付を受けるにはどうすればよいか。
④ 会社で健康診断をしてくれないがどうすればよいか。
⑤ 健康管理手帳の交付を受けたいがどうすればよいか。
⑥ 無試験で衛生管理者免許が受けられる場合とは。

事業主からの相談

① 資格を必要とする作業にはどんなものがあるか。
② 労働災害統計について知りたい。
③ 労働安全・衛生コンサルタントとは。
④ 無試験で衛生管理者免許が受けられる場合とは。
⑤ 健康管理手帳の交付を受けたいがどうすればよいか。

※参考：神奈川労働局HP
「労働基準監督署ではどんな相談ができますか？」
http://kanagawa-roudoukyoku.jsite.mhlw.go.jp/madoguchi_annai/soudanmadoguchi/soudan.html

監督署に賃金不払いで申告をしたいのですが、何か準備するものがありますか。

労働者は、事業場の労基法等の違反事実について、監督署長または監督官に申告をすることができます（労基法104条、最賃法34条）。申告とは、違反事実を通告して、監督機関の行政上の権限の発動を促すことです（詳細は第１部の **Q21** 参照）。

1　どこの監督署へ行けばいいのか

監督署は管轄区域が決まっています。働いている（働いていた）事業場（必ずしも本社ではなく、自分が働いているところ）の所在地を管轄する監督署に行ってください。

退職して遠隔地に引っ越してしまった場合は、最寄りの監督署で申告を受け付けてくれます。受け付けた申告関係の書類は、事業場を管轄する監督署へ移送して処理してくれます。都道府県労働局のホームページで監督署の所在地、管轄区域の確認をしましょう。

2　書類を書かなければならないか

申告するにあたっては、特に書類を書く必要はありません。しかし、違反事実に応じて次頁のような申告書（任意書式）を持って行くと、事実を手短かに明らかにすることができてよいと思います。賃金不払いの金額などを明らかにするために持参する書類は次のようなものです。

[持参する書類]

①賃金不払いの場合

給料明細書、タイムカードの写し等勤務時間が明らかとなるもの（メモでもよい）

②解雇予告手当の不払いの場合

給料明細書

違反報告書の様式

労働基準法・最低賃金法・労働安全衛生法　違反申告書

年　月　日

労働基準監督署長　殿

申　告　者
氏　名
住　所 〒
電話番号
入社年月日　　年　月　日 退職年月日　　年　月　日 職位・職務内容
使　用　者
名　称
代 表 者
業　種
所 在 地
電話番号
違反事実 ・該当条項 ・違反内容
求める内容　上記法違反の事実の調査と違反に対する必要な権限行使をお願いします。
添付資料

③長時間労働の場合

タイムカードの写しなど勤務時間が明らかとなるもの（メモでもよい）

3　名前を明らかにしなくてはいけないのか

会社に対して氏名を明らかにするか否かは選択できます。賃金不払いや解雇予告手当の不払いの場合は、通常申告人の氏名を会社に伝えます。

氏名を明らかにしないことを希望した場合は、監督官は定期監督のように監督指導を実施します。申告人の名前は絶対に言わないし、申告があったことも言いません。

監督官にも氏名を明らかにしない場合は、通常は申告ではなく、情報として処理されます。

申告：月の途中でも、担当監督官の業務の優先事項として監督対象となる。監督結果を申告人に知らせてくれる。

情報：翌月以降の定期監督の対象となる。監督結果を情報提供者に知らせてくれない。

4　費用はかかるのか

無料です。

事業場とは

労基法では会社とか企業という用語は使われず、「事業場」単位で法が適用されています。事業とは、「工場、鉱山、事務所、店舗等の如く一定の場所において相関連する組織のもとに業として継続的に行われる作業の一体をい」います（昭22. 9. 13発基17号）。

①　事業場とは場所が違うかどうかで判断し、会社全体を意味するものではない。東京本社と神戸支店は別々の事業場となる。

②　出張所等で規模が小さく、労務管理についても直近上位の支店あるいは本社等で行っているという場合は場所が違っていても直近上位の支店等に含まれる。

③　場所が同じであっても事業内容が異なっている場合（例：電気機械器具製造業工場の隣に同一経営のレストランがある）は、それぞれ独立した事業場とみなされる。

9 申告が受理されるのもなかなか大変

3～5名の規模の店舗を約40カ所持つ会社の、店長の残業手当のことです。従来は、毎月残業手当が支払われていたのですが、ある年から、店長は年俸制にし、管理監督者だから残業手当は払わないということを通告されたのです。ニュースで報じられたマクドナルドの店長の残業手当のことから考えてもこの変更はおかしいと思い、相談者は監督署に相談に行きました。丁寧に話を聞いてくれたのですが、それは裁判所が判断することだと帰されてしまいました。次に、労働局に相談し、監督署へ行くようにと言われて再び同じ監督署に相談に行きました。

また、相談だけで帰されないように、筆者が申告書を作成して相談者に持たせました。提出してきたと報告があったので話を聞いてみると監督指導の結果は相談者には知らせないと言われたそうです。そのような扱いはおかしいと受け付けた監督官に電話で事情を聞いたところ、口頭で「申告する」と言わなかったという理由で申告として処理されていないことがわかりました。

監督官が申告書を受け取りながら、口頭で申告すると言わなかったから申告として扱わないというのはどういうことかと問いただしたところ、今度は申告書は本人が書いたものではないから申告する意思がうかがえなかったと言いました。話にならないので、第一課長（当時）に電話をして申告として受け付けるように苦情を言いました。

申告として受け付けられるまでに最初の相談から4カ月かかり、それから是正勧告まで約半年、「店長は労基法41条の管理監督者には該当しない。残業手当を払うこと」という是正指導が行われました。

パワハラについてはどこで相談ができるのでしょうか。

パワーハラスメント（パワハラ）は、労基法や安衛法などの法律によって禁止するという規定がありません。したがって、監督官が会社に対して、「パワハラが行われないように是正してください」という権限がないので、**Q1** の労働条件関係の相談対象にはなりません。

パワハラについては、都道府県労働局の雇用環境・均等部（室）と各監督署および主要都市の駅周辺ビルに設置された総合労働相談コーナー

◆ 図表43●パワハラについて相談できるところ

都道府県労働局雇用環境・均等部（室）、監督署等

解雇、雇止め、配置転換、賃金の引下げなどの労働条件のほか、募集・採用、パワハラなど、労働問題に関するあらゆる分野について、労働者、事業主どちらからの相談でも、専門の相談員が面談あるいは電話で受け付けている。

都道府県労働委員会・都道府県庁

職場で労働者と使用者の間で労働条件に関係してトラブルが発生し、当事者間で解決を図ることが困難な場合、労働委員会で解決の手伝いをしている。個別労働紛争のあっせんを行っている都道府県庁労政主管課もある。

法テラス（日本司法支援センター）

お問い合わせの内容に合わせて、解決に役立つ法制度や地方公共団体、弁護士会、司法書士会、消費者団体などの関係機関の相談窓口を法テラス・コールセンターや全国の法テラス地方事務所にて、無料で案内している。

みんなの人権110番（全国共通人権相談ダイヤル）

差別や虐待、パワハラなど、様々な人権問題についての相談を受け付ける相談電話。電話をかけた場所の最寄りの法務局・地方法務局につながる。

かいけつサポート

法務大臣の認証を受けて、労働関係紛争について「かいけつサポート」（当事者と利害関係のない公正中立な第三者が、当事者の間に入り、話し合いによって柔軟な解決を図るサービス）を行っている民間事業者を紹介している。

で相談することができます。総合労働相談コーナーでは、労働条件、いじめ・嫌がらせ、募集・採用など、労働問題に関するあらゆる分野についての労働者および事業主からの相談を、専門の相談員が、面談あるいは電話で受けています。同じ監督署の中で、労基法等に関する相談といじめ・嫌がらせも含む総合労働相談が棲み分けをしていることになります。

厚生労働省では、パワハラに関するホームページとして「あかるい職場応援団」を開設し、パワハラについての他社事例、裁判例等の情報提供をしています。

あかるい職場応援団：http://www.no-pawahara.mhlw.go.jp/

そのほか、図表43のように様々な相談窓口があります。

Q4 総合労働相談コーナーについて教えてください。

総合労働相談コーナーは、都道府県労働局の雇用環境・均等部（室）、各監督署および主要都市の駅周辺ビルに設置され、無料で個別労働紛争の解決援助サービスを提供し、個別労働紛争の未然防止、迅速な解決を促進することを目的として、「個別労働関係紛争の解決の促進に関する法律」に基づいて、次の制度が用意されています。

【個別労働関係紛争】

◆総合労働相談コーナーにおける情報提供・相談
◆都道府県労働局長による助言・指導
◆紛争調整委員会によるあっせん

【男女雇用機会均等法、育児・介護休業法、パートタイム労働法に関する紛争】

◆総合労働相談コーナーにおける情報提供
◆都道府県労働局による紛争解決の援助
◆機会均等調停会議、両立支援調停会議、均衡待遇調停会議による調停

1　情報提供・相談

個別労働紛争の中には、単に法令や判例を知らないなど、誤解に基づいて発生したものが多く見られます。こういった場合は、労働問題に関する情報を入手することや、専門家に相談することで、紛争に発展することを未然に防止、または紛争を早期に解決することができます。

都道府県労働局の雇用環境・均等部（室）、全国の監督署などの「総合労働相談コーナー」には総合労働相談員を配置して、情報提供・相談を行っています。

[総合労働相談コーナーの業務内容]

労働問題に関するあらゆる分野が対象

解雇、雇止め、配置転換、賃金の引下げなどの労働条件のほか、募集・採用、いじめ・嫌がらせ、セクハラなど、労働問題に関するあらゆる分野について、労働者、事業主どちらからの相談でも、専門の相談員が面談あるいは電話で受けています。

他機関とも連携

相談者の希望に応じて、裁判所、地方公共団体など他の紛争解決機関の情報を提供しています。

2 都道府県労働局長による助言・指導

都道府県労働局長による助言・指導は、民事上の個別労働紛争について、都道府県労働局長が、紛争当事者に対し、その問題点を指摘し、解決の方向を示すことにより、紛争当事者の自主的な紛争解決を促進する制度です。

この制度は、法違反の是正を図るために行われる行政指導とは異なり、あくまで紛争当事者に対して、話し合いによる解決を促すものであって、何らかの措置を強制するものではありません。

なお、法違反の事実がある場合には、法令に基づいて、指導権限を持つ機関（例えば監督署）が、それぞれ行政指導などを実施することになります。

[対象となる紛争※]

対象となる範囲は、労働条件その他労働関係に関する事項についての個別労働紛争です。

・解雇、雇止め、配置転換・出向、昇進・昇格、労働条件の不利益変更などの労働条件に関する紛争

・いじめ・嫌がらせなどの職場環境に関する紛争

※公務員は原則として適用除外となるが、個別労働関係紛争の解決の促進に関する法律22条ただし書により、国営企業、地方公営企業の職員等の勤務条件についてのみ適用となる場合がある。

・会社分割による労働契約の承継、同業他社への就業禁止などの労働契約に関する紛争
・募集・採用に関する紛争
・その他、退職に伴う研修費用の返還、営業車など会社所有物の破損についての損害賠償をめぐる紛争　など

［対象とならない紛争］
次のような紛争は対象になりません。
・労働組合と事業主の間の紛争や労働者と労働者の間の紛争
・裁判で係争中である、または確定判決が出ているなど、他の制度において取り扱われている紛争

図表44●都道府県労働局長による助言・指導の手続きの流れ

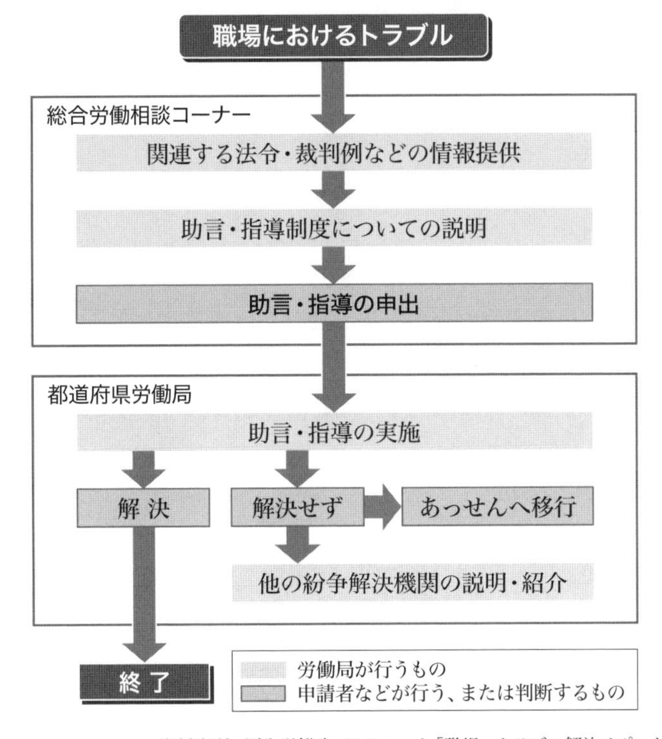

資料出所：厚生労働省パンフレット「職場のトラブル解決サポートします」

・労働組合と事業主との間で問題として取り上げられており、両者の間で自主的な解決を図るべく話し合いが進められている紛争　　など

労働者が助言・指導の申出をしたことを理由に、事業主がその労働者に対して解雇その他不利益な取扱いをすることは禁止されています。

3　紛争調整委員会によるあっせん

あっせんとは、紛争当事者間の調整を行い、話し合いを促進することにより、紛争の解決を図る制度です。

[紛争調整委員会によるあっせんの特徴]

①手続きが迅速・簡便

長い時間と多くの費用を要する裁判に比べ、手続きが迅速かつ簡便。

②専門家が担当

弁護士、大学教授、社会保険労務士などの労働問題の専門家である紛争調整委員会の委員が担当する。

③利用は無料

あっせんを受けるのに費用は一切かからない。

④合意の効力

紛争当事者間であっせん案に合意した場合には、受諾されたあっせん案は民法上の和解契約の効力を持つことになる。

⑤非公開（秘密厳守）

あっせんの手続きは非公開であり、紛争当事者のプライバシーは保護される。

⑥不利益取扱いの禁止

労働者があっせんの申請をしたことを理由として、事業主がその労働者に対して解雇その他不利益な取扱いをすることは法律で禁止されている。

対象となる紛争、対象とならない紛争は、基本的には前出の助言、指導と同様ですが、募集・採用に関する紛争は、紛争調整委員会によるあっせんの対象にはなりません。

図表45●あっせん手続きの流れ

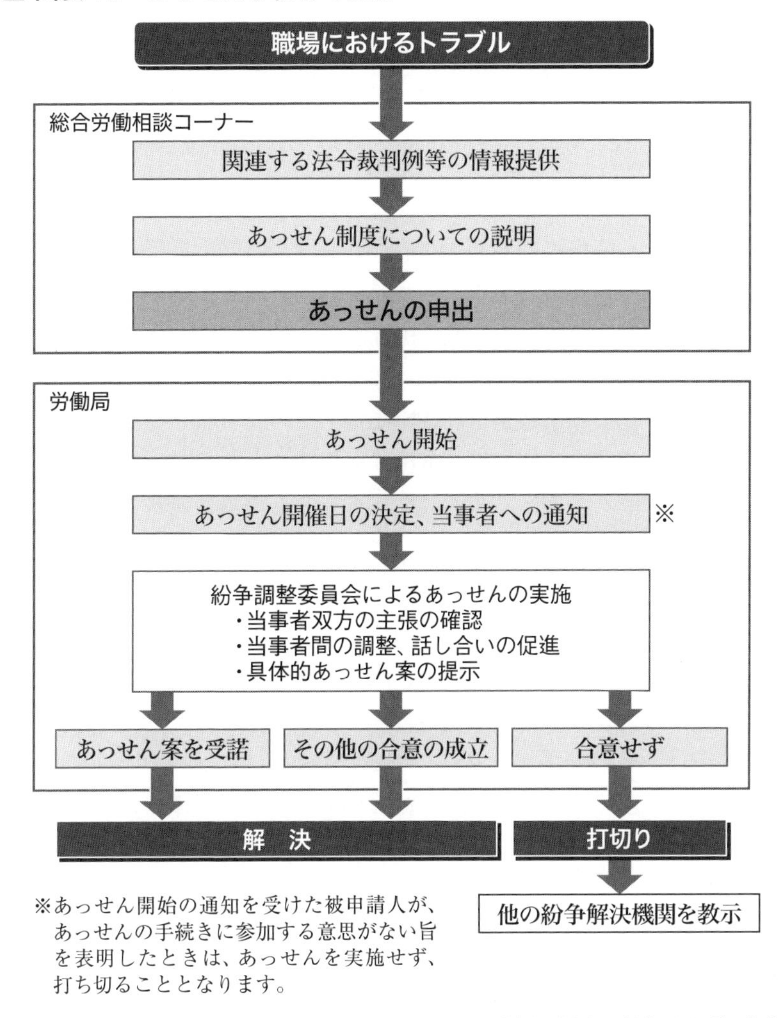

資料出所：福岡労働局HP掲載の図を基に作成

男女雇用機会均等法、育児・介護休業法、パートタイム労働法に関する相談・援助・調停については**Q6**を参照してください。

Q5 マタハラの相談はどこへ行けばよいのでしょうか。

妊娠・出産、産前・産後休業、育児休業等を理由として解雇、不利益な異動、減給、降格など不利益な取扱い（マタハラ）を行うことは雇用の分野における男女の均等な機会及び待遇の確保等に関する法律（以下「男女雇用機会均等法」という）9条3項、育児休業、介護休業等育児又は家族介護を行う労働者の福祉に関する法律（以下「育児・介護休業法」という）10条等で禁止されています。

マタハラの相談は、都道府県労働局雇用環境・均等部（室）で受け付けています。匿名でも応じてくれて、もちろん相談は無料です。

1 マタハラとは何か

マタニティハラスメント（マタハラ）とは、妊娠・出産、育児休業等を理由として解雇、不利益な異動、減給、降格など不利益な取扱いをすることですが、具体的には以下の行為をいいます。

事業主は、その雇用する女性労働者が妊娠したこと、出産したこと、産前休業を請求したこと、または産前休業あるいは産後休業を取得した

◇ 図表46 ● マタハラ行為

例えばこんなことを理由として	こんな取扱いを受けたら法違法です
●妊娠した、出産した ●妊婦健診を受けに行くために仕事を休んだ ●つわりや切迫流産で仕事を休んだ ●産前・産後休業をとった ●育児休業をとった ●子どもが病気になり、看護休暇をとった ●育児のため残業や夜勤の免除を申し出た　など	●解雇された ●退職を強要された ●契約更新がされなかった ●正社員からパートになれと強要された ●減給された ●普通ありえない様な配置転換をされた など

資料出所：厚生労働省リーフレット「職場でつらい思い、していませんか？」

ことその他の妊娠または出産に関する事由であって男女雇用機会均等法施行規則２条の２で定めるものを理由として、当該女性労働者に対して解雇その他不利益な取扱いをしてはなりません（男女雇用機会均等法９条３項）。

2　法によるマタハラ規制

男女雇用機会均等法９条４項では、妊娠中の女性労働者および出産後１年を経過しない女性労働者に対してなされた解雇は、無効とすると定めています。ただし、事業主がその解雇が前項に規定する事由を理由とする解雇でないことを証明したときは、無効とはなりません（同項ただし書）。

事業主は、労働者が育児休業の申出をし、または育児休業をしたことを理由として、その労働者に対して解雇その他不利益な取扱いをしてはなりません（育児・介護休業法10条）。

職場での性差別やセクハラについての相談・解決制度について教えてください。

1　相談

都道府県労働局の雇用環境・均等部（室）では、職場での女性に対する差別的取扱いやセクシュアルハラスメント（セクハラ）等に関する相談を受け付けています。

[相談内容例]

①雇用における性差別に関すること

・結婚したことを理由に、遠くの事業所に配置転換させられた。

・男性と同じ仕事をしているのに、男性と比較して昇進、昇格が遅い。

・女性は独身寮や社宅に入居できない。

②母性保護に関すること

・妊産婦健診のため、通院休暇を申し出たが、取らせてもらえない。

③セクハラに関すること

・会社にセクハラの相談をしたが、何も対応してもらえない。

④マタハラに関すること

・結婚や妊娠をしたことを会社に報告したら解雇された。

・妊娠したら女性はパートタイマーに変わるように言われた。

⑤育児休業・介護休業に関すること

・育児休業や介護休業を取らせてもらえない。

・育児休業後、復職しようとしたら戻る場所がないということで退職勧奨された。

2　都道府県労働局長による紛争解決の援助

雇用環境・均等部（室）では、労働者と会社との間で、男女雇用機会均等法、短時間労働者の雇用管理の改善等に関する法律（以下「パートタイム労働法」という）、育児・介護休業法に関する民事上のトラブルが生じた場合、解決に向けた援助を行っています。

援助の制度には、「労働局長による援助」と「調停委員（弁護士や学識経験者等の専門家）による調停」の２種類があります（図表47）。

これらの制度は、労働局または調停委員が公平な第三者として紛争の当事者の間に立ち、両当事者の納得が得られるよう解決策を提示し、紛争の解決を図ることを目的とした行政サービスです。

男女雇用機会均等法に関する紛争の調停は機会均等調停会議により図表49（129頁）の流れで行われます。育児・介護休業法による紛争の調停は両立支援調停会議により、パートタイム労働法に関する紛争の調停は均衡待遇調停会議によって行われますが、手続きの流れは男女雇用機会均等法に関する紛争の調停と同様です。

労働局による援助も調停も、当事者間に歩み寄りが見られない場合は、打ち切りとなることもあります。

調停によって成立した合意は、民法上の和解契約となることから、当事者の一方が合意で定められた義務を履行しない場合、他方当事者は債務不履行として訴えることができます。

◇ 図表47 ● 労働局長による援助と調停委員（弁護士や学識経験者等の専門家）による調停

援助制度の種類	労働局長による援助	調　停
対象者	紛争の当事者である労働者及び事業主	
対象となる法律	男女雇用機会均等法 パートタイム労働法 育児・介護休業法	男女雇用機会均等法 （但し、「募集・採用」は対象外） パートタイム労働法 育児・介護休業法
申　請	口頭（来局、電話又は手紙）	調停申請書の提出
ヒアリング	労働局が、労働者と会社の双方からヒアリングを行います。	調停委員が労働者と会社の双方からヒアリングを行います。
解決に向けて	双方からのヒアリング内容を踏まえ、労働局長が問題解決に必要な助言などの援助を行います。	双方からのヒアリング内容を踏まえ、調停委員が調停案を作成し、当事者双方にお勧めします。

資料出所：茨城労働局HP

◇ 図表48 ● 労働局長による援助・調停の対象となるもの

	男女雇用機会均等法	パートタイム労働法	育児・介護休業法
内容	⑴以下に関する性別による差別的取扱い 募集・採用、配置、昇進・降格・教育訓練、一定範囲の福利厚生、職種・雇用形態の変更、退職勧奨・定年・解雇・労働契約の更新 ⑵均等法で禁止される間接差別 ⑶婚姻、妊娠、出産等を理由とする不利益取扱い ⑷セクシュアルハラスメント ⑸母性健康管理措置	⑴労働条件に関する文書交付等 ⑵待遇の差別的取扱い ⑶職務遂行に必要な教育訓練 ⑷福利厚生施設の利用の機会の配慮 ⑸通常の労働者への転換を推進するための措置 ⑹待遇の決定についての説明	⑴育児休業制度 ⑵介護休業制度 ⑶子の看護休暇制度 ⑷介護休暇制度 ⑸育児のための所定外労働の制限 ⑹時間外労働の制限 ⑺深夜業の制限 ⑻勤務時間の短縮等の措置 ⑼育児休業等を理由とする不利益取扱い ⑽労働者の配置に関する配慮

※当事者以外の方の申出は受けられません。また、援助の対象となっている場合でも、裁判中や他の行政機関に相談中などの場合は、制度を利用できない場合もあります。

資料出所：茨城労働局HPを基に作成

図表49●男女雇用機会均等法に基づく機会均等調停会議による調停手続きの流れ

調停の申請

●調停申請書を都道府県労働局雇用環境・均等部（室）へ提出

調停申請書の受理

●管轄違い、調停対象事項からの逸脱等がある場合は受理されません

調停開始の決定

●調停を開始する必要がないと判断された場合には調停は開始されません

機会均等調停会議の開催（非公開）

●関係当事者からの事情聴取
●関係労使を代表する者からの意見聴取
（関係当事者からの申立てに基づき、必要があると認めるとき）
●職場において性的な言動を行ったとされる者の意見の聴取
（必要があると認め、関係当事者双方の同意があるとき）
●調停案の作成
●調停案の受諾勧告
※補佐人の同行、代理人の意見陳述を希望する場合は、事前に許可申請が必要です

解　決

●当事者双方が調停案を受諾

打ち切り

①本人の死亡、法人の消滅等あった場合
②当事者間で和解が成立した場合
③調停が取り下げられた場合
④他の関係当事者が調停に非協力的で度重なる説得にもかかわらず出席しない場合
⑤対立が著しく強く、歩み寄りが困難である場合
⑥調停案を受諾しない場合
など

資料出所：厚生労働省パンフレット「男女雇用機会均等法　育児・介護休業法　パートタイム労働法に基づく紛争解決援助制度について」

製造業の下請の従業員ですが、会社は偽装請負をやっているのではないかと思います。どこに相談に行けばよいのでしょうか。

都道府県労働局の職業安定部需給調整事業課（労働局によっては需給調整事業室、職業安定課あるいは需給調整事業部）で相談を受け付けています。

偽装請負とは

書類上、形式的には請負（委託）契約ですが、実態としては労働者派遣であるものをいい、違法です。偽装請負は労働者派遣法等に定められた派遣元（受託者）・派遣先（発注者）の様々な責任があいまいになり、労働者の雇用や安全衛生面など基本的な労働条件が十分に確保されないということが起こりがちです。

請負と労働者派遣の違いは

請負とは、労働の結果としての仕事の完成を目的とするもの（民法632条）ですが、派遣との違いは、発注者と受託者の労働者との間に指揮命令関係が生じないということがポイントです。

労働者派遣と請負とを区分する基準として、**資料19**の「労働者派遣事業と請負により行われる事業との区分に関する基準」が示されています。

労働者の方から見ると

自分の使用者からではなく、発注者から直接、業務の指示や命令をされるといった場合、「偽装請負」である可能性が高いといえるでしょう。

◉ 資料19―労働者派遣事業と請負により行われる事業との区分に関する基準（昭61. 4. 17労働省告示37号）

Ⅰ　この基準は、法の適正な運用を確保するためには労働者派遣事業に該当するか否かの判断を的確に行う必要があることにかんがみ、労働者派遣事業と請負により行われる事業との区分を明らかにすることを目的とする。

Ⅱ　請負の形式による契約により行う業務に自己の雇用する労働者を従事させることを業として行う事業主であっても、当該事業主が当該業務の処理に関し次の１及び２のいずれにも該当する場合を除き、労働者派遣事業を行う事業主とする。

１　次の⑴から⑶までのいずれにも該当することにより自己の雇用する労働者の労働力を自ら直接利用するものであること。

⑴　次の①及び②のいずれにも該当することにより業務の遂行に関する指示その他の管理を自ら行うものであること。

①　労働者に対する業務の遂行方法に関する指示その他の管理を自ら行うこと。

②　労働者の業務の遂行に関する評価等に係る指示その他の管理を自ら行うこと。

⑵　次の①及び②のいずれにも該当することにより労働時間等に関する指示その他の管理を自ら行うものであること。

①　労働者の始業及び終業の時刻、休憩時間、休日、休暇等に関する指示その他の管理（これらの単なる把握を除く）を自ら行うこと。

②　労働者の労働時間を延長する場合又は労働者を休日に労働させる場合における指示その他の管理（これらの場合における労働時間等の単なる把握を除く）を自ら行うこと。

⑶　次の①及び②のいずれにも該当することにより企業における秩序の維持、確保等のための指示その他の管理を自ら行うものであること。

①　労働者の服務上の規律に関する事項についての指示その他の管理を自ら行うこと。

②　労働者の配置等の決定及び変更を自ら行うこと。

２　次の⑴から⑶までのいずれにも該当することにより請負契約により請け負った業務を自己の業務として当該契約の相手方から独立して処理するものであること。)

⑴　業務の処理に要する資金につき、すべて自らの責任の下に調達し、かつ、支弁すること。

⑵　業務の処理について、民法、商法その他の法律に規定された事業主としてのすべての責任を負うこと。

⑶　次のイ又はロのいずれかに該当するものであって、単に肉体的な労働力を提供するものでないこと。

イ　自己の責任と負担で準備し、調達する機械、設備若しくは器材（業務上必要な簡易な工具を除く）又は材料若しくは資材により、業務を処理すること。

ロ　自ら行う企画又は自己の有する専門的な技術若しくは経験に基づいて、業務を処理すること。

Ⅲ　Ⅱの１及び２のいずれにも該当する事業主であっても、それが労働者派遣法の規定に違反することを免れるため故意に偽装されたものであって、その事業の真の目的が労働者派遣法第２条第１号に規定する労働者派遣を業として行うことにあるときは、労働者派遣事業を行う事業主であることを免れることができない。

(注)「労働者派遣事業関係業務取扱要領」の第１に掲載の告示部分の記載に従った。

未払賃金の請求は裁判所で簡単な手続きを利用できると聞いたのですが、どんな制度でしょうか。

1　労働審判

⑴ 労働審判手続きの目的

労働審判手続きは、解雇や給料の不払いなど、事業主と個々の労働者との間の労働関係に関するトラブルを、そのトラブルの実情に即し、迅速、適正かつ実効的に解決することを目的としています。

⑵ 労働審判手続きの概要

労働審判官（裁判官）１人と労働関係に関する専門的な知識と経験を有する労働審判員２人で組織された労働審判委員会が、個別労働紛争を、原則として３回以内の期日で審理し、適宜調停を試み、調停による解決に至らない場合には、事案の実情に即した柔軟な解決を図るための労働審判を行うという紛争解決手続きです。

労働審判に対して当事者から異議の申立てがあれば、労働審判はその効力を失い、労働審判事件は訴訟に移行します。

労働審判手続きは、原則として３回以内の期日で審理が終結されることになるため、当事者は、早期に、的確な主張、立証を行うことが重要です。

そのためには、当事者は、必要に応じて、法律の専門家である弁護士に相談をすることが望ましいでしょう。

労働審判委員会は、労働審判手続きの申立てがあった場合であっても、事案が複雑であるなど、労働審判手続きを行うことが適当でないと判断したときには、労働審判事件を終了させて、これを訴訟に移行させることもあります。

◆ 図表50●労働審判手続きの流れ

労働審判制度とは

労働審判官（裁判官）と労働関係の専門家である労働審判員２名で組織された労働審判委員会が、個別労働紛争を、３回以内の期日で審理し、適宜調停を試み、調停がまとまらなければ事案の実情に応じた柔軟な解決を図るための判断（労働審判）を行うという紛争解決制度です。労働審判に対する異議申立てがあれば、訴訟に移行します。

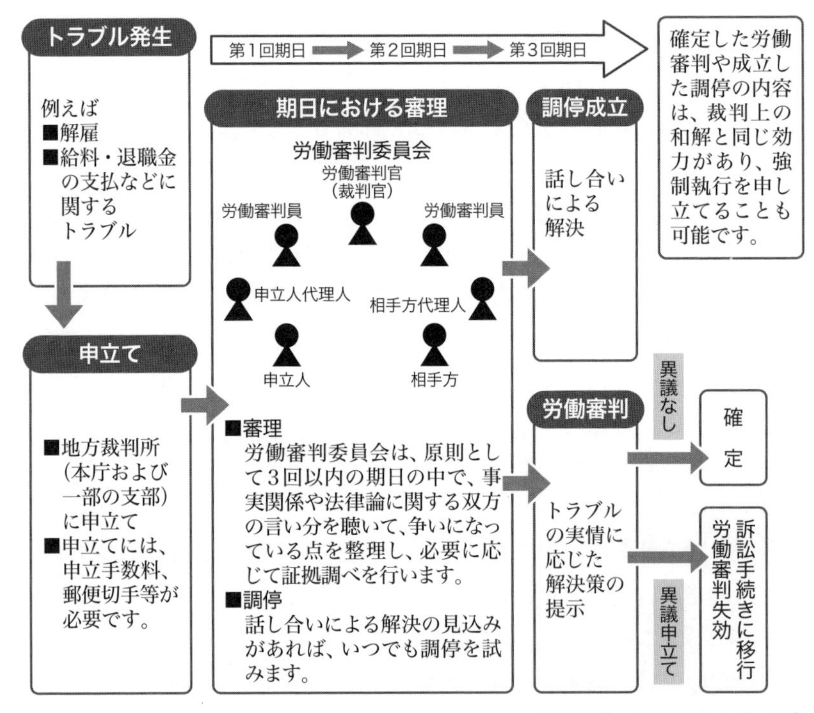

資料出所：裁判所HPを基に作成

2 少額訴訟

民事訴訟のうち、60万円以下の金銭の支払いを求める訴えについて、原則として１回の審理で紛争解決を図る手続きです。即時解決を目指すため、証拠書類や証人は、審理の日にその場ですぐに調べることができ

図表51●少額訴訟の流れ

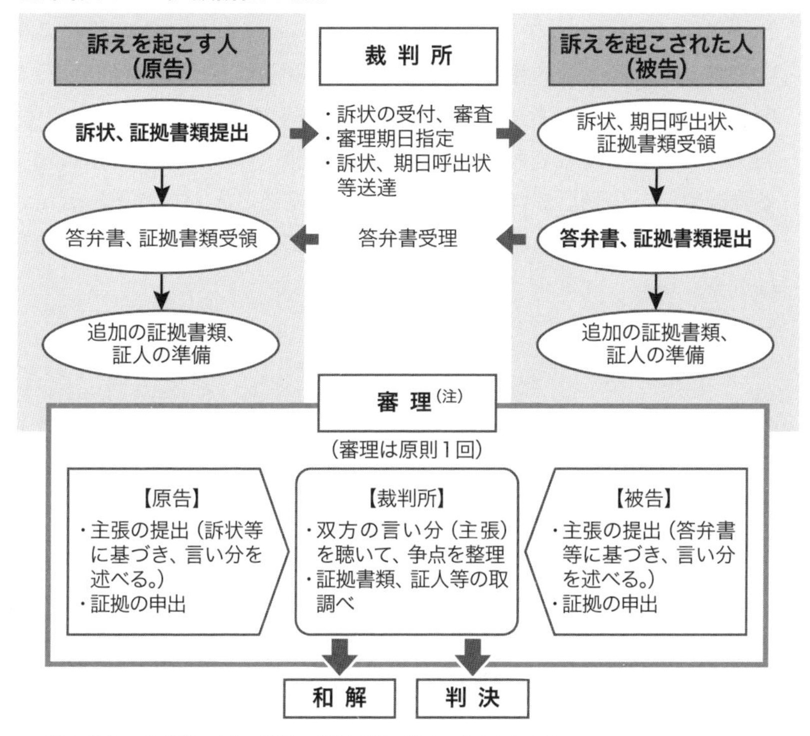

（注）被告の希望等により、通常の訴訟手続に移ることもあります。

資料出所：裁判所HPを基に作成

るものに限られます。法廷では、基本的には、裁判官とともに丸いテーブル（ラウンドテーブル）に着席する形式で、審理が進められます。手続きは簡易裁判所で行われます。

［少額訴訟の特徴］

・１回の期日で審理を終えて判決をすることを原則とする、特別な訴訟手続きである。
・60万円以下の金銭の支払いを求める場合に限り、利用することができる。
・原告の言い分が認められる場合でも、分割払い、支払猶予、遅延損害金免除の判決がされることがある。

- 訴訟の途中で話し合いにより解決することもできる（これを「和解」という）。
- 判決書または和解の内容が記載された和解調書に基づき、強制執行を申し立てることができる（少額訴訟の判決や和解調書等については、判決等をした簡易裁判所においても金銭債権（給料、預金等）に対する強制執行（少額訴訟債権執行）を申し立てることができる）。
- 少額訴訟判決に対する不服申立ては、異議の申立てに限られる（控訴はできない）。

第3部

法令違反にならないために押さえておきたいQ＆A

Ⅰ 労働時間

中途採用した従業員から、始業時刻前の朝礼は時間外労働ではないかと指摘されたのですが、時間外労働手当を払わないといけないのでしょうか。

朝礼は、その日の業務遂行に必要であり、従業員全員が出席することを義務付けているわけですから、その時間は労働時間であり、時間外労働手当を支払わなくてはなりません。

1 労働時間の定義

労基法には労働時間の定義に関する規定がないので、その解釈が問題となります。『労働基準法　上』（厚生労働省労働基準局編）では、「労働」とは、一般的に、使用者の指揮監督のもとにあることをいい、必ずしも現実に精神または肉体を活動させていることを要件としないとし、指揮命令下にあるか否かは、明示的なものであることは必要なく、現実に作業に従事している時間のほかに、作業前に行う準備や作業後の後始末、掃除等が使用者の明示または黙示の指揮命令下に行われている限り、それも労働時間であるとしています。

判例（**三菱重工業長崎造船所事件、最高裁第一小法廷平12.3.9判決**）も、労働時間とは、労働者が使用者の指揮命令下に置かれている時間をいうと判示しています。

2 判例による労働時間

（1）作業服への更衣、安全靴の着用等の時間

前掲**三菱重工業長崎造船所事件**では、作業服と保護具等の装着を事業所内の所定の更衣所等において行うよう義務付けられていたものであり、就業規則所定の始業時刻前に装着を開始して準備体操場に赴いた時間は、使用者の指揮命令下に置かれたものなので、労基法上の労働時間に該当

すると判断されています。

裁判例 —— 労働時間の概念

三菱重工業長崎造船所事件（最高裁第一小法廷 平12. 3. 9判決）

最高裁は、「労働基準法〔注：昭62法改正前〕32条の労働時間（中略）とは、労働者が使用者の指揮命令下に置かれている時間をいい、右の労働時間に該当するか否かは、労働者の行為が使用者の指揮命令下に置かれたものと評価することができるか否かにより客観的に定まるものであって、労働契約、就業規則、労働協約等の定めのいかんにより決定されるべきものではない」とした上で、労働者らは実作業に当たり、作業服及び保護具等の装着を事業所内の所定の更衣所等において行うよう義務付けられていたものであり、就業規則所定の始業時刻前に装着を開始して準備体操場に赴いた時間は、使用者の指揮命令下に置かれたもので、これを労基法上の労働時間に該当するとした原審判断が正当とされた。

(2) 仮眠時間

仮眠時間であっても、労働契約上の役務の提供が義務付けられていると評価される場合には、労働からの解放が保障されているとはいえず、労働者は使用者の指揮命令下に置かれているものであって、労基法32条の労働時間になります。ただし、すべての仮眠時間が労働時間と判断されるのではなく、従業員が労働契約に基づき仮眠室における待機と警報や電話等に対して直ちに相当の対応をすることを義務付けられていても、そのような対応をすることがほとんどなく実質的に警報や電話等への対応が義務付けられていないと認められる状態は労働時間とはいえません。

裁判例 —— 仮眠時間が労働時間に当たるとされた例

大星ビル管理事件（最高裁第一小法廷 平14. 2. 28判決）

1　労働者が実作業に従事していない仮眠時間であっても、労働契約上の役務の提供が義務付けられていると評価される場合には、労働からの解放が保障されているとはいえず、労働者は使用者の指揮命令下に置かれているものであって、労基法32条の労働時間に当たる。

2　ビル管理会社の従業員が従事する泊り勤務の間に設定されている連続7

時間ないし9時間の仮眠時間は、従業員が労働契約に基づき仮眠室における待機と警報や電話等に対して直ちに相当の対応をすることを義務付けられており、そのような対応をすることが皆無に等しいなど実質的に上記義務付けがされていないと認めることができるような事情も存しないなど判示の事実関係の下においては、実作業に従事していない時間も含め全体として従業員が使用者の指揮命令下に置かれているものであり、労基法32条の労働時間に当たる。

(3) 出張中の往復時間

出張中の往復時間については、最高裁の判例はなく、以下のような地方裁判所の裁判例で、労働者が日常の出勤に費やす時間と同一性質であると考えられるから、あるいは移動時間は労働拘束性の程度が低く、これが実勤務時間に当たると解するのは困難であるとして、労働時間性を否定されています。

裁判例 —— 出張中の往復時間が労働時間ではないとされた例

■ **日本工業検査事件**（横浜地裁川崎支部 昭49. 1. 26決定）

出張の際の往復に要する時間は、労働者が日常の出勤に費やす時間と同一性質であると考えられるから、右所要時間は労働時間に算入されず、時間外労働の問題は起こりえない。

■ **横河電機事件**（東京地裁 平6. 9. 27判決）

韓国出張に要した移動時間について、移動時間は労働拘束性の程度が低く、これが実勤務時間に当たると解するのは困難であることから、これらの条項から直ちに所定就業時間内における移動時間が時間外手当の支給対象となる労働協約所定の実勤務時間に当たるとの解釈を導き出すことはできないと判断するもの。

(4) 小集団活動（QCサークル）の参加時間

監督署長の業務外の認定に対する行政訴訟において、創意くふう提案およびQCサークル活動は事業主の事業活動に直接役立つ性質のものであり、また、交通安全活動もその運営上の利点があるものとして、労災認定の業務起因性を判断する際には、使用者の支配下における業務であると判断するのが相当とされました。

裁判例 ―― ＱＣサークル活動の業務性が認められた事案

トヨタ自動車過労死事件（名古屋地裁 平19. 11. 30判決）

「創意くふう提案及びＱＣサークル活動は、本件事業主の事業活動に直接役立つ性質のものであり、また、交通安全活動もその運営上の利点があるものとして、いずれも本件事業主が育成・支援するものと推認され、これにかかわる作業は、労災認定の業務起因性を判断する際には、使用者の支配下における業務であると判断するのが相当である。」とし、自動車製造会社の品質検査業務に従事していた労働者の心停止の発症およびこれに続く死亡が業務に起因するものであるとして、労災保険法に基づく療養補償給付、遺族補償年金および葬祭料を不支給とした監督署長の各処分が取り消された。

3　労働時間に関する行政解釈

労基法に労働時間についての定義がないことなどから、労働時間か否かの疑義があり、図表52のような行政解釈が示されています。

◇ 図表52 ● 労働時間に関する行政解釈

手待時間	定期便トラックの運転手が貨物取扱いの事業場において、貨物の積込係が、貨物自動車の到着を待機して身体を休めている場合とか、運転手が２名乗り込んで交替で運転に当たる場合において運転しない者が助手席で休息し、または仮眠しているときであってもそれは「労働」であり、その状態にある時間（これを一般に「手待時間」という）は、労働時間である（昭33. 10. 11基収6286号）。
黙示の指示による労働時間	教員が使用者の明白な超過勤務の指示により、又は使用者の具体的に指示した仕事が、客観的にみて正規の勤務時間内ではなされ得ないと認められた場合の如く、超過勤務の黙示の指示によって法定労働時間を超えて勤務した場合には、時間外労働となる（昭25. 9. 14基収2983号）。
昼休み中の来客当番	昼食休憩時間中来客当番をさせれば、その時間は、実際に来客がなくても労働時間である（昭23. 4. 7基収1196号、昭63. 3. 14基発150号、平11. 3. 31基発168号）。
研修時間	以下の要件により実質的にみて出席の強制があるか否かで判断する。 ・出席しないことについての不利益取扱いの有無 ・教育・研修の内容と業務との関連性の程度 ・不参加による本人の業務の支障の有無

研修時間		使用者の実施する教育に参加することについて、就業規則上の制裁等の不利益取扱による出席の強制がなく自由参加のものであれば、時間外労働にはならない（昭26. 1. 20基収2875号、平11. 3. 31基発168号）。
小集団活動		研修時間の解釈例規と同じ。
安全衛生教育		労働安全衛生法第59条および第60条の安全衛生教育は、労働者がその業務に従事する場合の労働災害の防止をはかるため、事業者の責任において実施されなければならないものであり、（中略）安全衛生教育の実施に要する時間は労働時間と解される（昭47. 9. 18基発602号）。
安全・衛生委員会		安全・衛生委員会の会議の開催に要する時間は労働時間と解される（昭47. 9. 18基発602号）。
健康診断の受診時間	一般健康診断	一般健康診断は、一般的な健康の確保をはかることを目的として事業者にその実施義務を課したものであり、業務遂行との関連において行なわれるものではないので、その受診のために要した時間については、当然には事業者の負担すべきものではなく、労使協議して定めるべきものであるが、労働者の健康の確保は、事業の円滑な運営の不可決な条件であることを考えると、その受診に要した時間の賃金を事業者が支払うことが望ましいこと（昭47. 9. 18基発602号）。
	特殊健康診断	特殊健康診断は、事業の遂行にからんで当然実施されなければならない性格のものであり、（中略）その実施に要する時間は労働時間と解される（昭47. 9. 18基発602号）。
定期路線トラックの助手席で休息あるいは仮眠の時間		使用者の拘束を受け、また万一事故発生の際には交替運転、或いは故障修理等を行うものであり、その意味において一種の手待ち時間或いは助手的な勤務として労働時間と解するのが妥当である（昭33. 10. 11基収6286号）。
長距離トラックのフェリー乗船時間		フェリー乗船中の２時間については拘束時間として取り扱い、その他の時間については休息期間として取り扱う（「自動車運転者の労働時間等の改善のための基準について」平元. 3. 1基発93号、平9. 3. 11基発143号、平11. 3. 31基発168号）。
休日の移動時間		出張中の休日はその日に旅行する等の場合であっても、旅行中における物品の監視等別段の指示がある場合の外は休日労働として取扱わなくても差支えない（昭23. 3. 17基発461号、昭33. 2. 13基発90号）。

なぜ、始業・終業時刻の記録をしなければならないのでしょうか。

労基法には、始業・終業時刻を記録しなければならないという規定はありません。しかし、労働時間、休日、深夜業等について規定を設けていることから、使用者は労働時間を適正に把握するなど労働時間を適切に管理する責務を有していることは明らかであると解されています。

後掲電通事件（最高裁第二小法廷平12. 3. 24判決）では、常軌を逸する長時間労働にもかかわらず労働時間の客観的記録がなかったことが明らかとなり、国会で取り上げられ、また、中央労働基準審議会からも、「使用者が始業、終業の時刻を把握し、労働時間を管理することを同法が当然の前提としていることから、この前提を改めて明確にし、始業、終業時刻の把握に関して、事業主が講ずべき措置を明らかにした上で適切な指導を行うなど、現行法の履行を確保する観点から所要の措置を講ずることが適当である」という建議が出されました（「労働時間短縮のための対策について（建議）」平12. 11. 30)。

これを受けて、「労働時間の適正な把握のために使用者が講ずべき措置に関する基準」（平13. 4. 6基発339号）（以下「労働時間適正把握基準」という）が策定され、監督署が労働時間の監督指導に力を入れることになりました。

労働時間適正把握基準では、労働時間の把握は原則として、「使用者による現認、タイムカードやICカード等の客観的な記録を基礎として確認し、記録する方法」により行わなければならないとされています。また、労働時間の適正把握が行われているかどうかについて、各部署にチェックを入れる体制を作っておかなくてはなりません。

◉ 資料20―「労働時間の適正な把握のために使用者が講ずべき措置に関する基準」＜概要＞（平13. 4. 6基発339号）

1　労働時間の把握の原則的な方法
→労働時間の使用者による現認、タイムカードやＩＣカード等の客観的な記録を基礎として確認し、記録する方法

労務管理を行う部署の責任者は、当該事業場内における労働時間の適正な把握等労働時間管理の適正化に関する事項を管理し、労働時間管理上の問題点の把握およびその解消を図らなければならない。

2　自己申告制は例外

自己申告制の不適正な運用により、割増賃金の未払いや過重な長時間労働といった問題が生じているということで、自己申告制はこれを行わざるをえない場合の例外的方法として位置付ける。

3　自己申告制を行わざるをえない場合

① 自己申告制の対象となる労働者に対して、労働時間の実態を正しく記録し、適正に自己申告を行うことなどについて十分な説明を行うこと。

② 自己申告により把握した労働時間が実際の労働時間と合致しているか否かについて、必要に応じて実態調査を実施すること。

③ 労働者の労働時間の適正な申告を阻害する目的で時間外労働時間数の上限を設定するなどの措置を講じないこと。

裁判例 ―― 労働者のうつ病による自殺について会社の注意義務違反が認められた事案

電通事件（最高裁第二小法廷平12. 3. 24判決）

〔事案の概要〕

労働者（当時24歳）は1990年（平成２年）４月に入社。ラジオ局に配属され企画立案などの業務に携わっていたが、常軌を逸する長時間労働（推定年間3000時間を超える）が続いた結果うつ病に罹（り）患し、1991年（平成３年）８月自宅で自殺した。

両親が1993年（平成５年）に東京地裁に提訴。一審（東京地裁）・二審（東京高裁）とも会社の責任を認めたが、二審では両親にも落ち度があったとして賠償額を３割減額した。

最高裁では「会社側には長時間労働と健康状態の悪化を認識しながら負担軽減措置（安全配慮義務）を採らなかった過失がある」として、東京高裁に差し戻した。

東京高裁で、2000年（平成12年）６月に和解が成立した。

和解内容：(1)　会社は遺族（両親）に謝罪するとともに、社内の再発防止策を徹底する。

(2)　会社は一審判決が命じた賠償額（１億2600万円）に遅延損害金を加算した合計１億6800万円を遺族に支払う。

〔判決の内容〕

１　業務と自殺との間に因果関係が認められるかについて、長時間労働によるうつ病の発症、うつ病罹患の結果としての自殺という一連の連鎖が認められ、因果関係ありとされた。

２　会社に安全配慮義務違反があったかについては、「使用者は、その雇用する労働者に従事させる業務を定めてこれを管理するに際し、業務の遂行に伴う疲労や心理的負荷等が過度に蓄積して労働者の心身の健康を損なうことがないよう注意する義務を負うと解するのが相当であり、使用者に代わって労働者に対し業務上の指揮監督を行う権限を有する者は、使用者の右注意義務の内容に従って、その権限を行使すべきである。」とした上、Ａの上司らは、Ａが恒常的に著しい長時間労働に従事していることおよびその健康状態が悪化していることを認識しながら、その負担を軽減させるような措置を採らなかったとして、会社の注意義務違反を認めた。

飲食店で人手が少なく、昼シフトの後続けて夜シフトに入り、16時間連続で働くことが時々あります。労働時間の上限規制はないのでしょうか。

時間外労働時間については、厚生労働大臣の定める時間外労働の限度に関する基準（限度基準）により1カ月、1年等一定期間の限度時間についての規制はされていますが、1日についての規制は、一定の危険有害業務以外はありません。

しかし、法定の労働時間を超えて時間外労働を行わせる場合には、時間外労働・休日労働に関する協定の締結・届出が必要です。そして、その協定で決められた延長時間を超えて労働させることはできません。

1　時間外労働を行わせる手続き

法定の労働時間を超えて労働（法定時間外労働）させる場合、または法定の休日に労働（法定休日労働）させる場合には、あらかじめ労使で書面による協定を締結し、これを所轄監督署長に届け出なければなりません（労基法36条）。この協定のことを労基法36条に規定されていることから、通称「36協定」といいます。

2　36協定の延長時間

延長時間については、労基法36条2項に基づき、「労働基準法第36条第1項の協定で定める労働時間の延長の限度等に関する基準」（平10. 12. 28労働省告示154号。以下「限度基準」という）が定められており、それに適合した協定とする必要があります。

限度基準によると、法定労働時間を超えて行わせる時間外労働の時間（延長時間）は

①1日

②1日を超え3カ月以内の期間

③1年間

について協定しなければなりません。

（1）１日の延長時間の限度

１日の延長時間の限度についての規制はありません。しかし、法令で定める**図表53**の危険有害業務に従事する者の時間外労働の上限は、１日２時間とされています（労基法36条１項ただし書、労基法施行規則18条、昭41. 9. 19基発997号、昭63. 3. 14基発150号・婦発47号、平11. 3. 31基発168号）。ただし、２時間の制限は有害業務に従事している時間に対してであり、有害業務以外の業務に従事する時間は制限の対象になりません。有害業務とは何かについて、「有害な作業を主たる内容とする業務を指すものであり、有害な業務に従事した時間のみを指すものではなく、関連する作業を含めた不可分一体の一連の業務を含むもの」としています。

◇図表53●１日の労働時間の延長時間の上限が規制される危険有害業務

①　坑内労働
②　多量の高熱物体を取り扱う業務、著しく暑熱な場所における業務
③　多量の低温物体を取り扱う業務、著しく寒冷な場所における業務
④　ラジウム放射線、エックス線その他の有害放射線にさらされる業務
⑤　土石、獣毛等のじんあいまたは粉末を著しく飛散する場所における業務
⑥　異常気圧下における業務
⑦　削岩機、鋲（びょう）打機等の使用によって身体に著しい振動を与える業務
⑧　重量物取扱い等重激なる業務
⑨　ボイラー製造等強烈な騒音を発する場所における業務
⑩　鉛、水銀、クロム、砒素、黄りん、弗素、塩素、塩酸、硝酸、亜硫酸、硫酸、一酸化炭素、二硫化炭素、青酸、ベンゼン、アニリン、その他これに準ずる有害物の粉じん、蒸気またはガスを発散する場所における業務

なお、危険有害業務の詳細については、「危険有害業務の範囲について」（昭43. 7. 24基発472号、昭46. 3. 18基発223号、昭63. 3. 14基発150号、婦発47号、平11. 3. 31基発168号）に記載されています（厚生労働省法令等データベースサービス―通知検索）。

（2）１日を超える期間の延長時間の限度

「１日を超え３カ月以内の期間」と「１年間」についての延長時間は、**図表54**のとおり、その期間ごとに限度時間が決められています。これ

らの限度時間は、法定休日労働の時間を含みません。

対象期間が３カ月を超える１年単位の変形労働時間制の対象者については、一般労働者よりも短い限度時間となっています。

◆ 図表54●限度時間

期間	一般の労働者	対象期間が3カ月を超える1年単位の変形労働時間制の対象者
1週間	15時間	14時間
2週間	27時間	25時間
4週間	43時間	40時間
1カ月	45時間	42時間
2カ月	81時間	75時間
3カ月	120時間	110時間
1年間	360時間	320時間

3　連続勤務の制限

日本では、連続勤務を規制する労基法の規定はありません。

勤務と勤務の間に継続した休息期間を与えることが定められているものとしては、「自動車運転者の労働時間等の改善のための基準」（平元. ２. ９労働省告示７号。以下「改善基準」という）があります。

「改善基準」（隔日勤務のタクシー運転者を除く）による１日の拘束時間と休息期間は以下のとおりです。

① １日（始業時刻から起算して24時間をいう）の拘束時間は13時間を超えないものとし、これを延長する場合であっても最大拘束時間は16時間とすること。

② 勤務終了後、継続８時間以上の休息期間を与えること。

拘束時間と休息期間は表裏一体のものであり、１日とは始業時刻から起算して24時間をいうので、結局、１日（24時間）＝拘束時間（16時間以内）＋休息期間（８時間以上）となります。

4　労使で取り組む勤務間インターバル規制※

日本における勤務間インターバル規制の導入についてみると、産業別労働組合の情報労連（情報産業労働組合連合会）が、2009年（平成21年）春闘からインターバル規制の導入に取り組み、2015年（平成27年）において、21の加盟組合で「勤務間インターバル制度」協定を締結しています（2015年１月情報労連「勤務間インターバル制度の導入に向けて」（第２版））。情報労連傘下のKDDIも、2015年に組合員に対し最低連続８時間の休息を取ることを義務付け、健康管理上の指標として、全社員を対象に、連続11時間の休息を設けることを安全衛生規定で定めました。

他の労働組合でもこの制度の導入は広がり、2011年（平成23年）春闘において、基幹労連（日本基幹産業労働組合連合会）傘下の三菱重工労働組合が、終業時刻から次の始業時刻まで７時間の休息（インターバル休息）の確保に努めることを時間外労働協定に盛り込むことを要求し、会社側が受け入れています。

また、2014年（平成26年）春闘では、電機連合（全日本電機・電子・情報関連産業労働組合連合会）では、勤務間インターバル休息制度の導入等に取り組み、計26組合が休息確保についての具体的な制度等を獲得しています。

◉ 資料21 ― 勤務間インターバル規制に関連する各種資料

■日本産業衛生学会交代勤務委員会意見書（1979年）要旨

https://www.nurse.or.jp/nursing/shuroanzen/jikan/pdf/02_03_04.pdf

勤務間隔：各勤務間の間隔時間は原則として16時間以上とし、12時間以下となることは厳に避けなければならない。やむをえず16時間以下となるときも、連日にわたらないようにする。

※勤務間インターバル規制

勤務終了後から次の勤務開始時までの「連続休息時間」（インターバル）を一定時間規定することによって労働者の休息時間を確保しようとする考え方。EU諸国では既に導入され、24時間につき最低連続11時間の休息を付与することなどが定められている。

■交代制編成のための評価基準（労働科学研究所、1988＊）要旨

https://www.nurse.or.jp/nursing/shuroanzen/jikan/pdf/02_03_05.pdf

勤務間隔時間：15〜16時間を原則とし、８〜10時間の過短間隔を避ける（12時間程度の間隔の連続を避ける）。

■ILO 夜業に関する勧告（第178号、1990年）

http://www.ilo.org/tokyo/standards/list-of-recommendations/WCMS_239385/lang--ja/index.htm

ILOは、国際基準を設定する条約および勧告を三者構成（使用者・労働者・政府）の国際労働総会で採択する機能を持っています。条約は、国の批准によって、その規定の実施を義務付ける拘束力を生じます。勧告は、政策、立法、慣行の指針となるものです。この勧告は同時に採択された夜業条約（第171号）を補足し、より詳細な規定を含むものですが、残念ながら、日本はこの条約を批准していません。

Ⅱ　労働時間及び休息の期間

6　夜業を伴う交替勤務の場合においては、

(a)　不可抗力又は現実の若しくは急迫した事故の場合を除き、二連続の勤務は行われるべきでない。

(b)　二〔編注：二つの〕の勤務の間に少なくとも11時間の休息の期間ができる限り保障されるべきである。

■EU労働時間指令

労働時間の編成の一定の側面に関する欧州会議および閣僚理事会の指令（2003/88/EC）

欧州連合（EU）加盟28カ国の最低基準を規定したものです。この指令は、労働者の健康と安全衛生が、職場の経済的要求によって損なわれないよう、週労働時間や休息期間（勤務終了から次の勤務開始までの時間）、年次有給休暇などを規定しています。1日の休息期間は、24時間当たり最低連続11時間と定められています。

■ルーテンフランツ９原則（1981、1982）
およびポワソネのヘルスワーカー６原則（2000）

https://www.nurse.or.jp/nursing/shuroanzen/yakinkotai/principle/index.html

労働科学の分野において、夜勤・交代制勤務の適切な管理を考える上での基本的な原則として位置付けられているもので、今日に至る多くの夜勤・交代制勤務の研究により裏付けがされています。

5　短い勤務間隔時間は避けるべきである。　（ルーテンフランツの原則）

時間外労働・休日労働に関する協定届を出すと監督署に把握されるから出したくないのですが、どうしても出さなければいけないのでしょうか。（小売業）

時間外労働・休日労働に関する協定届（以下「36協定」という）については、近年、届出を行うように指導が重点的に行われています。36協定届を行わなければ、法定の労働時間を超えて労働させることができないのですから、届出をしなければなりません。

1　36協定届の届出率

労基法は、時間外労働に関する協定届（36協定）を行えば、法定の労働時間（労基法32条）を超えて労働させることができると定めています（労基法36条）。いいかえれば、この手続きをせずに、法定労働時間を超えて労働させることはできません（労基法33条による場合を除く）。にもかかわらず、36協定を締結しているという事業場は55.2％です（厚生労働省「平成25年度労働時間等総合実態調査結果」）。2005年（平成17年）の同調査では37.4％だったので、この間の中小企業に対する監督指導の効果があったものと思われます。

これを企業規模別で見ると、大企業は94.0％、中小企業が43.4％で、中小企業の36協定締結率は半分にもなっていません。締結していない理由は、「時間外労働・休日労働がない」が43.0％、「時間外労働・休日労働に関する労使協定の存在を知らなかった」が35.2％、「時間外労働・休日労働に関する労使協定の締結・届出を失念した」が14.0％となっています（図表55）。

2　36協定届についての指導

厚生労働省は、「時間外・休日労働協定を届け出ずに行う時間外・休日労働が法違反となることは言うまでもないが、当該協定の届出事業場よりも未届事業場の方が、時間外・休日労働時間を一定の範囲内に収めようとする意識が働きづらく、実際の時間外・休日労働が長時間化して

◇ 図表55●時間外労働・休日労働に関する労使協定を締結していない理由

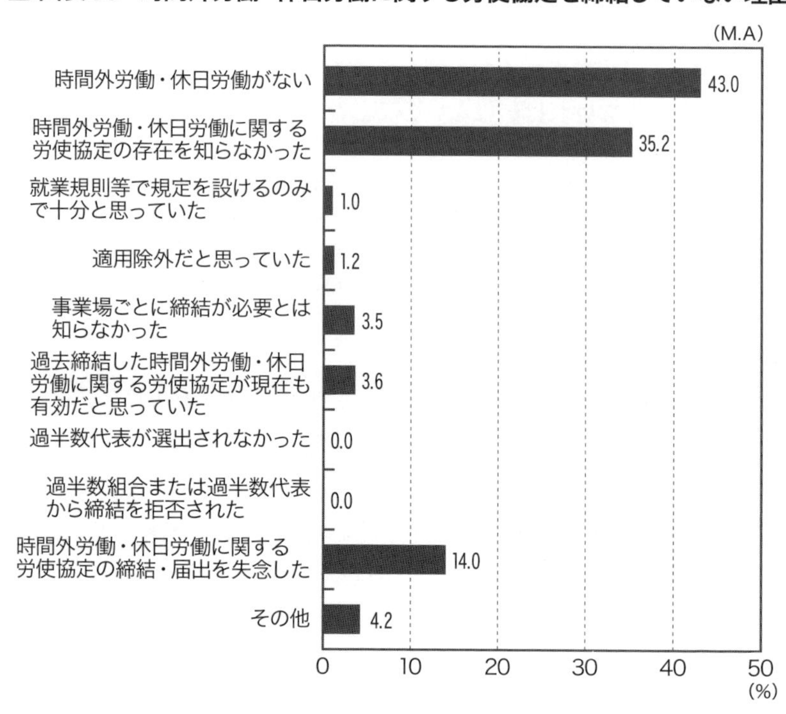

資料出所：厚生労働省「平成25年度労働時間等総合実態調査結果」

いる可能性がある。このような問題事業場への対策を実施する観点から、引き続き、時間外・休日労働協定未届事業場の把握に努めること」(「監督指導業務の運営に当たって留意すべき事項について」(平26. 2. 18基発0218第1号、資料出所：情報公開推進局HP）としています。把握した事業場に対してどのような指導をするのかは、この通達が黒塗りになっているために不明ですが、何らかの指導が行われると考えられます。

3　基本的労働条件の確立

最近の労働基準行政の重点施策では、「管内の実情を踏まえつつ、事業場における基本的労働条件の枠組み及び管理体制の確立を図らせ、これを定着させることが重要であり、労働基準関係法令の遵守の徹底を図

るとともに、重大又は悪質な事案に対しては、厳正に対処する」としています。この基本的労働条件の確立とは以下のことをいいます。

①　労働条件の明示	②賃金の適正な支払い
③　就業規則の作成届出	④法定労働時間の履行・確保
⑤　労働時間管理の適正化	⑥一般健康診断の実施

小売業や飲食店などを監督署に呼び出して、①から⑥までが履行されているかどうか調べて指導をするということが行われています。このとき、当然、36協定の届出についての指導が行われます。

36協定の窓口指導はどのように行われているのでしょうか。

行政通達「時間外労働協定の適正化に係る指導について」(平16. 2. 18基発0218004号)によると、以下の指導が窓口で行われます。

→情報公開推進局(http://www.joshrc.org/~open/files2009/20100217-002.pdf)

①形式上の要件の確認・指導……記載事項に漏れがないか

②過半数代表者についての確認・指導

……過半数代表者の職制上の地位および選出方法が労基法施行規則6条の2に適合しているか

③限度基準に適合しているかどうか

業務区分:限度基準(**Q3**参照)1条「労働時間を延長する必要のある業務の種類について定めるに当たっては、業務の区分を細分化することにより当該必要のある業務の範囲を明確にしなければならない。」

一定期間の区分:限度基準2条「一定期間は1日を超え3箇月以内の期間及び1年間としなければならない。」

限度時間については**図表54(148頁)**参照。

④特別条項

……特別条項付き36協定の要件(限度基準3条1項ただし書)を満たしているか。

i　原則としての延長時間(限度時間以内の時間)を定めること

ii　限度時間を超えて時間外労働を行わなければならない特別の事情をできるだけ具体的に定めること

iii　「特別の事情」は、次のア、イに該当するものであること

ア　一時的または突発的であること

イ　全体として1年の半分を超えないことが見込まれること

iv　一定期間の途中で特別の事情が生じ、原則としての延長時間を延

長する場合に労使がとる手続きを、協議、通告、その他具体的に定めること

限度基準に適合していない時間外労働協定を締結している事業場に対しては、「今後における一般労働条件の確保・改善対策の推進に関する基本方針について」（平11. 2. 17基発70号）に基づき監督指導等を実施することとされています。

→情報公開推進局（http://www.joshrc.org/~open/files/19990217-002.pdf）

裁判例 ――過労自殺の事案において、会社のほか労働組合、国に対して損害賠償を求めた事案

新興プランテック事件（東京地裁 平25. 12. 20判決）

〔事件の概要〕

男性は石油プラント建設会社（横浜市）に勤務。2008年（平成20年）６月に月160時間、７月に210時間を超える残業をし、精神疾患を発症、同年11月に自殺した（当時24歳）。同社と労働組合は国が定める過労死ライン（月80時間）を超える150時間、繁忙期には200時間まで残業を延長できるとする労使協定（36協定）を結んでいた。国は36協定の延長の上限を月45時間としているが、建設業務などの業務は除外しており、明確な上限がない。時間外労働協定が長時間労働を招いたとして、過労自殺した男性の遺族が長時間の時間外労働を認める36協定を締結した会社と労働組合、そしてそのような36協定を放置した国を相手に損害賠償を求めていた。

〔判決の概要〕

会社に安全配慮義務違反があったとして2270万円の支払いを命じた。焦点だった国と労働組合への請求は棄却した。

全国にある支店、営業所の36協定を見直したところ、締結・届出ができていないところがありましたが、監督署からの指導はどのようになるのでしょうか。36協定の本社一括届出の方法も教えてください。

1　届出義務違反と監督署の指導

36協定の締結・届出は刑事上の免責要件なので、あらかじめそれを行うことなく、法定労働時間を超える時間外労働や法定休日労働を行わせた場合は、それぞれ労基法32条違反、35条違反となります。

36協定の締結・届出を行うことなく長時間労働を行わせた結果、交通事故等の労働災害を発生させた場合や、残業代を支払わなかった場合に、労基法違反の疑いで送検された例はいくつもあります。１日でも早く36協定を締結して届け出る必要がありますが、特に悪質でなければ処分されることはないと思います。なお、36協定の有効期間の始期以後に届け出た場合は「届出日以後のみ有効」というゴム印を押されて注意を受けます。

時間外労働の協定偽造容疑で物流会社書類送検

2006年（平成18年）４月、警視庁と埼玉労働局などは、物流会社（大阪府枚方市）と同社前関東支店長、現関東支店長を、労基法違反および有印私文書偽造・同行使の容疑で、さいたま地方検察庁に書類送検した。

〈事件の概要〉

東京江東区の首都高速湾岸線で2005年（平成17年）10月、警視庁高速隊の覆面パトカーに物流会社所有の大型トラックが追突して警察官ら３人が死傷した事故が発生した。追突事故後の2005年10月31日に、時間外労働・休日労働に関する協定の有効期限が切れていたため、同社前関東支店長と現関東支店長は協定が更新されたように書類を偽造し、翌11月、春日部監督署（埼玉）に届け出た疑い。

2　本社一括届出の要件と方法

36協定は、一定の要件を備えていれば本社を管轄している監督署に一括して届け出ることができます（平15. 2. 15基発0215002号）。本社とは、いわゆる本社機能を有している事業場のことで、他の複数の事業場の就業規則や36協定について実質的に作成等を一括して行う事業場をいいます。

また、複数の事業場が同一の監督署管内にある場合における36協定の届出は、各事業場の長より上位の使用者が取りまとめて行うことができます。

[36協定の本社一括届出の要件]

36協定届（様式９号）の記載事項のうち、事業の「種類、名称、所在地、労働者数」の４点以外はすべて同一であること。

「協定の当事者である労働組合の名称又は労働者の過半数を代表する者の職名及び氏名」および「使用者の職名及び氏名」もすべて同一である必要があるが、昭和24年２月９日付け基収4234号のとおり、協定の当事者である労働組合が、一括して届出がなされる各事業場ごとに、その事業場の労働者の過半数で組織されている必要があること。

本社を管轄する監督署に、各事業場の名称、所在地（電話番号）、管轄監督署名を記載した「届出事業場一覧表」（任意様式）を添付して、本社を含む事業場の数に対応した部数の36協定を届け出ます。

36協定の特別条項の１年間の限度時間は何時間になるのでしょうか。

36協定の特別条項の延長時間には上限がありません。限度基準の３条１項で、「時間外労働協定において一定期間についての延長時間を定めるに当たっては、当該一定期間についての延長時間は、別表第１の上欄〔編注：148頁の図表54の左欄〕に掲げる期間の区分に応じ、それぞれ同表の下欄〔編注：図表54の中・右欄〕に掲げる限度時間を超えないものとしなければならない。」としながら、ただし書で特別条項を定めています。それは、「限度時間を超えて労働時間を延長しなければならない特別の事情（臨時的なものに限る。）が生じたときに限り、一定期間についての延長時間を定めた当該一定期間ごとに、労使当事者間において定める手続を経て、限度時間を超える一定の時間まで労働時間を延長することができる旨及び限度時間を超える時間の労働に係る割増賃金の率を定める場合は、この限りでない。」と規定しているだけで、この特別の事情のある場合の延長時間の上限を示していません。

だからといって、１カ月100時間や120時間の延長時間を協定してよいのかというと、従業員への安全配慮義務から考えれば当然上限はあります。いわゆる過労死認定基準※（**Q20** 参照）から考えても、１カ月80時間が限度であり、それが連続することもあってはならないでしょう。

※過労死認定基準

過労死等の事案について労災となるか否かの判断について、行政通達（「脳血管疾患及び虚血性心疾患等（負傷に起因するものを除く。）の認定基準について」平13.12.12基発1063号）で基準が示されている。

機械が突然故障したので、それに対応するために36協定の延長時間を超えて残業をした場合、直ちに労基法違反に問われるのでしょうか。

たまたま、36協定オーバーのあった時期に監督官の臨検監督があった場合には労基法32条違反として是正勧告書を交付されます。その是正期日は、「即時」ということで、以後協定オーバーをしないように指導されるでしょう。改善して、是正報告書を提出すればその監督指導は完結とされます。

1　時間外・休日労働協定の刑事的効力と延長時間オーバー

１週40時間、１日８時間の法定労働時間（労基法32条）を超えて労働させた場合は、６カ月以下の懲役または30万円以下の罰金という刑事罰に処すると定められています（同法119条１号）。

一方、法定の労働時間の例外として、事業場の労働者の過半数で組織する労働組合、そのような組合がない場合には労働者の過半数を代表する者との時間外労働・休日労働に関する協定（36協定）を行い、これを所轄監督署長に届け出た場合には、同法32条により制限されている労働時間を超えて労働させることができます（同法36条）。

この36協定は同法32条１項および２項の時間外労働に関する同法119条１号の罰則規定の免責事由になっており、協定の延長時間の範囲内で労働させている限りは、刑事上の責任を問われることはありません。

しかし、刑事上の免責効力が認められるのは、あくまでその協定の範囲内において時間外・休日労働を行わせている場合に限られ、その延長時間の範囲を超えて労働させた場合は免責は認められず、元に戻って労基法32条違反が成立し、罰則の適用を受ける可能性があります。

2　司法処分についての基本的考え方と事例

36協定オーバーがあった場合に即司法処分されるかというと、そのようなことはなく、その法違反が悪質性によって司法処分に付するか否かが決定されています（**第1部 Q25** 参照）。そうした事態の発生していた経緯とか、それに対する事業主の対応、あるいは繰り返して行われること等、総合的に見た上で悪質であるかどうかという判断になります。

東京労働局過重労働撲滅特別対策班（通称「かとく」、**Q21**参照）は、大手靴小売会社並びに同社の取締役および店舗責任者2名を、労基法違反の容疑で、2015年（平成27年）7月2日、東京地方検察庁に書類送検しました。同労働局によると、同社は昨年4～5月、都内の2店舗で従業員計4人に対し、労使協定で定めた上限（月79時間）や法定労働時間を超える月97～112時間の残業をさせていた疑いがあるということです。過去にも同社の店舗で長時間残業が行われているとして是正勧告をしましたが、改善されないので書類送検に踏み切ったものです。

このように、複数回の36協定オーバーにより極端な長時間労働が行われたなど法違反の程度が悪質なものが司法処分とされています。したがって、一度ぐらいの36協定オーバーであれば、即司法処分にされることはないと考えられます。

昼間他社で働いている者（月～金の週５日、１日８時間勤務）を夜間アルバイトとして雇用する場合、36協定は必要ですか。36協定の限度時間はどう適用されるのでしょうか。

1　複数の異なる事業場の時間計算

労働者が異なる事業場で労働する場合についても、労働時間に関する規定の適用については通算されると規定されています（労基法38条）。この規定は労働者を長時間労働による弊害から保護しようとすることを意図しています。

「事業場を異にする場合」とは、同一事業主の異なる事業場に限らず、事業主が異なる複数の事業場で労働する場合も該当すると解釈されています（昭23. 5. 14基発769号）。労働時間は、１日だけでなく、１週間単位でも通算され、休日については週休１日が確保されなくてはなりません。

もちろん、複数の事業場に派遣される派遣労働者にも本条が適用され、労働時間が通算されます（昭61. 6. 6基発333号）。

2　時間外労働協定の締結・届出および割増賃金の支払義務

複数の事業場で働く労働者の労働時間が通算により法定労働時間を超える場合は、時間外労働協定（36協定）の締結・届出をしなければなりません。法定時間外に使用した事業主は労基法37条に基づき、割増賃金を支払わなければなりません（昭23. 10. 14基収2117号、昭63. 3. 14基発150号、平11. 3. 31基発168号）。

事業主が異なる場合には、通常は、法定労働時間を超えて働くことになることを知りながら、時間的に後から当該労働者と労働契約を締結した事業主が労基法上の責任を負うとすることが妥当とされています（厚生労働省労働基準局編『労働基準法　上』）。とはいえ、初めに午前にＡ社で４時間労働する契約をし、その後午後にＢ社と４時間労働する契約をしている労働者に対して、Ａ社が４時間を超えて労働することを命じた結果、１日の労働時間が８時間を超えた場合には、時間外労働の原因を作ったＡ社が労基法上の義務と責任を負うと解されています。

3　既に１日８時間労働している労働者の雇用の可否

既に１日８時間労働している労働者を、別の使用者が雇用することが可能かどうかについては、労基法における時間外労働は例外的なものであることを理由に疑問を呈する説があります。しかし、行政解釈は、「事業主Ａのもとで法第32条第２項所定の労働時間労働したものを、Ｂ事業主が使用することは、法第33条または法第36条第１項の規定に基づき、夫々時間外労働の手続をとれば可能である。」（昭23. 10. 14基収2117号、昭63. 3. 14基発150号、平11. 3. 31基発168号）として、既に１日８時間労働している労働者を、別の使用者が雇用することを可能であるとしています。

4　様式９号の所定労働時間と時間外労働の限度基準

前述**3**のように既に１日８時間労働している労働者を別の使用者が雇用する場合は、後から労働契約を締結した使用者が時間外労働協定を締結・届出する義務があるのですが、その場合、様式９号（時間外労働・休日労働に関する協定届）の「所定労働時間」欄には、先に労働契約を締結している事業場における労働時間を記入するとされています（昭23. 10. 14基収2117号、昭63. 3. 14基発150号、平11. 3. 31基発168号）。

労基法による労働時間の規制は１人の労働者の労働時間に対して行われるので、二つの事業場で労働するからといって、限度基準による限度時間が２倍になるようなことはありません。一般労働者について定められた一定期間および１年間における時間外労働の限度時間を超えることのない延長時間を協定する必要があります。さらに、特別条項を付けることは可能です。

フレックスタイム制に関して、次の点について教えてください。
①時間外割増率の基本的な考え方
②休日に出勤した場合、法定休日と法定外休日では扱いが異なるのか
③清算期間が１カ月未満の場合の扱いはどのようになるのか
④労働時間の管理方法

1　フレックスタイム制の時間外労働

フレックスタイム制は、１カ月以内の一定の期間（清算期間）の総労働時間を定めておき、労働者がその範囲内で各日の始業および終業の時刻を決めて働くという制度であり、変形労働時間制の一種です（労基法32条の３）。

フレックスタイム制においても、時間外労働を行わせるためには、時間外労働協定（36協定）の締結と届出が必要です（労基法36条）。しかし、時間外労働協定の内容としては、「１日について延長することができる時間」を協定する必要はなく、清算期間を通算して時間外労働をすることができる時間を協定すれば足ります（昭63.1.1基発１号、平11.3.31基発168号）。

2　フレックスタイム制の時間外労働算出方法

フレックスタイム制において時間外労働となるのは、清算期間における法定労働時間の総枠を超える時間であり（前掲通達）、清算期間における法定労働時間の計算式は次のとおりです。

清算期間における法定労働時間の総枠 ＝ 40時間（特例措置対象事業場は44時間） × $\frac{\text{清算期間の暦日数}}{7}$

清算期間が１カ月の場合は、その月の日数により法定労働時間は変わります（31日の月は177.1時間、30日の月は171.4時間）。

清算期間が１カ月未満の場合も、この計算式で法定労働時間を算出して、それを超えた時間を時間外労働時間とします。仮に清算期間を４週間とした場合は、法定労働時間の総枠は160時間となり、これを超える労働時間は時間外労働となります。

フレックスタイム制を導入するためには労使協定の締結が必要ですが、協定事項の一つに標準となる１日の労働時間があります（労基法施行規則12条の３）。実際の時間外労働算出方法としては、便宜上、この標準となる１日の労働時間と各日の労働時間との差を合計して時間外労働時間数を算出する方法を採用している企業も多いようです。

3　休日労働の取扱い

フレックスタイム制においても１週１回の休日の原則が適用されるので、法定休日に労働させる場合には休日労働協定（36協定）の締結・届出が必要であり、法定休日に労働させた場合には、35％以上の割増率で休日労働手当を払わなければなりません。

法定外休日に労働させる場合には、休日労働協定の締結・届出は必要ありませんが、法定外休日労働時間数は清算期間内における労働時間に算入しなければなりません。算入した結果、労働時間が法定労働時間の総枠を超えていれば、超えた時間が時間外労働となり、割増賃金の支払いが必要となります。

4　1月60時間を超える時間外労働の割増賃金

１月60時間を超える時間外労働時間数とは、あらかじめ決めておいた１カ月の起算日から時間外労働時間を累計して60時間に達した時点より後に行われた時間外労働時間数をいいます（平21. 5. 29基発0529001号）。このように取り扱う理由は、累計された時間外労働時間が60時間を超えた時点を把握し、それ以後の時間外労働を抑制しようとする意図があるからです。したがって、時間外労働時間の累計が60時間を超えた時点から割増賃金率を引き上げる必要があります（労基法37条１項ただし書）。

ただし、**2**で述べたように、便宜上、「標準となる１日の労働時間と各日の労働時間との差を合計して時間外労働時間数を算出する方法」を採用している場合で、法定外休日である土曜日の割増率を35％とし、60時間超の時間外労働に算入される土曜日の割増率と平日の割増率に差を設けない（35％＋25％＝60％としない）とすると、「法定労働時間の総枠を超える労働を時間外労働として算定する原則的な方法」により算出された割増賃金の額を下回る場合があるので、注意が必要です（厚生労働省パンフレット「改正労働基準法のあらまし」10頁）。

清算期間が１カ月未満である場合には、１カ月におけるそれぞれの清算期間における法定労働時間の総枠を超える部分を時間外労働時間として、１カ月の時間外労働時間数を算定します（厚生労働省「改正労働基準法に係る質疑応答」平21. 10. 5）。

厚生労働省パンフレット等資料
→厚生労働省HP（http://www.mhlw.go.jp/stf/seisakunitsuite/bunya/koyou_roudou/roudoukijun/roukikaitei/index.html）

5　労働時間の管理

フレックスタイム制においても、使用者が労働時間の管理をしなくてはならないことに変わりはありません。また、清算期間の途中で、時間外労働協定で締結した延長時間の上限に労働時間が達してしまった労働者がいた場合は、それ以後清算期間中は労働させることができなくなります。このような事態を知るためにも、使用者はフレックスタイム制で働く労働者の労働時間や累積労働時間の把握をする必要があります。

労働時間管理の具体的な方法としては、労働者１人ひとりが、例えば「フレックスタイム勤務時間記録表」に日々の勤務時間と累積労働時間を記入し、これを毎日所属長に提出するやり方があります。これによって、所属長はフレックスタイム制対象労働者の労働時間を常に把握し、労働時間に過不足が生じないように指導することが可能となります。

Q11 有名小売業が１日10時間、週４日勤務という制度を導入すると話題を呼びましたが、残業代が節約できるのでしょうか。

おそらく１カ月単位の変形労働時間制を採用して、１日の所定労働時間を10時間、週３日の休日にしたと思われます。忙しい曜日に人を集中し、それ以外の曜日の就労人数を少なくするということで、効率的な人員配置ができることにより、人件費の節約にはなると考えられます。

1　変形労働時間制の目的

１日８時間、１週40時間の原則（労基法32条）は、曜日や季節による業務の繁閑の差が大きく、１日の営業時間が長い、例えばサービス業のような業種では運用しにくい制度です。そこで不規則な勤務や事業の時期による繁閑に対応し労働時間を短縮できるように、１カ月単位の変形労働時間制（労基法32条の２）、フレックスタイム制（労基法32条の３）、１年単位の変形労働時間制（労基法32条の４）、１週間単位の非定型的変形労働時間制（労基法32条の５）という四つの変形労働時間制が認められています。中でも１カ月単位の変形労働時間制と１年単位の変形労働時間制は多くの事業場で使われています。

①１カ月単位の変形労働時間制とは

１カ月以内の一定期間を平均し、１週間当たりの労働時間が40時間（特例措置対象事業場※は44時間）を超えない範囲において、特定の日に８時間を超え、または特定の週に40時間（特例措置対象事業場は44時間）を超えて労働させることができる制度です。

これは、(i)長期的な生産計画が立てにくいことに加え、(ii)繁忙期間と閑散期間の周期が１カ月以内である事業場に適した制度です。

※特例措置対象事業場

常時使用する労働者数が10人未満の商業、映画・演劇業（映画の製作の事業を除く）、保健衛生業、接客娯楽業。

②１年単位の変形労働時間制とは

１年以内の一定期間を平均し、１週間当たりの労働時間が40時間を超えない範囲において、特定の日に８時間を超え、または特定の週に40時間を超えて労働させることができる制度です。

この制度は、あらかじめ業務の繁閑を見込み、それに合わせて労働時間を配分し、１週40時間制を達成しようとするものです。

突発的なものを除き、恒常的な時間外労働がないことを前提にし、通常の労働時間制に比べて繁忙期の時間外労働は減少し、年間で見ても時間外労働が減少すると考えられています。それゆえに、時間外労働に関する限度基準４条では、１年単位の変形労働時間制が適用される労働者に係る限度時間については、この制度が適用されない労働者よりも短い時間が定められています。

2　週休３日の勤務

小売業は土、日が忙しく、それ以外の日が比較的暇という状態を繰り返します。そこで、土、日とそれ以外の２日の所定労働時間を10時間とし、残りの３日間を休日とするということにします。そうすると、10時間×４日＝40時間となり、１週40時間労働を満たします。１カ月単位の変形労働時間制とは、１カ月以内の一定期間を平均し、１週間の労働時間が40時間以下の範囲内において、１日および１週間の法定労働時間を超えて労働させることができる制度なので、おそらく４週間単位で導入していると考えられます。

3　１カ月単位の変形労働時間制の手続き

１カ月単位の変形労働時間制を採用するためには、次のいずれかの方法があります。

①　就業規則に規定する

②　労使協定を締結し、所轄監督署に届け出る

4　時間外労働の計算

この場合には、以下の時間が時間外労働となります。

① 1日については、労使協定などにより8時間を超える時間を定めた日はその時間を、それ以外の日は8時間を超えて労働した時間
② 1週間については、労使協定などにより40時間*を超える時間を定めた週はその時間を、それ以外の週は40時間*を超えて労働した時間（①で時間外労働となる時間を除く）
③ 変形期間については、以下の式により計算される変形期間における法定労働時間の総枠を超えて労働した時間（①または②で時間外労働となる時間を除く）

$$40\text{（時間）}^{*} \times \frac{\text{変形期間の暦日数}}{7}$$

＊1カ月単位の変形労働時間制の場合は、特例措置対象事業場については44時間

5 1日10時間、週4日労働の問題点

1日10時間勤務では、例えば9時から20時までの勤務（途中で休憩1時間）になります。この勤務時間では、帰宅後夕食を作って、食べるのは夜9時過ぎになってしまいます。話題になった企業では希望者に適用するということなので大きな問題にはなりませんが、子どもを持っている従業員には無理のある制度といえます。

また、3日休日があると二重就労をする可能性があり、二つの仕事により過重労働になる可能性もあるので実際の管理は難しいところがあります。

専門業務型の裁量労働制を採用しており、みなし労働時間は７時間、週５日勤務、週所定労働時間は35時間です。休日を振り替えると、週６日働いた週の労働時間は42時間ですが、裁量労働制でも割増賃金を払う必要があるのでしょうか。

1　専門業務型裁量労働制

専門業務型裁量労働制とは、業務の性質上その遂行方法を大幅に労働者に委ねる必要があるため、その業務の遂行手段と時間配分の決定などについて具体的な指示をすることが困難であるとされる19の業務について、専門業務型裁量労働制に関する協定であらかじめ労働時間を定め、労働者をその業務に就かせた場合、その日の実際の労働時間が何時間であるかにかかわらず、その定めた時間労働したものとする制度です（労基法38条の３）。19の業務とは、**図表56**の新商品・新技術の研究開発の業務、情報システムの分析、設計の業務、デザイナーの業務などで、限定列挙となっています。

◆図表56●専門業務型裁量労働制の対象業務

①　新商品、新技術の研究開発の業務、または人文科学もしくは自然科学に関する研究の業務
②　情報処理システムの分析・設計の業務
③　新聞・出版の事業における取材・編集の業務、放送番組の制作のための取材・編集の業務
④　デザイナーの業務
⑤　プロデューサー、ディレクターの業務
⑥　コピーライターの業務
⑦　システムコンサルタントの業務
⑧　インテリアコーディネーターの業務
⑨　ゲーム用ソフトウェアの創作の業務
⑩　証券アナリストの業務
⑪　金融工学などの知識を用いて行う金融商品の開発の業務
⑫　大学での教授研究の業務（主として研究に従事するものに限る）
⑬　公認会計士の業務
⑭　弁護士の業務
⑮　建築士の業務
⑯　不動産鑑定士の業務
⑰　弁理士の業務
⑱　税理士の業務
⑲　中小企業診断士の業務

専門業務型裁量労働制に関する協定は所轄監督署長に届け出なければなりません（同条２項により労基法38条の２第３項を準用）。届出は裁量労働制の効力発生要件ではないので、届出をしなかった場合でも専門業務型裁量労働制の導入は可能ですが、届出義務違反となります。

2 専門業務型裁量労働制のみなし労働時間

専門業務型裁量労働制に関する協定では、裁量労働に該当する業務について、その業務の遂行に通常必要とされる１日当たりの労働時間（みなし労働時間）を定めます（昭63. 3. 14基発150号・婦発47号、平12. 1. 1基発１号）。みなし労働時間が法定労働時間を超えるときは、時間外労働協定（36協定）の締結と届出が必要です。また、法定労働時間を超える労働時間に対しては割増賃金を支払う必要があります。

3 休憩時間、深夜業、休日労働

専門業務型裁量労働制の効果としては、労働時間の計算についてみなし処理が認められる（労基法施行規則24条の２の２）だけで、それ以外の休憩時間、深夜業、休日に関する規定は適用されます。したがって、法定の休憩時間がとれるようにしなければなりません。また、深夜労働を行った場合は深夜手当を支払わなければなりませんし、休日の労働についてはみなし労働時間は適用されないので、実際の労働時間分の賃金を支払わなければなりません。もちろん、法定休日に労働させるためには休日労働に関する協定（36協定）を締結し、届け出る必要があります。

4 法定外休日労働

週休２日制の場合は、２日の休日のうちの１日について休日労働を行わせても法定休日は確保されています。したがって、休日労働時間のうち１週40時間を超える部分について時間外労働時間となり、割増率は25％以上です。法定休日労働と同様に１日のみなし労働時間が適用されないので、実際の労働時間に対する時間相当分の割増賃金を支払う必要があります。

5　専門業務型裁量労働制と休日の振替

休日の振替とは休日と所定労働日を振り替えて、本来休日であった日を所定労働日とすることです。振替により所定労働日となった日に労働させても休日労働にはなりません。所定労働日となった日の労働については、専門業務型裁量労働制の下では、労使協定によるみなし労働時間働いたとみなされます。しかし、前述**2**のとおり専門業務型裁量労働制におけるみなし労働時間は１日の労働時間についてだけ適用されるもので１週の労働時間をみなす制度ではないので、休日を振り替えた結果その週の労働時間が40時間を超えた場合は、超えた時間は時間外労働として割増賃金の支払いが必要です。

Q13 ４週４日の休日さえ確保していれば、残りの期間連続して勤務させても問題ないでしょうか。

1　４週４日の休日

使用者は、労働者に対して毎週少なくとも１回の休日を与えなければなりません（労基法35条１項）。ただし、４週間を通じて４日以上の休日を与える場合は、毎週１回の休日を与えなくてもよいと定められています（同条２項）。しかし、毎週少なくとも１回の休日が確保されることが望ましいことは当然であり、解釈例規も、「第１項が原則であり第２項は例外であることを強調し徹底させること」としています（昭22. 9. 13発基17号）。

もちろん、所定労働時間が８時間の事業場の場合、週40時間の法定労働時間を遵守するには、さらに４日の法定外休日が必要です。

2　休日の特定

労基法は休日を特定しなければならないと規定していませんが、労働者保護のためには、あらかじめ休日を特定しておくことが望ましいことはいうまでもありません。解釈例規も、休日を「特定することがまた法の趣旨に沿うものであるから就業規則の中で単に１週間につき１日といっただけではなく具体的に一定の日を休日と定める方法を規定するよう指導されたい」としています（昭23. 5. 5基発682号、昭63. 3. 14基発150号・婦発47号）。４週４日の休日についても、特定することが求められています（昭22. 9. 13発基17号）。

3　４週４日の与え方

４週４日の休日制については、その与え方についての決まりはありません。特定の４週間に４日の休日があればよく、どの４週間を区切っても４日の休日の付与があることが求められているわけではありません。

解釈例規は、例えば、休日日数が第１週１日、第２週０日、第３週２日、第４週１日、第５週０日、第６週２日、第７週１日、第８週１日と定められている場合は、第２週から第５週までの４週についてみれば、休日は３日であるが、第１週から第４週および第５週から第８週までの各４週間に４日があるから、本条違反とはならないとしています（昭23.9.20基発1384号）。

このように、４週４日制の趣旨は、各週休日制を採用することが難しい業態において、多少不規則でも４週間に４回の休日が確保されることをよしとするものと考えられます。したがって、24日間連続就労の後に、まとめて４日の休日を付与するという方法は、労基法35条２項の意図するものではないと考えられます。

ちなみに、休日振替の振り替えるべき日についても、振り替えられた日以降で、できる限り近接していることが望ましいとされています（昭23.7.5基発968号、昭63.3.14基発150号・婦発47号）。このように、休日はできるだけ週１回程度の間隔で与えることが必要だということです。

4　休日の確保と安全配慮義務

安全（健康）配慮義務の履行のためには、過重労働とならないように配慮することも必要です。休日の確保の重要性について、過労死等の労災認定基準（平13.12.12基発1063号）では、「休日のない連続勤務が長く続くほど業務と発症との関連性をより強めるものであり、逆に、休日が十分確保されている場合は、疲労は回復ないし回復傾向を示すものである」と明言しています。

したがって、安全（健康）配慮義務を履行するためには、可能な限り連続勤務を短くする必要があります。24日間連続勤務は、安全（健康）配慮義務の履行という観点からもやってはいけないことです。

5　変形労働時間制と連続休日

１年単位の変形労働時間制においては、対象期間における連続労働日数の限度は「６日間」、特定期間における連続労働日数の限度は、１週間に１日の休日が確保される日数、すなわち最長12日が連続勤務の限度とされているので、24日連続勤務はできません。４週４日の不規則な休日を採用する場合も、１年単位の変形労働時間制の連続勤務の限度12日を参考とするべきです。

監視労働の許可を受けたいと考えています。工場の警備のために24時間交代で勤務する体制ですが、夜間の仮眠時間は労働時間になるのでしょうか。

「警備業者が行う警備業務に係る監視又は断続的労働の許可について」（平5. 2. 24基発110号）では、「夜間に継続４時間以上の睡眠時間が与えられること」として、仮眠時間の長さが示されています。この通達が発出された時点では、まだ**大星ビル管理事件の最高裁判決**（平14. 2. 28判決）は出されていなかったので、おそらくこの通達の仮眠時間は労働時間ではないという考え方だったのではないかと推定されます。

しかし、**大星ビル管理事件**の判決要旨で、①仮眠時間は、労働契約上の役務の提供が義務付けられていると評価され、②警報や電話等に対して直ちに相当の対応をすることを義務付けられているが、そのような対応をすることが皆無に等しいなど実質的に上記義務付けがされていないと認めることができるような事情がない限り、労基法32条の労働時間に該当するとしています。これにより、仮眠時間には労働時間になるものがあるということが明らかになりました。

監視労働の許可を受けるにあたっては、少なくとも４時間の仮眠時間が必要ですが、それが労働時間ではないということが求められているのかどうかは不明です。おそらく、仮眠時間に多少の労務の提供があっても、不許可にはならないと考えられますが、頻繁に警報や電話で起こされて、労務の提供をしなければならないのであれば、仮眠時間が確保されているとは認められず、許可は得られないと思われます。

仮眠時間が労働時間であるか否かについては、仮眠時間に役務の提供が義務付けられていなければ、仮眠時間は労働時間ではないといえます。あるいは、労働契約上の役務の提供が義務付けられている場合でも、警報や電話等に対して直ちに相当の対応をすることを義務付けられているが、そのような対応をすることが皆無に等しいなど実質的に上記義務付けがされていないと認めることができるような実態であれば、その仮眠時間は労働時間ではないといえるでしょう。

労働時間に関する労使協定はいくつもありますが、どの協定が監督署への届出が必要で、どの協定が必要ないかを教えてください。

労基法には労働者を保護するために、強行的に労働関係を規制する一方、その一部について、労使協定の締結等により、規制を解除し協定等の内容の範囲内で適法としています。その代表的なものが時間外労働・休日労働に関する協定で、これを監督署長に届け出た場合は、協定の内容の範囲内で法定労働時間を超えて労働させることができるとしています。

そのほかに、労働時間の短縮を目的として、変形労働時間制、みなし労働時間制などの労働時間に関する例外規定を設け、このような例外制度の採用要件として、労使協定の締結や届出が義務付けられています。

さらに、労働時間等の設定の改善に関する特別措置法（以下「労働時間等設定改善法」という）による労働時間等設定改善委員会は、①変形労働時間制、②時間外および休日の労働、③事業場外労働に関するみなし労働時間制、④専門業務型裁量労働制などについて労使協定に代替する決議を行うことができ、その決議のうち、①変形労働時間制、③事業場外労働に関するみなし労働時間制、④専門業務型裁量労働制に係る決議については、監督署長への届出が免除されています（労働時間等設定改善法７条）。

労働時間に関する労使協定とその届出の要否、届出が効力発生要件とされているかどうかについては、**図表57**のとおりです。

◇ 図表57●労働時間に関する労使協定の届出の要否

協定名 （根拠条文）	制度の内容	届出	
		要否	効力発生要件か
１カ月単位の 変形労働時間制 （労基法32条の２）	１カ月以内の一定期間を平均し、１週間当たりの労働時間が法定労働時間を超えない範囲内において、特定の日または週に法定労働時間を超えて労働させることができる。 ＊ただし、就業規則による導入も可。	○※	×

１年単位の 変形労働時間制 （労基法32条の４）	１カ月を超え１年以内の一定の期間を平均し、１週間当たりの労働時間が40時間以下の範囲内において、特定の日または週に１日８時間または１週40時間を超え、一定の限度で労働させることができる。	○※	×
1週間単位の非定型的 変形労働時間制 （労基法32条の５）	規模30人未満の小売業、旅館、料理・飲食店の事業において、１週間単位で毎日の労働時間を弾力的に定めることができる。	○※	×
フレックスタイム制 （労基法32条の３）	１カ月以内の一定期間の総労働時間を定めておき、労働者がその範囲内で各日の始業および終業の時刻を決定して働くことができる。	×	
一斉休憩の 原則の適用除外 （労基法34条２項）	一斉に休憩を与えなくてもよい。	×	
時間外・休日労働 協定（36協定） （労基法36条）	協定の範囲内で時間外労働・休日労働を行わせることができる。	○	○
代替休暇 （労基法37条３項）	60時間を超える時間外労働に対する割増賃金に代えて代替休暇を与えることができる。	×	
事業場外みなし 労働時間制 （労基法38条の２）	事業場外で従事する業務につき、実際の労働時間にかかわらず、労使協定で定めた労働時間労働したとみなす。	△※	×
専門業務型裁量 労働制 （労基法38条の３）	業務の性質上、業務遂行の手段や方法、時間配分等を大幅に労働者の裁量に委ねる必要がある19業務について、実際の労働時間にかかわらず、労使であらかじめ定めた時間働いたものとみなす。	○※	×
計画的年休協定 （労基法39条６項）	年次有給休暇の日数のうち５日を超える部分について計画的に付与することを認める。	×	
時間単位年休 （労基法39条４項）	１年に５日分を限度として年次有給休暇を時間単位で取得可能とする。	×	

※ …… 労使協定に代わる労働時間等設定改善委員会の決議について届出が免除されている。
△ …… 労働時間が法定労働時間を超えなければ届出は不要。

Q16 従業員が退職時に残っている年次有給休暇を全部取得して辞めたいと言っています。認めなければならないでしょうか。

1 年次有給休暇

使用者は、その雇入れの日から起算して６カ月間継続勤務し全労働日の８割以上出勤した労働者に対して、継続し、または分割した10労働日の有給休暇を与えなければなりません（労基法39条）。勤続年数に応じた有給休暇の日数は**図表58**のとおりです（週の所定労働日数や所定労働時間がいわゆる正社員よりも短いパートタイマーについては**Q17**の**図表59（180頁）**参照）。

◇ 図表58●年次有給休暇の付与日数

［週所定労働時間が30時間以上の労働者］

継続勤務年数	0.5年	1.5年	2.5年	3.5年	4.5年	5.5年	6.5年以上
付与日数	10日	11日	12日	14日	16日	18日	20日

2 年次有給休暇の繰越し

年次有給休暇は付与された日から２年で時効となります（労基法115条）。付与された日から１年間で使い切れなかった年次有給休暇は翌年に繰り越し、新たに与えられた休暇日数に加算しますが、さらに１年間使わなかったときは時効により消滅します。

3 時季指定権と時季変更権

使用者は、年次有給休暇を労働者の請求する時季に与えなければなりません（労基法39条５項）。労働者がどのように利用するかは本人の自由で、取得理由を問うことも控える必要があります。

一方、請求された時季に年次有給休暇を与えることが事業の正常な運営を妨げる場合においては、他の時季にこれを与えることができると定められています。事業の正常な運営を妨げる場合かどうかは、その事業場を基準として、事業規模、内容、労働者の担当業務、作業の繁閑、代行者の配置の難易などを考慮して、客観的に判断されるべきとされています。例えば、年末・年度末のような繁忙期に複数の労働者が年次有給休暇の請求をした場合が考えられます。

しかし、退職予定の労働者が、１カ月前に残っている年次有給休暇20日を取得したいと請求した場合には、退職予定日を超えて時季変更をすることができないので、拒否することはできないのです。

飲食店のアルバイトをしているのですが、アルバイトには年次有給休暇はないのでしょうか。

アルバイト、パートタイマーでも年次有給休暇は取得できます。週所定労働時間が30時間未満の労働者の場合は、その所定労働日数に応じて図表59のとおり比例付与されます（労基法39条３項）。

なお、アルバイト、パートタイマーでも、週の所定労働時間が30時間以上の場合、または週の所定労働日数が５日以上の場合は、いわゆるフルタイムの正社員と同じように、図表58（178頁）の日数の年次有給休暇を与えなければなりません。

◇ 図表59 ● 年次有給休暇の比例付与日数

［ 週の所定労働日数が４日以下、かつ週の所定労働時間が30時間未満の労働者 ］

<table>
<tr><th rowspan="2">週所定
労働日数</th><th rowspan="2">１年間の所定
労働日数</th><th colspan="7">継続勤務年数</th></tr>
<tr><th>0.5年</th><th>1.5年</th><th>2.5年</th><th>3.5年</th><th>4.5年</th><th>5.5年</th><th>6.5年以上</th></tr>
<tr><td>4日</td><td>169日から216日</td><td>7日</td><td>8日</td><td>9日</td><td>10日</td><td>12日</td><td>13日</td><td>15日</td></tr>
<tr><td>3日</td><td>121日から168日</td><td>5日</td><td colspan="2">6日</td><td>8日</td><td>9日</td><td>10日</td><td>11日</td></tr>
<tr><td>2日</td><td>73日から120日</td><td>3日</td><td colspan="2">4日</td><td>5日</td><td colspan="2">6日</td><td>7日</td></tr>
<tr><td>1日</td><td>48日から72日</td><td>1日</td><td colspan="3">2日</td><td colspan="3">3日</td></tr>
</table>

＊所定労働日数が週により決まっている場合は「週所定労働日数」、それ以外の場合には「１年間の所定労働日数」で判断する。

＊年の途中で労働日数の契約が変わった場合であっても、付与日時点の所定労働日数で計算する。

介護施設に転職したのですが、年次有給休暇のほとんどが、夏休みと年末年始に計画的に取るということで、夏休みと年末年始の休日はありません。これでよいのでしょうか。

労基法は、年次有給休暇の計画的付与という制度を定めています。事業場に労働者の過半数で組織する労働組合があるときはその労働組合、そのような労働組合がないときは労働者の過半数を代表する者との書面による協定により、年次有給休暇を与える時期に関する定めをした場合で、個々の労働者の持っている年次有給休暇の日数のうち最低５日間を個人に留保すれば、それ以外については、計画的に付与することができるという制度です（労基法39条６項）。計画的付与の方法には、一斉付与、班別交替制付与、計画表による個人別付与などがあります。

計画的付与制度をとる場合には、日数が不足する労働者に対し、不足する分の年次有給休暇を付与する等の配慮が必要です。

ところが、この制度を悪用して、通常は休日として扱われている年末年始の休業やお盆休みを計画的年次有給休暇にしてしまい、実質的に付与される年次有給休暇が半分以下になってしまうということがあります。そのような場合には、労使協定が本当に適正に行われているのか確認する必要があります。

Ⅱ 過重労働

当社の36協定の特別条項は１カ月80時間の延長時間ですが、延長時間を超えることがあるので、労基法違反にならないように、特別条項の延長時間を120時間にしました。ひとまず問題は回避したということでよいでしょうか。　（製造業　取締役）

１カ月80時間の特別延長時間を超えて労働させていることが監督署に見つかった場合は是正勧告されますが、是正期日を守って改善すれば大きな問題とはなりません。

36協定の特別条項による特別延長時間には上限がないので、１カ月100時間でも、120時間でも協定できます。しかし、実際に120時間の時間外労働が続くと、優秀な従業員から辞めていく可能性があり、最悪の場合は健康被害が発生することもありえます。

1　業務上外を決定するための調査

過労死等が発生し、被災者本人やその家族などから、療養補償給付、遺族補償給付などの労災補償請求が監督署に対してなされた場合には、必要な調査が実施され、支給の当否について判断され、支給、不支給が決定されます。

2　監督指導等

過労死等が発生した事業場では、長時間労働が行われていたり、労働者の健康診断が行われていなかったりする場合が多くあり、監督署は、再発防止の観点から調査を行い、事業者に対して必要な改善指導を行います。

3　送検

過労死等の発生状況から、労基法や安衛法などについて、重大な違反があった場合には、監督署は捜査の上、司法事件として検察庁に送検する場合があります。

4　損害賠償の請求

長時間労働で、労働者が死亡した場合などには、会社の安全配慮義務違反を理由とする損害賠償を求めて提訴されることがあります。

このように、36協定の特別延長時間を超えないで済むように、特別延長時間を120時間に延長し、長時間労働を容認することは様々な問題が起きる可能性を放置するということになります。80時間の特別延長時間を超えないように労働時間管理をしなければなりません。

残業手当さえ払っておけば、長時間労働をさせてもかまわないのではないでしょうか。

外国人労働者はできるだけ多くのお金を本国に送金したいのだから、たくさん働かせてもいいのではありませんか。

1　外国人実習生の過労死事案

長時間労働は、脳・心臓疾患を悪化させ、死亡に至らせたり、精神疾患を発症させることが明らかになっているので、残業代さえ払えば長時間労働をさせても問題がないということはありません。

また、外国人労働者も同様に、長時間労働は健康被害をもたらす可能性があるので、本人がたくさん残業をしたいと言っても長時間労働を行わせてはいけません。実際、2010年（平成22年）には、外国人技能実習生が過労死で労災認定されています。

外国人実習生初の過労死労災認定

金属加工会社（茨城県潮来市）で働いていた中国人実習生（当時31歳）が2008年（平成20年）6月に心不全で死亡したことについて、鹿嶋監督署は2010年（平成22年）、違法な長時間労働による「過労死」と判断して業務上災害と認定した。死亡直前の1カ月の残業時間は100時間を超えていた。

技能実習生の遺族から労災保険の給付請求書が提出されたことが捜査の端緒となり、以下の労基法違反で、同社と男性社長が検察庁に書類送検された。

〈事件の概要〉

1　平成20年3月1日から同年5月31日までの間、技能実習生1名に対して、36協定で定めた1カ月の延長時間30時間を超えて労働させた。

2　平成20年3月1日から同年5月31日までの間、技能実習生3名（上記実習生を含む）に対して、1カ月20時間を超える時間外労働について1時間当たり400円の手当しか支払わず、もって2割5分以上の割増賃金を支払わなかった。

3　技能実習生に係る賃金台帳およびタイムカードを裁断機を用いて破棄し、もって労働関係に関する重要な書類を3年間保存していなかった。

2　脳・心臓疾患発生に関する医学的知見

「過労死認定基準」の考え方の基礎となった医学的検討結果によると、長期間にわたる長時間労働やそれによる睡眠不足に由来する疲労の蓄積が血圧の上昇などを生じさせ、その結果、血管病変等をその自然経過を超えて著しく増悪させるとの観点から、労働時間が疲労の蓄積をもたらす最も重要な要因と考えられるとされています。

図表60●過重労働による健康障害発生のしくみ（血管疾患）

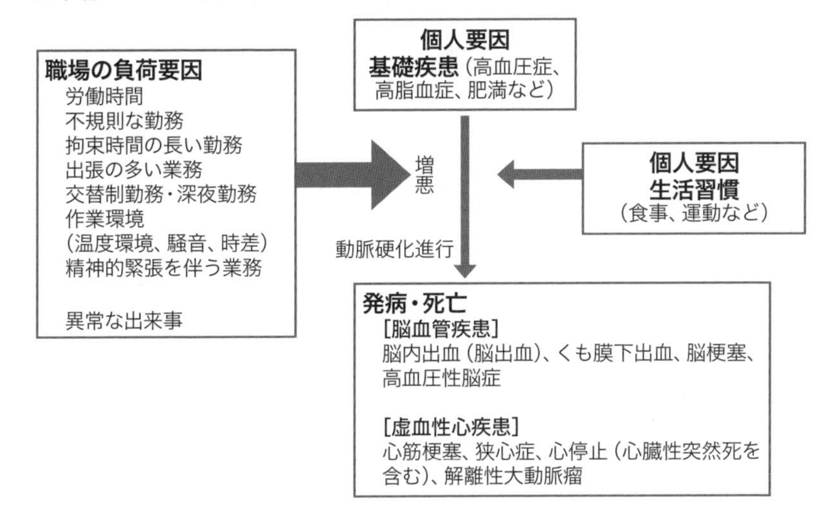

図表61に示すように、長期間にわたる１日４～６時間以下の睡眠不足状態では、脳・心臓疾患の有病率、発病率、死亡率を高めるという医学的知見が得られており、１日の睡眠時間がどれぐらい確保できるかという観点から、１カ月の時間外労働時間数45時間、80時間、100時間が決定されています（「脳・心臓疾患の認定基準に関する専門検討会報告書」（平13. 11. 16））。

また、医学的知見を踏まえると、長時間労働と脳・心臓疾患の発症などの関連性は図表62のようになります。

◇ 図表61 ● 時間外労働と睡眠時間との関係

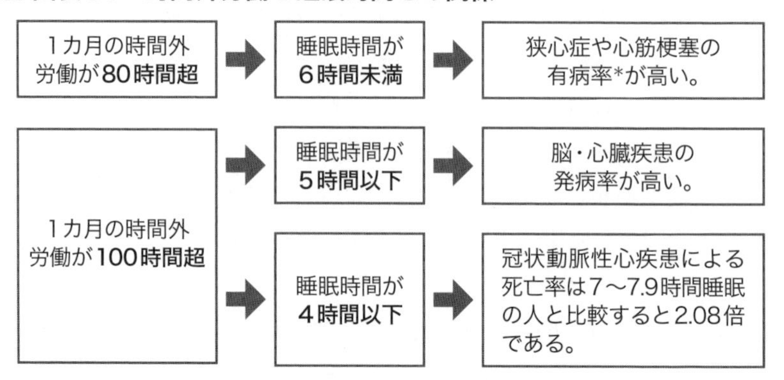

＊有病率……ある時点における、病気・けがをしている人の、人口に対する割合

資料出所：「脳・心臓疾患の認定基準に関する専門検討会報告書」(平13.11.16)

◇ 図表62 ● 時間外・休日労働時間と健康障害のリスクとの関連

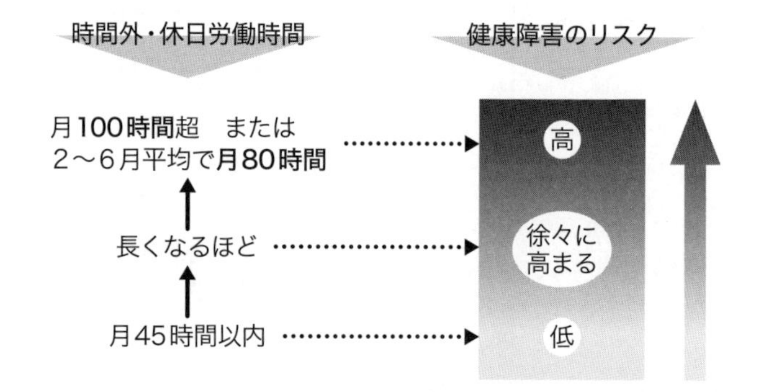

長時間労働は、仕事による負荷を大きくするだけでなく、睡眠・休養の機会を減少させるので、疲労蓄積の重要な原因の一つと考えられている。

参考資料：厚生労働省パンフレット「過重労働による健康障害を防ぐために」

3　精神障害による労災認定基準と労働時間

精神障害の労災請求件数は、1998年（平成10年）度に42件だったものが、2010年（平成22年）度は1,181件と近年大幅に増加し、事案の審査には平均8.6カ月を要し、また、多くの事務量が費やされ一層の効率化が求められていました。そこで、厚生労働省は、2011年（平成23年）12月に従来の「心理的負荷による精神障害等に係る業務上外の判断指針」を改め、「心理的負荷による精神障害の認定基準」を定めました。この基準では、精神障害の発症に長時間労働が関わっている場合の認定方法が明確に示されています。

図表63●精神障害の労災認定基準（労働時間の評価）

■「極度の長時間労働」としてそれだけで心理的負荷が強いと判断される

①「特別な出来事」としての「極度の長時間労働」

・発病直前の１カ月におおむね160時間以上の時間外労働を行った場合

・発病直前の３週間におおむね120時間以上の時間外労働を行った場合

■長時間労働それ自体を「出来事」として評価表に入れている

②「出来事」としての長時間労働

【「強」になる例】

・発病直前の２カ月間連続して１月当たりおおむね120時間以上の時間外労働を行った場合

・発病直前の３カ月間連続して１月当たりおおむね100時間以上の時間外労働を行った場合

③他の出来事と関連した長時間労働

出来事が発生した前や後に恒常的な長時間労働（月100時間程度の時間外労働）があった場合、心理的負荷の強度を修正する要素として評価する。

【「強」になる例】

・転勤して新たな業務に従事し、その後月100時間程度の時間外労働を行った場合

（ここでの時間外労働は、週40時間を超える労働時間をいう）

厚生労働省は、過重労働についてどのような対策をとっているのでしょうか。また、どのような企業に対して監督指導をするのでしょうか。

1　監督指導対象

2016年度（平成28年度）の地方労働行政運営方針では、以下の事業場を監督指導の対象とするとしています。

① 各種情報から時間外労働時間数が**1カ月当たり100時間を超えている**と考えられる事業場

② 長時間にわたる過重な労働による過労死等に係る労災請求が行われた事業場

しかし、過労死認定基準を超えるような残業が行われている事業場に重点的に対応していくため、速やかに月80時間超の事業場も対象（年間約２万事業場）とすることに変更されました。これらの事業場に対して、自主点検を実施し、確認できたすべての事業場に監督を行い、過労死認定基準を超えるような残業が行われている事業場に重点的に対応していくとしています。

2　監督指導・捜査体制の整備

（1）過重労働撲滅特別対策班（本省かとく）

2016年４月から、厚生労働省労働基準局監督課に、企業本社への監督指導と労働局の行う広域捜査活動を迅速かつ的確に実施できるよう過重労働撲滅特別対策班（本省かとく）が設置されました。「過重労働対策担当」中央労働基準監察監督官２名、「過重労働特別監督係長」等２名、その他２名の計６名が配属され、労働局に対し必要な指導調整を実施します。

（2）過重労働特別監督監理官

2016年４月から、すべての労働局に、長時間労働に関する監督指導等を専門に担当する「過重労働特別監督監理官」が各１名配置されることになりました。その職務は以下のとおりです。

・問題業種に係る重点監督の総括（企画・立案・実施）
・月80時間超の残業のある事業場に対する全数監督の総括
・本社監督の総括（問題企業の把握分析・実施・調整・指導）
・夜間臨検の実施・調整
・長時間・過重労働に係る司法処理事案の監理等

（３）過重労働撲滅特別対策班（東京、大阪）

過重労働による健康被害の防止などを強化するため、2015年（平成27年）４月、東京労働局と大阪労働局に、違法な長時間労働を行う事業場に対して監督指導を行う過重労働撲滅特別対策班（通称「かとく」）が設置されています。「かとく」には東京に７名、大阪に６名の監督官が配属されています。

厚生労働省によると、違法な長時間労働を労働者に強いる企業の中には、パソコンに保存された労働時間のデータを改ざんするなど悪質なケースも多いので、専門機器を用いてデータの解析を行い、過重労働が認められる企業などに監督指導や検査を行っていくということです。

本来、企業に対する監督指導や司法処分は、個々の企業の所在地を管轄する監督署で監督指導や司法処分を行うとされています。「かとく」が担当するのは、その中でも特に、犯罪の立証に高度な捜査技術が必要な事案です。「日経ビジネスON LINE」によると「かとく」の中には、パソコンのデータから不正をかくすための改ざんを見抜いたり、削除されたデータを復元したりする証拠収集技術「デジタル・フォレンジック(digital forensics)」※1に詳しい者もいるということです。

東京のかとくは2015年７月にABCマート、2016年２月にドン・キホーテを、大阪のかとくは2015年８月にフジオフードシステムを、労基法違

※１　デジタル・フォレンジック
コンピュータを対象とする鑑識で、様々な機器を駆使して、コンピュータ内の機器やデータを調査・分析することにより、法的証拠を見つけ出すことをいう。削除されたメールやファイルを復元し、時系列で被疑者がどういう作業を行い、どのような不正を実行したのかを徹底的に調べる。

反（長時間労働）で書類送検したことで話題を呼びました。

3　違法な従業員の長時間労働を繰り返す大企業の社名を公表

2015年、厚生労働省は、毎月の残業時間が月100時間を超す従業員が一定割合を占める事業場を対象として違法な従業員の長時間労働を繰り返す大企業に対し、是正勧告の段階で社名を公表することを決定しました。

2016年５月19日、千葉労働局が株式会社エイジス（本社：千葉市花見川区）を千葉県外も含め４つの事業場の63名の従業員に対して、１カ月当たり最長197時間の時間外・休日労働を行わせていたことについて同日に千葉労働局長名で是正勧告したことを公表しています。

企業名公表の基準は以下の①および②のいずれにも当てはまる事案です。

①　「社会的に影響力の大きい企業」であること

具体的には、「複数の都道府県に事業場を有している企業」であって中小企業基本法に規定する「中小企業者」に該当しない企業

②　「違法な長時間労働」が「相当数の労働者」に認められ、このような実態が「一定期間内に複数の事業場で繰り返されている」こと

ａ．「違法な長時間労働」について

具体的には、労働時間、休日、割増賃金に係る労基法違反が認められ、かつ、１カ月当たりの時間外・休日労働時間が100時間を超えていること

ｂ．「相当数の労働者」について

具体的には、１カ所の事業場において、10人以上の労働者又は当該事業場の４分の１以上の労働者において、「違法な長時間労働」が認められること

ｃ．「一定期間内に複数の事業場で繰り返されている」について

具体的には、おおむね１年程度の期間に３カ所以上の事業場で「違法な長時間労働」が認められること

4　業界団体や関係者、関係省庁と連携した取組みの推進

特に長時間労働が恒常的に行われる傾向のある業界について、業界ごとの取組みを強化する方針も示されています。

（1）３業界と連携した好事例の公表等

ア　トラック業界

（27年度）　中央・全都道府県に、荷主企業や経済団体をまきこんだ協議会を設置。ドライバーの長時間労働の実態を調査の上、改善の好事例を共有。

（28年度）　全都道府県で荷主と事業者が一体となったパイロット事業を実施し、好事例を横展開。

イ　IT業界（新規）

（28年度）　重層下請構造の下で、“急な仕様の変更”や“労働コスト削減のための丸投げ”等が長時間労働の背景にあることから、業界団体や業所管省等の関係者が参画する検討の場を設置し、実態把握の上で改善方策を検討。

ウ　医療機関

医療分野の勤務環境改善について、都道府県や医療関係団体との連携の下、意欲的に取り組む医療機関へのコンサルティング等を展開。

（2）中小企業庁・公正取引委員会への通報

現行でも、通報制度（賃金不払い等の背景に「下請法違反行為」が疑われる場合には、厚生労働省から中小企業庁・公正取引委員会に通報するしくみ）がとられていますが、厚生労働省では、これをさらに以下のように拡充することとしています。

拡充①　通報契機となる労働基準関係法令の違反行為の追加

労基法違反となる長時間労働が認められ、その背景に親事業者の下請法第４条の違反行為（例：買いたたき）の存在が疑われる場合も通報対象に加える。

⇒親事業者との取引条件に踏み込んで長時間労働対策を強化

拡充②　通報対象となる違反行為を通報対象を追加

独占禁止法に基づく「物流特殊指定」※2の違反行為の存在が疑われる場合も通報対象に加える。

⇒荷主と運送事業者間の取引の公正化を推進し、過重労働の実

態にあるトラック運転手の労働条件を改善

5 一定の労基法違反の場合に求人不受理(ブラック企業対策)

以下の労働関係法令違反で是正勧告を受けた、公表されたという場合に、新卒者等※3を条件とした求人が不受理の対象となります。

◇図表64●法令違反による求人不受理

(1) 労基法と最賃法

①1年間に2回以上同一条項※4の違反について是正勧告を受けた場合

②違法な長時間労働を繰り返している企業として公表された場合

→ 不受理期間 A
法違反が是正されるまで
+
是正後6カ月経過するまで

③対象条項違反により送検され、公表された場合

→ 不受理期間 B
送検された日から1年経過するまで
(是正後6カ月経過するまでは、不受理期間を延長)

(2) 男女雇用機会均等法と育児・介護休業法

違反の是正を求める勧告に従わず公表された場合

→ 不受理期間 A
法違反が是正されるまで
+
是正後6カ月経過するまで

※2 公正取引委員会は、荷主と物流事業者の取引における優越的地位の濫用を効果的に規制するため「特定荷主が物品の運送又は保管を委託する場合の特定の不公正な取引方法」(物流特殊指定)を指定している。
例:不当な経済上の利益の提供要請
(当初契約に定めていなかった荷降ろし・梱包作業などを無償で手伝わされた。)

※3 新卒者等の範囲
(1) 学校(小学校および幼稚園を除く)、専修学校、各種学校、学校の教育施設に在学する者で、卒業することが見込まれる者
(2) 公共職業能力開発施設や職業能力開発総合大学校の職業訓練を受ける者で、修了することが見込まれる者
(3) 上記新卒求人に応募できる(1)、(2)の卒業者および修了者

※4 同一条項とは項レベルまで同一のものをいい、例えば、労基法37条1項を1年に2回以上違反している場合をいう。

過重労働の監督指導ではどのようなことを指導されるのでしょうか。

1　監督指導の内容

タイムカードやパソコンの記録により、１カ月100時間を超えている労働者がいないかを点検し、そのような労働者がいる場合には、時間外労働を減らすように指導されます。

改善状況については、労働者の１カ月分の労働時間の記録を提出させ、依然として長時間労働が行われている場合は、翌月も報告するように求められます。

2　過重労働による健康障害防止のための監督指導等

「過重労働による健康障害防止のための総合対策について」（平18. 3. 17基発0317008号、改正：平28. 4. 1基発0401第72号）では、過重労働が行われているおそれがある事業場に対して、労働時間管理、長時間労働を行わせた場合における面接指導の実施等を含む健康管理に関する監督指導等を徹底するとしています。

１週間当たり40時間を超える時間外・休日労働時間が月45時間を超えているおそれがある事業場に対して、以下のことが指導されます。

⑴　産業医、衛生管理者、衛生推進者等の選任および活動状況並びに衛生委員会等の設置および活動状況を確認し、必要な指導を行う。

⑵　健康診断、健康診断結果についての医師からの意見聴取、健康診断実施後の措置、保健指導等の実施状況について確認し、必要な指導を行う。

⑶　労働者の時間外・休日労働時間の状況を確認し、面接指導等※（医師による面接指導および面接指導に準ずる措置をいう）およびその実施後の措置等を実施するよう指導を行う。

⑷　⑶の面接指導等が円滑に実施されるよう、手続き等の整備（面接

指導等の実施に関する事項について衛生委員会等で調査審議すること）の状況について確認し、必要な指導を行う。

(5) 事業者が(3)の面接指導等（下記※の①～③に限る）に係る指導に従わない場合には、安衛法66条4項に基づき、当該面接指導等の対象となる労働者に関する作業環境、労働時間、深夜業の回数および時間数、過去の健康診断および面接指導の結果等を踏まえた労働衛生指導医の意見を聴き、臨時の健康診断の実施を指示するとともに、厳正な指導を行う。

(6) 常時50人未満の労働者を使用する事業場で、近隣に専門的知識を有する医師がいない等の理由により、事業者自ら医師を選任し、面接指導を実施することが困難なときには、産業保健総合支援センターの地域窓口（地域産業保健センター、**Q48（260頁）**参照）の活用が可能であることを教示する。

(7) ストレスチェック（心理的な負担の程度を把握するための検査）、高ストレス者に対する医師による面接指導および事後措置（医師からの意見聴取、その意見を勘案した就業上の措置）を実施するよう指導する。

また、これらのストレスチェック制度が当分の間努力義務とされている常時50人未満の労働者を使用する事業場に対しては、(独)労働者健康安全機構が行う助成金や地域産業保健センターの医師による面接指導の活用が可能であることを教示する。

(8) 上記のほか、36協定により定められた延長することができる時間を超えて時間外労働が行われている場合や限度基準に適合していない場合などには、必要な指導を行う。

※面接指導等

① 時間外・休日労働時間が1月当たり100時間を超える労働者であって、申出を行ったものに対する面接指導

② 時間外・休日労働時間が1月当たり80時間を超える労働者であって、申出を行ったものに対する面接指導等（努力義務）

③ 時間外・休日労働時間が1月当たり100時間を超える労働者（①に該当する労働者を除く）または時間外・休日労働時間が2ないし6月の平均で1月当たり80時間を超える労働者に対する面接指導（努力義務）

④ 時間外・休日労働時間が1月当たり45時間を超える労働者で、健康への配慮が必要と認めたものに対する面接指導等（義務付けではないが望ましい）

3　過重労働による業務上の疾病が発生した場合の再発防止対策を徹底するための指導等

過重労働による業務上の疾病を発生させた事業場については、当該疾病の原因の究明および再発防止の措置を行うように指導が行われます。

さらに、過重労働による業務上の疾病を発生させた事業場に労働基準関係法令違反が認められた場合は、司法処分を含めて厳正な対処が行われます。

均衡割増賃金率

長時間労働を抑制する制度としては、時間外労働に対する割増賃金の支払いがあります。法定労働時間内に収まらない仕事量に対して、新規に雇用を増やして対応する場合と、既存従業員の時間外労働によって対応する場合が考えられます。

雇用の増加にかかる費用と等しくなる時間外労働の割増賃金率を「均衡割増賃金率」と呼び、割増賃金率＞均衡割増賃金率であれば、新規雇用を増やした方がかかる費用が安くなり、割増賃金率＜均衡割増賃金率であれば、既存従業員の時間外労働にて対処した方が費用が安くなります。

日本の均衡割増賃金率は2010年（平成22年）では53.9％となっているのですが、労基法の割増率は25％、大企業で月60時間を上回る時間外労働について50％とされているので、割増率は時間外労働を減らそうとする動機になりません。

◇図表65●労働時間と割増賃金率に関する各国比較

日本は諸外国に比べて、時間外労働割増賃金率が低く、平均残業時間が長い。

	日本	アメリカ	イギリス	フランス	ドイツ	韓国
法定労働時間	40時間／週 8時間／日 違反した場合は 6か月以下の懲役 又は30万円以下の罰金	40時間／週 故意に違反した場合、 1万ドル以下の罰金 又は6か月以下の禁固 又はその両方	48時間／週 (残業含む) 違反は犯罪を構成	35時間／週 1607時間／年 最長労働時間を超えて労働させた場合、第４種違警罪としての罰金を適用	8時間／日 大半の労働協約は8時間より短い時間を規定 違反した場合は15000ユーロ以下の過料。さらに故意に行い労働者の健康や能力を損ねた場合や執拗に繰り返した場合は1年以下の自由刑又は罰金	40時間／週 違反した場合は 2年以下の懲役 又は1000万ウォン 以下の罰金
時間外労働 割増賃金率 ILO 1号条約にて最低25%と規定(6条2項) ※フランス以外は未批准	**25%以上** ただし、**1か月で60時間**を超える時間外労働については**50%以上**	**50%**	規定なし 一般的には**50%**	**25%** **1週間で8時間**(法定労働時間との合計で43時間)を超える時間外労働については**50%** 労働協約により**10%以上**の割増賃金率を自由に規定することも可能	規定なし 一般的に労働協約を超え**1日の最初の2時間は25%**、それ以降は**50%**	**50%**
平均残業時間	**61.8分**	**25.7分**	**—**	**24.5分**	**—**	**39.3分**
家での仕事時間	14.3分	33.6分	—	20.8分	—	51.3分
年平均労働時間	1765時間	1790時間	1654時間	1479時間	1397時間	2090時間
時間外労働 上限規制	36協定による延長時間の限度基準 1週間　15時間 2週間　27時間 4週間　43時間 1か月　45時間 2か月　81時間 3か月　120時間 1年間　360時間	規定なし	残業を含む法定労働時間が 48時間／週 これを超える場合はあらかじめサイン入り書面での取決めが必要	1年間220時間 ただし、労使合意のもとに、使用者と労働者の合意がある場合、時間外労働上限規制を超えて残業を行うことができる	1日の労働時間の上限を10時間、かつ6か月ないし24週平均で1日の労働時間が8時間を超えないこと	12時間／週 ただし、使用者と労働者の合意が必要

資料出所：労働政策研究・研修機構「データブック国際比較2013」およびHP、JETRO「ユーロトレンド2013. 4」、OECD「iLibrary」

若い従業員なら、少々の長時間労働をさせても過労死することはないのではありませんか。
健康診断で全く異常がない従業員なら少々の長時間労働は大丈夫ではないのでしょうか。

1　若年性高血圧で死亡

若い人でも、高血圧などの健康問題を持っている人がいるので、若いから少々の長時間労働をさせても大丈夫だということにはなりません。システムコンサルタント事件（東京高裁平11. 7. 28判決）では、若年性高血圧に罹患していた労働者が過重労働により死亡しています。

裁判例 ―― 過重労働による労働者の脳出血発症・死亡について会社の安全配慮義務違反が認められた事案

システムコンサルタント事件
（東京高裁平11. 7. 28判決、最高裁第二小法廷平12. 10. 13決定により確定）

〔事件の概要〕
システム開発業務のプロジェクトリーダーを務めていたシステムエンジニアが脳幹部出血により死亡。死亡した労働者の遺族が損害賠償請求を行ったもの。

〔判決の内容〕
同人の死亡は、その基礎疾患である本態性高血圧が、慢性的な長時間労働（1979年（昭和54年）入社以来、年平均3000時間近く）による過重業務により増悪したものであり、業務と死亡との間の相当因果関係が認められる。定期健康診断では、1983年（昭和58年）頃から高血圧、1989年（平成元年）の結果で176／112mmHg、心胸比55.6％を認めているので、会社は死亡について予見可能であった。高血圧が要治療状態の労働者に対して、脳出血などの致命的な合併症が発生する可能性が高いことを考慮して、持続的な精神的な緊張を伴う荷重な業務に就かせないようにしたり、業務を軽減するなどの配慮をすべき義務があった。会社は同人に過大な精神的負担がかかっていることを認識できたにもかかわらず、特段の負担軽減措置をとることなく過重な業務を継続させたと認められることから、会社の安全配慮義務違反が認められるとして認容された。
専門業務型裁量労働制であったと会社は主張するが、そうであったとしても会社に健康配慮義務違反があったとするもの。

2　基礎疾病がなくても突然死

年齢が若く、基礎疾病がないという労働者でも**大庄過労死事件**のように突然死している例もあるので、健康診断で全く異常がない従業員なら大丈夫ということはいえません。どのような労働者であっても長時間労働をさせてはいけないということです。

裁判例 ── 会社の方針として月100時間の36協定で長時間労働を行わせていた事例

大庄過労死事件（京都地裁平22. 5. 25判決）

〔事案の概要〕

飲食店従業員Gが急性左心機能不全により死亡した事案について、会社に対し、安全配慮義務違反による損害賠償責任を認めるとともに、会社の取締役に対し、長時間労働を前提とした勤務体系や給与体系をとっており、労働者の生命・健康を損なわないような体制を構築していなかったとして会社法429条1項に基づく責任（取締役の職務懈怠による第三者に対する損害賠償責任）を認めた。

〔判決の内容〕

給与体系において、本来なら基本給ともいうべき最低支給額に、80時間の時間外労働を前提として組み込んでいた。

36協定においては1カ月100時間を6カ月を限度とする時間外労働を許容しており、実際、特段の繁忙期でもない4月から7月までの時期においても、1カ月100時間を超えるあるいはそれに近い時間外労働がなされており、労働者の労働状態について配慮していたものとは全く認められない。

Gについては会社に入社以後、健康診断は行われておらず、Gが提出した健康診断書（異常なし）は、会社への入社1年前に大学で実施した簡易なものであり、会社の就業規則で定められていたことさえ守られていなかった（既往歴は特になし。解剖所見異常なし）。

労働者の労働時間を把握すべき部署においても、適切に労働時間は把握されず、A店では、1カ月300時間を超える異常ともいえる長時間労働が常態化されており、Gも前記のとおりの長時間労働となっていたのである。それにもかかわらず、会社として、そのような勤務時間とならないよう休憩・休日等を取らせておらず、何ら対策を取っていなかった。

以上のことからすると、被告会社が、Gの生命、健康を損なうことがないよう配慮すべき義務を怠り、不法行為上の責任を負うべきであることは明らかである。

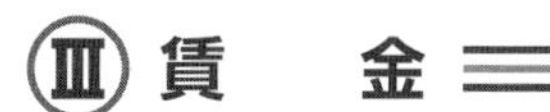

Ⅲ 賃　金

1　損害賠償

喫茶店でコーヒーカップを洗っているとき縁が欠けたので、新品のコーヒーカップ代を給料から引くと言われました。このような時のための保険はないでしょうか。

就労中にコーヒーカップを壊した場合は、故意や重大な過失によるものでない限り、労働者が弁償する必要はありません。事業をやっている経営者が什器の破損の責任を負うべきです。また、給料から公租公課や労使協定により控除が認められたもの以外を控除することはできません。

1　賠償予定の禁止

労基法は、労働契約の不履行について違約金を定め、または損害賠償額を予定する契約をしてはならないとしています（労基法16条）。例えば、トラック運送業でよくあるのですが、損害の発生の有無や損害額にかかわらず、「交通事故を起こしたら１回３万円払うこと」と就業規則で定め、実際に交通事故を起こした労働者の賃金から３万円を控除します。労基法16条は、このように「交通事故を起こしたら１回３万円払うこと」と就業規則で定めたり、あらかじめ「中途で退職する場合は５万円支払うこと」と契約したりすることを禁止しているものです。

このような事例を少々変形させて、一定期間勤務しないで辞めた場合、就労開始に遡り、賃金額を最低賃金額に引き下げて差額を返還させるという契約が現実にありますが、このような契約も同条違反となるものです。

2　現実に生じた損害に対する賠償請求

労基法16条は賠償予定を禁止しているのであり、現実に生じた損害について使用者が損害賠償を請求することを禁止しているわけではありません（昭22. 9. 13発基17号）。したがって、就労中に労働者が使用者に損害を与えた場合、①使用者が債務不履行による損害賠償（民法415条）を請求する、あるいは②故意・過失によって損害を与えたとして、不法行為による損害賠償（民法709条）を請求することがありえます。また、③労働者が第三者に損害を与え、使用者が損害賠償をしたときは（民法715条１項）、使用者は労働者にその費用を求償※することは可能です（民法715条３項）が、実際に行われることは通常ありません。

3　故意や重大な過失があるときに限る損害賠償責任

使用者は労働者に損害賠償を請求することは、法律上は可能ですが、社有車の修理費用を負担させるとか、飲食店で割った食器の新品の代金を請求するなど、労働者が仕事中に壊した物について、常に損害のすべてを労働者に弁償させられるわけではありません。損害のすべてを労働者が弁償しなければならないのなら、労働者は不安で働けませんし、そのための保険に入っておかなければならないことになってしまいます。

裁判例では、労働者に故意や重大な過失があるときに限り損害賠償責任を認めています。例えば、労働者が居眠りにより操作を誤って機械を壊した事件では、労働者の軽過失、単純な過失については通常の労働に付随するものとして企業の経費の一部として計上するか、保険に加入して損害の担保を計るべきであるとし、使用者は労働者に重過失がある場合にのみ損害賠償を請求できるとしています（**大隈鐵工所事件、名古屋地裁昭62. 7. 27判決**）。また労働者の弁償の範囲は損害の一部に制限されています。

4　労働者の損害賠償責任を制限する理由

労働者の損害賠償責任が制限される理由としては、①使用者が労働者に損害発生の可能性のある労働をさせて利益を得ながら、発生した損害のすべてを労働者に賠償させるのは不当であること、②使用者は危険の

※求償

債務を弁済した者が、本来それを負担すべき者に対して、支払った金額の返還を請求することをいう。

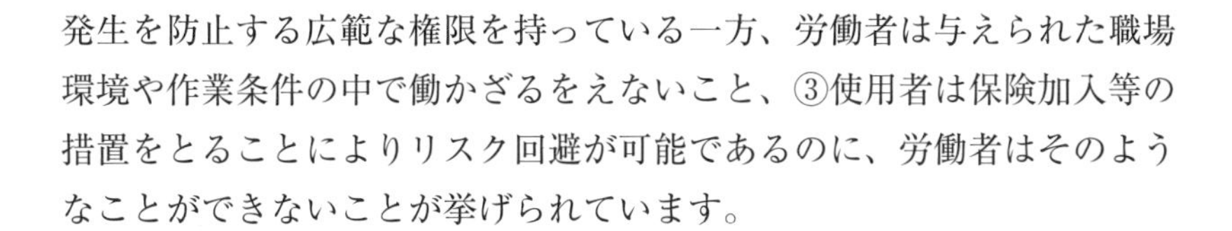

発生を防止する広範な権限を持っている一方、労働者は与えられた職場環境や作業条件の中で働かざるをえないこと、③使用者は保険加入等の措置をとることによりリスク回避が可能であるのに、労働者はそのようなことができないことが挙げられています。

5　仕事中のミスを理由とする損害賠償請求の考え方

労働者がタンクローリー運転中に車間距離不保持および前方注視不十分等の過失により、急停車した先行車に追突して損害を与えた**茨城石炭商事事件（最高裁第一小法廷昭51．7．8判決）**では、事業の執行について行われた労働者の加害行為により、使用者が直接損害を被りまたは使用者としての損害賠償責任を負担したことで損害を被った場合には、「使用者は、その事業の性格、規模、施設の状況、被用者の業務の内容、労働条件、勤務態度、加害行為の態様、加害行為の予防若しくは損失の分散についての使用者の配慮の程度その他諸般の事情に照らし、損害の公平な分担という見地から信義則上相当と認められる限度において、被用者に対し右損害の賠償又は求償の請求をすることができるものと解すべきである」としています。

6　損害の全額について労働者に負わせることはできない

茨城石炭商事事件では、使用者が第三者に損害賠償を支払った後、労働者に対するその損害の求償を２割５分に限って認めています。

また、宝石の入った鞄から４メートル離れたところで納品書を書いていた間に、鞄の盗難にあった労働者については、鞄の保管管理義務違反は重過失に該当し、使用者が、会社の売上げ、利益、労働者の日常の勤務態度、給料額、資力、第三者の窃盗という犯罪行為によって引き起こされた被害であること、持ち歩く貴金属宝石類について会社が盗難保険に入っていないことを考慮すると、損害の公平な分担という見地から損害賠償の範囲は損害額の半分の1379万622円が相当であるとしています（**丸山宝飾事件、東京地裁平6．9．7判決**）。

10 割ったコーヒーカップを弁償するための保険？

本設問は実際にあった相談です。開店するとき高級コーヒーカップを買い揃えておき、後は従業員に補充してもらえばよいとなれば、経営者は楽なものです。冗談ですが、労働者に負担させることが横行すれば、保険会社も労働者損害賠償責任保険という商品を考え出すかもしれません。

コンビニの店員ですが、クリスマスケーキやおせち料理の注文にノルマがあり、達成できないと不足分を給料から天引きされます。違法ではないのでしょうか。

1　賃金とは

労基法では、賃金とは名称を問わず労働の対価として使用者が支払うすべてのものをいいます。したがって、毎月支払われる給料のほか、あらかじめ支給条件が明確に示されている賞与や退職金も含まれます（労基法11条）。

2　賃金５原則

賃金は、通貨で、全額を、毎月１回以上、定期に、直接労働者に支払わなければなりません（労基法24条）。これを賃金５原則といいます。ただし、以下の例外が認められています。

①　**通貨以外のものの支給が認められている場合**
　法令・労働協約に現物支給の定めがある場合

②　**賃金控除が認められている場合**
　(i)　法令（公租公課）の定めがある場合
　(ii)　労使協定による場合

③　**毎月１回以上、一定の期日払いでなくてよい場合**
　臨時に支給される賃金、賞与、査定期間が１カ月を超える場合の精勤手当・能率手当など

そもそも、**Q24** で述べたように労働者に故意や重大な過失があるときは別にして、損害賠償を行わせることは裁判においても認められていません。ノルマの達成ができなかった場合の不足分を労働者に負担させることも認められません。さらに、ノルマの不足分を給料から天引きすることは労基法24条の賃金の全額払い違反になります。

制服の使用料を給料から天引きされました。仕事に必要な制服の使用料まで自分持ちというのはおかしくないですか。

経費節約のために、勤務中に着用を義務付ける制服の費用を労働者から様々な方法で徴収する使用者がいます。制服の使用料として給料から毎月500円天引きするという会社もあるようです。

この問題については、タクシー乗務員の制服とその費用負担について争った簡易裁判所の裁判例（名古屋簡裁平16. 5. 13判決）があり、制服着用を義務付けておきながら、３万6000円という額で貸与することの合理性について疑問が提示されています。

その上で判決は、原告は、制服貸与規程「18ヶ月未満で退職する場合は、３万6000円から給与天引きした額（本格稼動開始後２カ月目から毎月2000円ずつ制服貸与料を天引する契約）を差し引いた残額を徴収する」旨の特約について、「実質的には本格稼働開始後18カ月以上就業すべき義務を課し、その不履行につきペナルティを定めるものに他なら」ず、本件被服特約も賠償予定の禁止（労基法16条）に違反し、無効であるとしています。

突然退職したことで迷惑を被ったとして、損害賠償を請求されました。払わなければならないでしょうか。

労働者が突然辞めた場合、欠員の生じた業務に支障が生じること、代わりの労働者を募集する等の後始末をしなければならず、使用者にとっては許しがたい行為です。もちろん賃金支払義務は免れないのですが、最後の賃金締切日後の賃金を払わないという報復措置が行われることもあります。

期間の定めのある労働契約（有期労働契約）では、労働者はやむをえない事由がない限り、一方的に辞職することはできません（民法628条）。期間の定めのない労働契約の場合は、労働者は２週間前に申入れを行えば辞職することができます（民法627条１項）。したがって、有期労働契約を結んでいる労働者がやむをえない事由がないのに期間途中で辞職する場合や、期間の定めのない労働契約を結んでいる労働者が２週間前の申入れをせずに突然辞職した場合には、契約違反による損害賠償責任が発生する可能性があります。しかし、会社が損害賠償を請求するためには、突然の退職と損害の発生との因果関係、損害賠償の範囲などを主張立証しなければならず、簡単なことではありません。したがって、現実に損害賠償を請求する事例はほとんど聞いたことがありませんし、支払う義務もないと思われます。

労働者の責任が認められた裁判例としては、特定の業務（事務所の内装）を担当させるために期間の定めなく採用した労働者がその４日後から欠勤を続けて辞職してしまったため、その業務に関する契約を取引先から打ち切られたという事案において、労働者に対する損害賠償請求を認めたものがあります（ケイズインターナショナル事件、東京地裁平4.9.30判決）。この場合も賠償額は退職後に合意された金額の約３分の１に限定されています。

11 突然辞めた労働者、最後の賃金は？

突然辞めた（ある日突然連絡もなく出勤しなかった）労働者から、最後の賃金を支払ってもらいたいという相談を受けたことがあります。事業主に事情を聞いたところ、その労働者は会社の製品を運送するドライバーで、「突然辞められたので運送業務を外注せざるをえなかった。賃金を支払ってもいいが、その代わり外注費を負担してほしい」と言われてしまいました。突然辞めた労働者に非があり、それによって生じた損害が明白であることで、労働者は最後の賃金を受け取ることをあきらめました。その多寡は知りませんが、労働者が出勤していれば支払うべき賃金を運送業者に払ったのですから損害とはいえないとは思いますが、無断欠勤で迷惑をかけたことに反論する余地がなかったようです。

Q28 就業規則には１カ月前の申出を義務付けているのに、従業員が２週間前に退職を申し出て辞めると言います。何とかなりませんか。

期間の定めのない労働契約の場合、労働者は２週間前に申し出れば退職できます。対抗手段として、最後の給料を払わないとか、退職金を払わないことはできません。

1　労働契約の解約の自由

民法627条１項では、期間の定めのない労働契約においては、労使双方とも、いつでも解約の申入れをすることができ、解約の申入れの日から２週間を経過することによって終了すると定められています。「いつでも」ということは、どのような理由であっても、解約できるということを意味しています。

しかし、使用者側からの解約すなわち解雇の自由は修正されており、解雇権濫用の法理が裁判上確立され、現在は、「解雇は、客観的に合理的な理由を欠き、社会通念上相当であると認められない場合は、その権利を濫用したものとして、無効とする。」（労働契約法16条）と明文化されています。また、労基法20条によって、解雇の予告期間についても修正され、少なくとも30日前の予告が必要と定められています。

一方、労働者側からの解約については、依然として退職の自由が保障されています。それは、長期にわたって継続する労働契約について、その解約を制限することは、人身拘束をもたらすおそれがあるという理由によるものです。

2　２週間を１カ月にはできないか

多くの就業規則では１カ月前の退職申出を求める規定がありますが、通説・判例によると、民法627条１項後段は、片面的強行規定、すなわち、労働者側からの解約についてはその自由を保障され、２週間を長くすることはできないということなので、そのような就業規則の規定は無効ということになります。

参照条文

民法627条1項　当事者が雇用の期間を定めなかったときは、各当事者は、いつでも解約の申入れをすることができる。この場合において、雇用は、解約の申入れの日から２週間を経過することによって終了する。
（第２項以下　略）

3　本当に強行規定なのか

法令の規定には強行規定と任意規定があり、法律の条文の中にはそのことが明記されているものもありますが、民法627条１項には強行規定であるとは明記されていません。

強行規定であることが明記されていない場合は、規定の趣旨から判断していずれであるかを決めなければならないということですが、『民法講義　債権各論中巻二』（我妻栄著）に「解約申入の右の期間（猶予期間・予告期間）は労務者の生活の安定をはかるために、労務者にとっては強行規定と解するのが通説である」という記載があります。

高野メリヤス事件（東京地裁昭51．10．29判決）では、就業規則が、「退職を希望する場合は遅くとも１カ月前、役付者は６カ月以前に退職願を提出し、会社の許可を得なければならない。」と変更されたことについて、予告期間については民法627条に抵触しない範囲のみ有効であると判断されています。裁判所は、労基法は、解雇については、予告期間を延長しているが、辞職については何ら規定を設けておらず、同法14条は、長期の契約期間によって労働者の自由が不当に拘束を受けることを防止し、同法16条および17条は、労働者が違約金や賠償額または前借金等の支払いのため、その意に反して労働の継続を強制されることを、また、同法18条は、貯蓄の強制や貯蓄金の使用者管理が場合によっては労働者の足留めに利用されることで、労働者の自由が不当に拘束されることをそれぞれ防止する趣旨を含むものと解され、法は、労働者が労働契約から脱することを欲する場合にこれを制限する手段となりうるものを極力排斥して労働者の解約の自由を保障しようとしているものとみられ、このよ

うな観点からみるときは、民法627条の予告期間は、使用者のためにはこれを延長できないものと解するのが相当であると判断しています。

4　使用者に対抗手段はないのか

（1）就業規則の規定の工夫

労働者の辞職は後任者の補充や業務の引継ぎを必要とするので、使用者の立場に立てば少なくとも１カ月前には言ってほしいものです。そこで、就業規則の規定例では、「従業員が自己の都合により退職しようとするときは、原則として１カ月以上前、少なくとも14日前までに所属長に退職願を提出しなければならない。」というものが提案されています（中山慈夫著『就業規則モデル条文』）が、これも「１カ月以上前」というのが無効な規定と判断される可能性が高いと思われます。

（2）業務引継ぎの完了を要求する

２週間では業務の引継ぎも完了しないことが多いと思われますが、使用者の承認がなくとも、就業規則の規定により退職願提出後２週間経過した時点で、退職の法的効果が発生するとされた**東京ゼネラル事件（東京地裁平8. 12. 20判決）**で、会社は業務の引継ぎを行っていない点を主張するが、具体的な引継ぎ未了事項に関する主張立証がない上、仮に何らかの引継ぎ未了事項があったとしても、被告の就業規則の下においては、これのみにより退職の法的効果の発生を妨げるものではないと判断されています。

（3）退職金の不支給

会社の許可を得ないまま退職した場合は、退職金を支給しないと就業規則に定めるという対策も考えられますが、これについては、就業規則に定められた退職手続き、「従業員が退職を希望するときは１カ月前、役付者は２カ月前に退職願を提出し、会社の承認を受けなければならない。」に従わず、承認を受けることなく退職した従業員に対して退職金を不支給としたことについてその是非が争われた**日本高圧瓦斯工業事件（大阪地裁昭59. 7. 25判決）**の判決があります。裁判所は、懲戒解雇等円満退職でないときは退職金を支給しない旨の就業規則上の規定があるが、従業員の退職が就業規則所定の「円満な手続による退職」に該当しない場合でも、その行為に永年勤続の功労を抹消してしまうほどの不信行為に該当するとはいえず、退職金の不支給は許されないと判断されています。この後、**控訴審（大阪高裁昭59．11．29判決）**において、この原判決は相当であるとする判断が出されています。

5　完全月給制の場合

民法627条２項では、期間によって報酬を定めた場合には、解約の申入れは、次期以後についてすることができ、ただし、その解約の申入れは、当期の前半にしなければならないと規定されているので、完全月給制の場合においては、例えば賃金計算期間の前半に退職の申出がなされた場合は、その期の末日に労働契約は終了しますが、後半に申出がなされた場合は、次の賃金計算期間の末日に終了することになります。

そこで、就業規則には、「従業員は、退職届に対し、会社の承認がない場合は、民法第627条第２項の手続きで、労働契約を消滅させることができる。」といった規程例をあげているものも見られます（石嵜信憲ほか著『就業規則の法律実務』）。しかし、大半の中小企業では日給月給制をとっているので、残念ながらこの規定も妙案にはなりません。

6　退職前の就労

残された対策としては、「従業員は、退職日より遡って２週間は現実に就労しなければならない。」という規定を就業規則に設けて、できうる限り業務の引継ぎと残務整理を行わせる程度のことしかないと思われます。

実際は、残っている年次有給休暇を使って退職したいという労働者の意向もあるので、年次有給休暇の残日数を入れて逆算した時点に退職の申出をする、当然２週間よりもはるかに前もって申し出るということもあります。この場合は、代わりの労働者を雇う余裕はあるということになります。

2　サービス残業（不払残業）

時間外労働手当の未払いが判明した場合、どこまで遡って支払わなければならないでしょうか。また、分割して支払うことは可能ですか。

1　どこまで遡って支払うべきか

労基法の規定による賃金、災害補償その他の請求権（年次有給休暇の請求権等を含む）は、時効によって、２年間（ただし、退職手当の請求権は５年間）で消滅します（労基法115条）。しかし、時効期間が経過して時効が完成しても、消滅時効を援用しなければ当然には債務は消滅しません（民法145条）。したがって、従業員は２年以上前の未払い時間外労働手当でも請求できます。

とはいえ通常は最長でも２年遡及しているようです。新聞等で報道された残業代の是正勧告の事例を見ても、遡及期間は２年間にとどまっています。したがって時効を援用して２年間遡及して支払えば問題はないでしょう。

2　分割払いの可否

不払いの時間外労働手当は既に履行期が到来しており、労基法37条により一括して払わなければなりません。しかし、その額が相当高額になり一括払いをする資金繰りがつかない場合は従業員の同意が得られるならば分割払いにすることは可能です。納得を得るために遅延利息の提示が必要なこともあるでしょう。

分割払いの手続きは以下のとおりです。

① 一括して支払えない事情を十分に説明し、従業員の納得を得る。

② 分割払い計画を作成する。

③ その分割払い計画について、該当する従業員一人ひとりと、個人事業主であれば経営者の実印を、法人であれば代表者印を押印した分割

払いについての契約書を作成する。

④　支払いは、従業員名義の預金口座に振込みで行う。これによって支払記録が残り、遅払いや不払いについて争いが生じた場合には支払事実の証明になる。

⑤　分割払い計画に従って確実に支払う。

3　遅払い、不払いの場合の法的保護

未払い時間外労働手当も含めて賃金債権を有する労働者は、会社または個人事業主の総財産の上に一般の先取特権※を有します（民法306条２号、308条）。

一般先取特権の範囲は、従来、賃金等のうち最後の６カ月分とされていましたが、2004年（平成16年）に民法が改正され、一般先取特権の付される賃金債権の範囲に制限はなくなりました。万が一遅払いや不払いという事態が起こったときは先取特権により、従業員は使用者の財産に対して競売を申し立て、優先的に不払賃金の弁済を受けることができます。また、使用者が破産した場合には、他の債権者に優先して弁済を受けることができます。したがって、分割払い計画があるとはいえ、残った未払い時間外労働手当を一括して回収される可能性があります。

4　労基法の罰則の適用

一括で払わないと監督署により送検されるのではないかという心配がありますが、一括払いが困難な場合には、分割払い計画による是正も認められています。

不払い時間外労働手当が相当高額で一括支払いが困難な事情について労働者の納得を得、分割払いの同意を得た上で、周到な計画の下に誠実に支払っている限り、いきなり送検されるという心配はないといえます。しかし、分割払い計画によって労基法違反を免れるわけではありません。もし分割払い計画が履行されなくなり、監督署に従業員が申告する（労

※一般先取特権

債権者がその債務者の総財産から、他の債権者に先立って弁済を受けることができる権利をいう。

基法104条）というような事態になった場合には、労基法による刑事責任の追及が行われる（送検される）可能性は残っています。

サービス残業のやり方にはどのようなものがあるのでしょうか。

2014年（平成26年）の定期監督実施事業場数129,881件のうち、法違反事業場数は90,151件ですが、その中で割増賃金に関する違反が最も多く19,923件となっています（「平成26年 労働基準監督年報」）。不払残業には以下のようなものがあります。

① **自己申告制によるもの**

・自己申告制の労働時間と以下の記録との間にかい離がある。
鍵管理機の操作記録、ＩＣカードの記録、パソコンのログオン・ログオフ時刻、防犯カメラの記録

・時間外労働時間に上限がある。

・自己申告により労働時間を管理していたが、過少に申告している。

② **固定残業代によるもの**

③ **管理監督者の不適正な取扱いによるもの**

④ **全く払わない**

賃金不払残業の是正事例（旅館業、約800人、関東）

<賃金不払残業の状況>

会社は、始業・終業時刻をIDカードにより把握している一方で、時間外労働の時間数の把握については、労働者による自主申告書の提出によることとしており、双方の時間数に大きな相違が生じていた。そこで、会社からの事情聴取などの結果、時間外労働手当の支払を免れようとして、管理者がその自主申告書の用紙交付を抑制していたため、時間外労働を行った労働者が適正に自己申告することができず、時間外労働手当の不払が生じていたことが確認された。

<監督署の指導内容>

監督署は、確認した賃金不払残業について是正勧告するとともに、①これまでの時間外労働の実態調査を行い、賃金不払残業が明らかになった場合には適

正な割増賃金を支払うこと、②始業・終業時刻はIDカードの記録で把握している状況を踏まえ、客観的な記録を基礎として確認、記録すること、今後も自己申告とする場合には、適正な申告が行われているかについて実態調査を実施することなどについて指導した。

<事業場が講じた改善の方法>

会社は、IDカードにより確認した終業時刻をもとに時間外労働の実態調査を行い、不払になっていた割増賃金を支払うとともに、自己申告による時間外労働の時間数の把握を廃止した。その上で、始業・終業時刻、時間外労働等の時間数をIDカードを基礎として把握し、休憩時間を控除した時間数を実労働時間として把握・管理する手法を取り入れるといった改善を図った。

資料出所：厚生労働省「平成22年度　賃金不払残業（サービス残業）是正の結果まとめ」

Q31 タイムカードに記録されたとおりに残業代を払わなければならないのでしょうか。

タイムカードの打刻時間が労働時間であると認定されるか否かについては、実際にどのような労働時間管理が行われていたかによります。タイムカードのみによって労働時間管理を行っていた場合は、その記録により残業代を払わなければならないこともあります。

1 タイムカードの取扱い

タイムカード打刻時刻がそのまま労働時間となるわけではなく、それは勤怠管理のための記録にすぎません。

国会答弁でも、厚生労働省は、「労働基準監督機関においては、御指摘のようにタイムカードの記録により算定された労働時間に基づく賃金の支払を強要しているわけではなく、タイムカードの使用を含め、個々の事業場の実情に応じた適切な方法により確認された労働時間に基づき、賃金を支払うよう行政指導を行っているものである」（衆議院議員村田吉隆君提出労働基準監督機関の役割に関する質問に対する答弁書　平22. 11. 9受領　答弁第103号）と答弁しています。

2 裁判に見るタイムカードの扱い

裁判例によれば、タイムカードは原則としては出退勤管理の意味しか持たず、タイムカードの打刻時間が労働時間であると認定されるか否かは、実際にどのような労働時間管理が行われていたかによります。

(1) 打刻時間は労働時間ではないとする裁判例

三好屋事件（東京地裁昭63. 5. 27判決）では、次の理由により打刻時間は労働時間ではないとしています。

① タイムカードの打刻は出退勤をこれによって確認することにあり、その打刻時間が所定始業時刻あるいは終業時刻よりも早かったり遅かっ

たとしてもそれが直ちに管理者の指揮命令の下にあったと事実上の推定をすることはできない。

② タイムカードによって時間外労働時間を推定できるといえるためには、残業が継続的になされていたというだけでは足りず、使用者がタイムカードで従業員の労働時間を管理していた等の特別の事情の存することが必要である。

(2) 打刻時間を労働時間と認定する裁判例

ア　三晃印刷事件（東京地裁平9．3．13判決）

この事案では、以下の理由でタイムカードの記録を労働時間として認定しています。

会社作成の個人別出勤表の労働時間がタイムカードの記録を基に記載されていることなど、タイムカードの記録により従業員の労働時間を把握していたという事実からすると、「タイムカードを打刻すべき時刻に関して労使間で特段の取決めのない本件においては、タイムカードの記録を労働時間として認定する」。

イ　松屋フーズ事件（東京地裁平17．12．28判決）

この事案では、以下の理由でタイムカードの記載により労働時間の推認をしています。

「タイムカードの打刻時間はバリエーションに富んでいて、少なくともこの時間まで原告が被告Ａ通り店に居たことを表して」おり、「打刻時間前後までは被告店舗における指揮命令下の拘束時間に原告があったことをある程度推認することができる」。

3　労働時間管理方法の明示と実行

自己申告制の不適正な運用による問題を避けるためにも、タイムカードによる客観的な労働時間管理を行うことは望ましいことですが、いわゆる「ダラダラ残業」による時間外労働手当の増大を招くおそれもあります。

そこで、タイムカードを労働時間管理の方法とした場合は、漫然と在社している時間を時間外労働とすることを避けるために、業務が終了したらタイムカードの打刻をするという管理を徹底しなければなりません。タイムカードのみで労働時間管理を行うのでなければ、事前に管理者に文書で申請をするなどの労働時間管理方法を明らかにし、管理者の指揮命令下において、命じられたとおり時間外労働を行ったときにのみに時間外労働を認めるとする労働時間管理を確立し、そのことを就業規則に明記して、着実に実行することが必要です。

なお、やむをえない理由で事前申請ができなかった場合には、事後承認も行う必要があります。

◇ 図表66●タイムカードと労働時間管理

タイムカードのみによって労働者の労働時間管理を行っている	タイムカードのみで労働時間管理を行っているのではない

労働者が業務以外の用件により事業場内に残っていることなどで、打刻時間と実際の終業時間が違うことがないように、業務が終了したらタイムカードの打刻をするという管理を徹底する。	労働時間の管理とその認定の方法を明らかにしておく。 例）時間外労働を行う場合は、原則として事前に管理者に文書で申請をするなどの労働時間管理方法を明らかにし、タイムカードの打刻時間が無条件に労働時間と認められるのではなく、管理者の指揮命令下において、命じられたとおり時間外労働を行ったときにのみに時間外労働を認めるとする労働時間管理を確立し、そのことを就業規則に明記して、着実に実行する（**Q33**のヒロセ電機事件（224頁））。 事後承認制も認める必要がある。

固定残業代にすると、それ以外に割増賃金を支払わなくてもよいと聞いたのですが、本当でしょうか。

固定残業代（あるいは定額残業代）にすれば、その額以上に時間外労働を行わせた場合に、超える分の割増賃金を支払わなくていいということではありません。固定残業代は、時間外労働の有無やその時間数に関係なく、毎月定額の残業代を支払い、固定残業代を超えて時間外労働を行わせた場合には、固定残業代に加えて、超えた時間分の残業代を払うという制度です。

この制度を採用すれば、労働時間管理をしなくてよくなるということではない上に、常に余分に残業代を払うことにもなるので企業にとっての利点はありません。

1　固定残業代についての裁判例

関西ソニー販売事件（大阪地裁昭63. 10. 26判決）の判決文を見ると、「労基法37条所定の額以上の割増賃金の支払がなされるかぎりその趣旨は満たされ同条所定の計算方法を用いることまでは要しないので、その支払額が法所定の計算方法による割増賃金額を上回る以上、割増賃金として一定額を支払うことも許されるが、現実の労働時間によって計算した割増賃金額が右一定額を上回っている場合には、労働者は使用者に対しその差額の支払を請求することができる」と、現実の時間外労働を上回る限りにおいて定額のセールス手当（基本給の17%）を割増賃金と認めています。

そして、**国際情報産業事件（東京地裁平3. 8. 27判決）**では、通常賃金に対応する賃金と割増賃金とを併せたものを含めて支払う形式を採用すること自体は、労基法37条に違反するものではないと判断しています。しかし、定額残業制が適法とされるためには、割増賃金相当部分をそれ以外の賃金部分から明確に区別することができ、右割増賃金相当部分と通常時間に対応する賃金によって計算した割増賃金とを比較対照できるような定め方がなされていなければならないとしています。

2 問題のある固定残業代

「労働時間の適正な把握のために使用者が講ずべき措置に関する基準について」（平13. 4. 6基発339号）では、「時間外労働手当の定額払等労働時間に係る事業場の措置が、労働者の労働時間の適正な申告を阻害する要因となっていないかについて確認するとともに、当該要因となっている場合においては、改善のための措置を講ずること」としており、固定残業代がサービス残業の原因となる場合があることを認めています。

近年、固定残業代を人件費削減策として導入する企業が増えています。そして、ハローワークの求人条件として固定残業代を提示し、その固定残業代が長時間労働分（月80時間分とするなど）となっていたり、固定残業代を超えて残業をしても残業代を支払わなかったりという問題が生じています。

厚生労働省もこの問題を看過するわけにはいかず、ハローワークでは、図表67のような指導をしています。

3 適法な固定残業代

労基法に違反しない固定残業代とは、以下の条件を満たしているものです。

（1）固定残業代とそれ以外の給与の区分が明確であること。
（2）固定残業代に含まれている時間数や金額が明確であること。
（3）固定残業代が法律に基づいて計算された金額を下回っていないこと。

実際の残業時間数が会社で設定した標準残業時間数に満たない場合であっても、就業規則で固定残業代を支払うことになっていればその額を支払わなければなりません。実際の残業時間数が、標準残業時間数を超えた場合には超えた部分の割増賃金を支払わなければなりません。

もちろん、固定残業代制度を運用する場合であっても、労働時間を適正に把握し、残業代の不足がないかを確認する必要があります。

このような制度であれば、固定残業代により残業代を節約できるということはありません。

◆図表67●求人情報の適正な記入願い

求人情報の適正な記入をお願いします！

求人票の記載については、求職者が従事すべき業務の内容及び賃金、労働時間その他の労働条件を可能な限り正確に明示していただいているところです（職業安定法第５条の３「労働条件の明示」）。この労働条件のうち労働トラブルの多い固定残業代、就業規則、就業時間及び年齢制限等について、重点的に確認させていただきますので、求人を申し込まれる事業主の皆さまにご協力をお願いするとともに、労働関係法令の遵守へのご協力をお願いします。

固定残業代の重点確認事項（定額残業代を含む）

項　目	記載上の注意点	備　考
固定残業代等の額	固定残業代等の時間当たり金額が時間外労働の割増賃金に違反していないこと。 ※固定残業代等は、固定残業時間数×通常の賃金時間額×1.25を上回る金額でなければなりません（労働基準法第37条）	【根拠法令】 （職業安定法第５条の３） （労働基準法第37条）
固定残業時間を超えた場合の取扱い	固定残業時間を超えて残業を行った場合については、超過分について通常の時間外労働と同様に、割増賃金が追加で支給されることが明記されていること。 ※固定残業代等の残業時間数を超えて残業を行わせた場合はその超えた時間について法定の割増賃金を支払わなければなりません（労働基準法第37条）（注）	【根拠法令】 （職業安定法第５条の３） （労働基準法第37条）

（注）労働基準法第37条は時間外、休日及び深夜の割増賃金について定めています。
　この割増賃金については固定（定額）残業代制度の有無に関係なく「労働した時間」に適用されるため、固定（定額）残業時間を超過した労働時間分について、固定（定額）残業制度を理由に割増賃金を支払わないといった取り扱いはできませんのでご注意ください。

資料出所：埼玉労働局リーフレット

監督署の臨検監督により、一部の労働者について時間外労働手当の不払いが明らかになりました。就業規則には時間外労働については事前承認が規定されているのですが、これがいけなかったのでしょうか。

1　時間外労働の事前承認制

本設問は実際にあった事案で、指摘事項は、「時間外労働の申請を行わず、一部の労働者について１人当たり月約50時間の残業時間（36協定を超える）が生じていて、不払いとなっている部分があった」ので、是正するようにということでした。

この会社の就業規則には以下の規定がありました。

（時間外および休日労働等）
第○条　業務の都合により、第○条の所定労働時間を超え、または第○条の所定休日に労働させることがある。
2　時間外労働の必要性が生じた場合、従業員は事前に管理者に申し出て許可を受けなければならない。管理者の許可なく時間外労働を行った場合、当該時間外労働に対する時間外労働手当は支払わない。

このような規定を「時間外労働の事前承認制」といい、労働者に不要な時間外労働をさせないために設けられています。しかし、このような規定があるからといって、承認を受けることなく行われた時間外労働をすべて認めなくてもよいというわけではありません。

昭和観光事件（大阪地裁平18. 10. 6判決）では、勤務していたホテルの就業規則に、時間外労働の事前承認制が定められていたとしても、就業規則の時間外労働の事前承認制は、不当な時間外労働手当の請求を防止するための工夫を定めたものにすぎず、業務命令に基づいて時間外労働が行われたことが認められる場合にも手続き不備を理由とする時間外労働手当の請求権が失われることを意味するものではないとして、時間外労働手当の請求を認めています。

2　事後の承認、黙示の指示

このように、時間外労働の事前承認制を定めていても、黙示の時間外労働命令があるといえるような場合には、事前の許可がないからといって割増賃金の支払いを免れることはできないので、就業規則の時間外労働の事前承認制の規定の運用には注意する必要があります。就業規則には、「ただし、突発的な事由等のため事前の申出ができない場合は、事後に申し出ることとする。」というような規定を追加し、さらに、各部署でこの就業規則が適正に運用されているかチェックする体制を設けることが必要です。

裁判例 —— 黙示の指示による時間外労働

■ 三菱重工業長崎造船所事件（最高裁第一小法廷 平12. 3. 9判決）

労働時間とは、労働者が使用者の指揮命令下におかれた時間をいい、使用者の指揮命令下にあるか否かは明示または黙示を問わない。

時間外労働についても上司の指示により行われるべきものであり、その指示には黙示によるものも含まれる。

■ とみた建設事件（名古屋地裁 平3. 4. 22判決）

時間外労働といえども、使用者の指示に基づかない場合には割増賃金の対象とならないと解すべきであるが、原告の業務が所定労働時間内に終了し得ず、残業が恒常的となっていたと認められる本件のような場合には、残業について被告の具体的な指示がなくても、黙示の指示があったと解すべきである。

時間外労働手当の支払義務は、使用者の明示または黙示の指揮命令に従って、現実に時間外労働に従事したことを要件として発生します。多くの企業では、就業規則において、時間外労働の必要性が生じた場合は、事前に管理者に申し出て許可を受けなければならないことを定め、明示の指示によって時間外労働を行うことを求めています。ただし、突発的な事由等のため事前の申出ができない場合は、事後に申し出ることによって、時間外労働の事後承認を行うような制度をとっています。

事後の承認や黙示の指示の有無をめぐって争われることがありますが、

労働者が就業規則の所定労働時間の規定と異なる勤務を行って時間外労働に従事し、使用者が異議を述べていない場合（**城南タクシー事件、徳島地裁平8. 3. 29判決**）や、前掲の**とみた建設事件**のように業務量が所定労働時間内で処理できないほど多く、時間外労働が常態化しているような場合について黙示の指示に基づく時間外労働と認められ、時間外労働手当の支払義務が生じると裁判所は判断しています。

裁判例 —— 事前承認制の厳格な運用

ヒロセ電機事件（東京地裁 平25. 5. 22判決）

〔事案の概要〕

就業規則により時間外労働の事前承認制を採用している企業において、時間外労働を認定する資料として、入退館記録表によるべきか、時間外勤務命令書によるべきか争われた。

〔裁判所の判断〕

裁判所は、①就業規則で所属長の命じていない時間外勤務は認めないとされていること、②実際の運用としても、時間外勤務については、本人からの希望を踏まえて、毎日個別具体的に時間外勤務命令書によって命じられていたこと、③時間外勤務が終了後に本人が「実時間」を記載し、翌日それを所属長が確認することによって把握されていたことが明らかであるので、被告会社における時間外労働時間は、時間外勤務命令書によって管理されていたというべきであるとし、入退館記録表によるべきであるとする主張を退けている。

これは、事前承認制の運用について、企業が厳格な管理を行うべきことを示しているものです。

なお、原告の労働者からの、虚偽の時間外労働時間を申告するよう強要されたとする主張は、これらを証明するものがないとして認められませんでした。そのような事実が存在していたと認められれば、入退館記録が労働時間であると推認される可能性もあることに注意しなければなりません。

フレックスタイム制適用者については、承認制のような残業抑制策をとりたいのですが、よい方法がありましたらご教示ください。

1　時間外労働の事前承認

（1）１日の時間外労働の事前承認

フレックスタイム制においては、労働者は日々の始業・終業時刻を決定できる権利を持っており、使用者は各日の労働時間を指定するような業務命令はできません。さらに、時間外労働であるか否かは日々判断できるわけではないので、１日についての時間外労働の事前承認はありえません。

（2）一定期間における時間外労働等の事前承認

フレックスタイム制は時間外労働をするか否かについてまで労働者に裁量権を与えたものではないので、清算期間における時間外労働時間について規制し、承認を必要とすることは可能です。具体的には、そのまま放置することにより、定時勤務者の時間外労働時間を大きく上回ったり、時間外労働協定による延長時間を超えてしまったりすることを避けるために、「フレックスタイム勤務時間記録表」の累積労働時間により、例えば月間総労働時間を超えて30時間を労働した場合に、それ以後は時間外労働の実施について所属長の承認を得なければならないとすることが考えられます。

また、フレキシブルタイム帯を超えて労働する場合、深夜労働を行う場合および休日労働を行う場合に事前承認を求めることについても問題がありません。

2　労使協定に盛り込むべき労働時間管理の具体的内容

労使協定に、①従業員は、月間総労働時間に著しい過不足が生じないようにしなければならない、②従業員は、時間外・休日労働協定の範囲を超えて時間外労働および休日労働をしてはならない、③従業員は月間総労働時間を30時間を超えて労働する必要がある場合、所定休日に労働する必要がある場合および午後10時以降に労働する必要がある場合には、事前に所属長の承認を得なければならないなどの労働時間管理に関する取り決めを入れておくとよいでしょう。

当社では係長も管理職として割増賃金の支払いの対象外にしています。係長が深夜業の手当を請求してきましたが、管理職の深夜労働に際して、深夜手当を払わなければならないのでしょうか。

労基法41条に該当する管理監督者であっても、同条により適用除外とされる規定は労働時間、休憩および休日に関するものに限られ、深夜業（午後10時から午前５時）については適用除外とはならないので、深夜業に対する割増賃金は支払わなければなりません。

1　管理監督者とは何か

労基法41条が、監督もしくは管理の地位にある者（以下「管理監督者」という）について、労働時間、休憩および休日に関する規定の適用をしない、すなわち法定の割増賃金を支払わなくてよいとしている理由は、管理監督者は労働時間等の規制を超えて活動しなければならない企業経営上の必要があると認めているからです。

しかし、企業において独自の基準で任命している役付者のすべてが管理監督者と認められるわけではありません。管理監督者の範囲については労基法には規定がありませんが、行政通達は、「企業が人事管理上あるいは営業政策上の必要等から任命する職制上の役付者であればすべてが管理監督者として例外的取扱いが認められるものではない」（昭22. 9. 13発基17号、昭63. 3. 14基発150号・婦発47号）としています。同通達は、一般的には、部長、工場長等労働条件の決定について経営者と一体的な立場にあるものの意であり、名称にとらわれず、実態に則して判断すべきとし、その範囲について、以下の三つの判断基準を示しています。管理監督者と認められるためにはこれらのすべてに該当する必要があります。

①　労働時間、休憩、休日等に関する規制の枠を超えて活動せざるをえない重要な責任と権限を有していること

労働条件の決定その他労務管理について、経営者と一体的な立場にあり、労働時間等の規制の枠を超えて活動せざるをえない重要な職務内容を有していること。「課長」「リーダー」といった肩書きがあっても、自らの裁量で行使できる権限が少なく、多くの事項について上司に決裁を仰ぐ必要があったり、上司の命令を部下に伝達するにすぎなかったりするような場合は管理監督者には含まれない。

② **出社、退社や勤務時間について厳格な制限を受けていないこと**

管理監督者は、時を選ばず経営上の判断や対応が要請され、労務管理においても一般労働者と異なる立場にある必要がある。労働時間について厳格な管理をされているような場合は、管理監督者とはいえない。遅刻や早退をしたら、給料や賞与が減らされるような場合は管理監督者とはいえない。

③ **その地位にふさわしい待遇がなされていること**

管理監督者はその職務の重要性から、地位、給料その他の待遇において一般労働者と比較して相応の待遇がなされていること。

2 管理監督者の裁判例

管理監督者に関する裁判例は多数ありますが、**東建ジオテック事件（東京地裁平14.3.28判決）**では、前掲通達の判断基準により地質調査会社の係長、課長補佐、課長、次長、課長待遇調査役および次長待遇調査役は、労基法41条2号の管理監督者には当たらないとされています。

同判決は係長等について、支店の管理職会議や幹部会議に出席していたが、それらは、経営側の支店運営方針を下達する場であり、経営方針に関することを決定する場とは認められないこと、また人事評価への関与等労務管理の一端を担っていたが、経営者と一体的立場にあったとはいいがたいとし、さらにタイムカードによる管理はないものの、就業規則で係長以上の者について勤務時間が定められ、支店長らが視認で勤怠管理しており、勤務時間が自由裁量に委ねられていたとは到底評価できないと判断しています。

3 管理監督者の労働時間と健康管理

労基法41条により管理監督者であると認められた従業員について、適

用除外が認められているのは労基法の労働時間、休憩および休日に関する規定だけです。労働時間には深夜業は含まれないので、管理監督者であっても深夜労働に対する手当は支払わなければなりません。

管理監督者も安衛法66条の８に基づく長時間労働者の面接指導の対象であり、また使用者は管理監督者に対する労働契約に付随する安全配慮義務も負っているので、その労働時間について健康管理のために関与しなくてはなりません。厚生労働省も、「事業者は、……管理・監督者についても、健康確保のための責務があることなどに留意し、当該労働者に対し、過重労働とならないよう十分な注意喚起を行うなどの措置を講ずるよう努める」（「過重労働による健康障害防止のための総合対策について」平18.3.17基発0317008号、改正：平28.4.1基発0401第72号）こととしています。

4　係長は管理監督者か

係長が管理監督者に該当するかどうかは、具体的な権限や賃金額等が不明なので断定は避けますが、一般的に考えれば係長のような立場で経営者と一体的な立場にあるとか、出退勤の自由があるとはいえないでしょう。そうなると、深夜労働に対する手当だけでなく、時間外労働手当や休日労働手当も支払わなくてはならないことになります。

Q36 ファストフード店の店長は管理監督者に該当しないことが多いと聞きましたが、どのような基準で判断されるのでしょうか。

1　管理監督者性に関する裁判例

日本マクドナルド事件（東京地裁平20. 1. 28判決）では、以下の3点を判断基準としています。

① 職務内容、権限および責任に照らし、労務管理を含め企業全体の事業経営に関する重要事項にどのように関与しているか。

② その勤務態様が労働時間などに対する規制に馴染まないものであるか否か。

③ 給与および一時金において、管理監督者に相応しい待遇がされているか否か。

裁判所は、次の事実を認定し、上記の判断基準による総合判断により、店長の管理監督者性なしとしています。

①について、人事において、「クルー」の採用、昇格・昇級権限を有し、店舗勤務の従業員の人事考課の一次評価を行うことなど、労務管理の一端を担っているとはいえるが、「労務管理に関し、経営者と一体的立場にあったとは言い難い」し、店舗従業員の勤務スケジュールを作成や店舗の損益計画や販売促進活動、一定範囲の支出などに決済権限があるが、その権限は店舗内に限られており、経営者との一体的な立場において、労基法の労働時間等の枠を超えて事業活動することを要請されてもやむをえないものといえるような重要な職務と権限を付与されているとは認められない。

②について、形式的には労働時間決定に裁量があるとはいうが、勤務態勢上の必要性から長時間の時間外労働を余儀なくされており、労働時間に関する自由裁量性があったとは認められない。

③について、店長全体の10％の年収は下位職制の平均を下回っており、

その40％は44万円上回る程度にとどまっていることから、労基法の労働時間等の規定の適用を排除される管理監督者に対する待遇としては、十分であるといいがたい。

店長の管理監督者性が否定されたその他の裁判例は以下のとおりです。
・ファミリーレストランの店長
（レストランビュッフェ事件、大阪地裁昭61．7．30判決）
・飲食店マネージャー
（アクト事件、東京地裁平18．8．7判決）
・カラオケ店店長
（シン・コーポレーション事件、大阪地裁平21．6．12判決）
・コンビニエンスストア店長
（九九プラス事件、東京地裁立川支部平23．5．31判決）　など

2　多店舗展開する店舗の店長等の管理監督者性の判断要素

厚生労働省は、日本マクドナルド事件判決の後に、「（多店舗展開する）店舗の店長等の管理監督者性の判断に当たっての特徴的な要素」（平20．9．9基発0909001号）を示しています。

これに対して、日本労働弁護団などから、「労働基準法の労働時間に関する規制はすべての労働者に適用されるのが原則であり、法41条２号は使用者に対する免罰・免責規定と位置づけられる。したがって、本来通達に求められるものは、従来の裁判例や通達（昭和63年３月14日基発第150号）を実態に即して具体化し、どのような要件があれば、『経営者と一体』とされる管理監督者に該当するのかという肯定要素を示し、これに該当しないものは免罰・免責の対象とならないことを示すことである。本通達は、否定要素だけしか示しておらず、原則と例外の関係を逆転させるという重大な誤りを犯している」などと批判されました。

そこで、厚生労働省は、「多店舗展開する小売業、飲食業等の店舗における管理監督者の範囲の適正化について」（平20．9．9基発0909001号）に関して寄せられた質問を掲載したものとして、「『管理監督者』の範囲の適正化に関するＱ＆Ａ」（平20．10．3基監発1003001号）を出しています。

◇ 図表68●多店舗展開する店舗の店長等の管理監督者性の判断にあたっての特徴的な要素

（平20. 9. 9基発0909001号）

	管理監督者性を否定する重要な要素	管理監督者性を否定する補強要素
職務内容、責任と権限	①アルバイト・パート等の採用について責任と権限がない ②アルバイト・パート等の解雇について職務内容に含まれず、実質的にも関与せず ③部下の人事考課について職務内容に含まれず、実質的にも関与せず ④勤務割表の作成、所定時間外労働の命令について責任と権限がない	
勤務態様	①遅刻、早退等により減給の制裁、人事考課での負の評価など不利益な取扱いがされる	①長時間労働を余儀なくされるなど、実際には労働時間に関する裁量がほとんどない ②労働時間の規制を受ける部下と同様の勤務態様が労働時間の大半を占める
賃金等の待遇	①時間単価換算した場合にアルバイト・パート等の賃金額に満たない ②時間単価換算した場合に最低賃金額に満たない	①役職手当等の優遇措置が割増賃金が支払われないことを考慮すると十分でなく労働者の保護に欠ける ②年間の賃金総額が一般労働者と比べ同程度以下である

◉ 資料22―「管理監督者」の範囲の適正化に関するQ&A

（平20. 10. 3基監発1003001号、厚生労働省HPより抜粋）

Q3　今回の通達で示された否定要素に当てはまらない場合は、管理監督者であると判断されるのですか？

A3　今回の通達で示された否定要素は、監督指導において把握した管理監督者の範囲を逸脱した事例を基に整理したものであり、すべて管理監督者性を否定する要素です。したがって、これに一つでも該当する場合には、管理監督者に該当しない可能性が大きいと考えられます。一方、こうした否定要素の性格からは、「これに該当しない場合は管理監督者性が肯定される」という反対解釈が許されるものではありません。仮に、今回の通達で示された否定要素に当てはまらない場合であっても、実態に照らし、「基本的な判断基準」に従って総合的に管理監督者性を判断し、その結果、管理監督者性が否定されることが当然あり得るものです。

Q6　店長であればパートタイマー等の採用権限があるのは当たり前であって、判断要素にならないのではないですか。

A6　監督指導において把握した実態においては、店長であってもパートタイマー等の採用権限がないケースが認められたところです。また、今回の通達の対象は、店舗の店長だけではなく、その部下であって管理監督者として取り扱われている者も対象としていますが、このような者については、パートタイマー等の採用権限がない者が多い実態にあるので、判断要素として有効に機能するものと考えています。

なお、店舗における管理監督者の判断に当たっては、裁判例においてもパートタイマー等の採用権限の有無について判断しています。

銀行の支店長代理が管理監督者に当たるかどうかについての裁判例もあるそうですが、どのような判断基準なのでしょうか。

静岡銀行事件（静岡地裁昭53. 3. 28判決）では、労基法41条２号の管理監督者とは、経営方針の決定に参画しあるいは労務管理上の指揮権限を有する等、その実態から見て経営者と一体的な立場にあり、出勤退勤について厳格な規制を受けず、自己の勤務時間について自由裁量権を有する者と解するのが相当であるとして、以下の事実により、支店長代理相当職（本部）の管理監督者性を否定しています。

① 遅刻・早退複数回による欠勤扱い、正当事由なき遅刻・早退の人事考課への反映、懲戒処分の対象ともされる等、通常の就業時間に拘束されて出退勤の自由がなく、自らの労働時間を自分の意のままに行いうる状態など全くないこと。

② 部下の人事・考課には関与しておらず、銀行の機密事項に関与した機会は一度もなく、担保管理業務の具体的な内容について上司（部長・調査役・次長）の手足となって部下を指導・育成してきたに過ぎず、経営者と一体となって銀行経営を左右するような仕事には全く携わっていないこと。

さらに、判決は管理監督者の人数に言及し、一般男子行員2,746人、うち支店長代理以上の地位に格付けされている者が1,090名存在するので、仮に支店長代理以上の者がすべて労基法41条２号の管理監督者に当たるとすれば、一般男子行員の約40％の者が、労基法の労働時間・休憩・休日に関する規定の保護を受けなくなってしまうという、全く非常識な結論となるとしています。

◉ 資料23―金融機関における管理監督者の範囲

【都市銀行における「管理監督者」の取扱い範囲】

（昭52. 2. 28基発104号の２）

① 取締役等役員を兼務する者
② 支店長、事務所長等事業場の長
③ 本部の部長等で経営者に直属する組織の長
④ 本部の課またはこれに準ずる組織の長
⑤ 大規模の支店または事務所の部、課等の組織の長で①～④の者と銀行内において同格以上に位置付けられている者
⑥ ①～④と同格以上に位置付けられている次長、副部長等
⑦ ①～④と同格以上に位置付けられ、経営上の重要事項に関する企画立案業務を担当するスタッフ

【都市銀行等以外の金融機関の場合】

（昭52. 2. 28基発105号）

(1) 本部の組織の長で
① 取締役、理事等役員を兼務する者
② 部長等
③ 課長等
④ ②、③と同格以上に位置付けられる副部長、部次長等
※副課長、課長補佐、課長代理等は除外
(2) 支店、事務所等出先機関の長で
⑤ 支店長、事務所長等
⑥ 本店営業部または母店等における部長、課長等
⑦ ②、③、⑤と同格以上に位置付けられる副支店長、支店次長等
※次長、支店長代理等は除外
(3) スタッフ職
⑧ ②～⑤と同格以上に位置付けられ、経営上の重要事項に関する企画立案業務を担当する者

最低賃金については、監督署はどのような指導をしているのでしょうか。

最低賃金監督の実態

毎年の「地方労働行政の重点施策」には必ず「最低賃金の履行確保上問題があると考えられる業種等を重点とした監督指導等を行う」として、最低賃金の履行確保が監督指導の重点となっていない年はありません。2011年（平成23年）から2014年（平成26年）までの定期監督における最賃法４条違反件数は3,000件前後になっています。

「最低賃金の履行確保上問題があると考えられる業種」というのは、図表69の業種ということになります。労働者の申告により臨検監督が行われることもありますが、2014年（平成26年）の申告監督22,430件のうち最賃法違反のあったものは2,359件となっています。

◇図表69●最賃法４条※違反業種別件数（100件以上の業種）

	平成23	平成24	平成25	平成26
食料品製造業	360	296	279	313
衣服・その他の繊維製品製造業	175	120	132	149
電気機械器具製造業	113	81	68	85
その他の製造業	203	153	181	177
道路旅客運送業	179	122	110	109
道路貨物運送業	88	87	84	108
卸売業	108	88	93	111
小売業	555	433	396	549
社会福祉施設	245	232	266	240
旅館業	117	90	112	114
飲食店	214	157	282	273
総数（上記以外の業種も含む）	3,393	2,744	2,966	3,221

※４条１項「使用者は、最低賃金の適用を受ける労働者に対し、その最低賃金額以上の賃金を支払わなければならない。」

資料出所：厚生労働省労働基準局「労働基準監督年報」

Q39 監督署に最低賃金額を支払っていないことがわかってしまった場合にどんな処分をされますか。

最賃法違反が発覚した場合に以下のような処分をされます。

1　是正勧告と遡及払い

定期監督で最賃法４条違反が発覚した場合には、少なくとも３カ月遡及して最低賃金との差額を労働者に支払うように是正勧告されます。申告監督で発覚した場合は、２年間遡及して支払わなければならないということも考えられます。

◉ **資料24―最低賃金の種類**

最低賃金には、地域別最低賃金と特定最低賃金の２種類があります。

(1) 地域別最低賃金

地域別最低賃金とは、都道府県ごとに決定され、産業や職種にかかわりなく、都道府県内の事業場で働くすべての労働者とその使用者に対して適用される最低賃金です。地域別最低賃金は、①労働者の生計費、②労働者の賃金、③通常の事業の賃金支払能力を総合的に勘案して定めるものとされており、労働者の生計費を考慮するにあたっては、労働者が健康で文化的な最低限度の生活を営むことができるよう、生活保護に係る施策との整合性に配慮することとされています。

(2) 特定最低賃金

特定最低賃金とは、特定地域内（都道府県または全国）の特定の産業について設定されている最低賃金です。関係労使の申出に基づき最低賃金審議会の調査審議を経て、同審議会が地域別最低賃金よりも金額水準の高い最低賃金を定めることが必要と認めた産業について設定されています。全国で、各都道府県内の特定の産業について決定されている234件（平成28年３月末現在）、全国単位で決められているものが1件（全国非金属鉱業最低賃金）あります。

2　司法処分

法違反を繰り返す、あえて最低賃金額を支払わない、あるいは是正したと虚偽の報告をするなどの悪質な場合には司法処分（送検）されます。

罰則は以下の二つがあります。

① 地域別最低賃金額以上の賃金額を支払わなくてはならない場合には50万円以下の罰金（最賃法40条）

② 特定最低賃金が適用される場合で特定最低賃金額以上の賃金額を支払わない場合には30万円以下の罰金（労基法120条）

賃金を全く支払っていない場合には、労基法24条違反と最賃法４条違反に該当しますが、両者は法条競合※関係ということになり、特別法に当たる最賃法４条違反の１罪が成立することとなります。

実際には、賃金の一部が支払い済みのケースもあるので、図表70のように区分されます。

賃金不払い事件は、従来労基法24条違反として送致されてきましたが、2008年（平成20年）７月施行の最賃法改正により、前述のように同法４条の方が罰則が重くなったため、賃金を全く支払わない等支払賃金額が最低賃金額に満たない場合は最賃法違反として送致することとされています（愛知労働局ＨＰ）。

◇ 図表70 ● 最賃法４条違反と労基法24条違反の対比

違反事実	罰条
① 賃金の全額が未払いの場合（全く支払われていない場合） ② 一部支払われた賃金があり、その支払済み額が地域別最低賃金額に満たない場合	最賃法４条違反
③ 一部支払われた賃金があり、その支払済み額が地域別最低賃金額以上である場合	労基法24条違反

※法条競合

一つの犯罪行為が外観上複数の犯罪に当てはまるが、実質的には一つだけが適用されることをいう。

◉ 資料25―最低賃金の改定

最低賃金は、最低賃金審議会において、賃金の実態調査結果など各種統計資料を参考にしながら審議を行い決定します。

地域別最低賃金は、中央最低賃金審議会から示される引上げ額の目安（全国をＡ、Ｂ、Ｃ、Ｄの４つのランクに分けて決定される）を参考にしながら、地方最低賃金審議会（公益代表、労働者代表、使用者代表の各同数の委員で構成）での地域の実情を踏まえた審議・答申を得た後、異議申出に関する手続きを経て、都道府県労働局長により決定されます。

特定（産業別）最低賃金は、関係労使の申出に基づき地方最低賃金審議会（または中央最低賃金審議会）が必要と認めた場合において、地方最低賃金審議会（または中央最低賃金審議会）の審議・答申を得た後、異議申出に関する手続きを経て、都道府県労働局長（または厚生労働大臣）により決定されます。

最低賃金審議の流れ（審議会方式）

厚生労働大臣または都道府県労働局長

↓諮問

最低賃金審議会

↓答申

厚生労働大臣または都道府県労働局長

↓

異議申出・異議審議

↓決定

官報公示

↓

効力の発生
公示の日から30日経過後または
公示の日から30日経過後で指定する日

資料出所：厚生労働省HP「最低賃金制度の概要」

Q40 賃金を全額払わなかったというのではなく、最低賃金額を支払っていないというだけの送検事例を教えてください。

1　オール歩合給の場合

2012年（平成24年）、被疑会社の代表取締役は、タクシードライバー6人に対し、4カ月にわたり最低賃金額以上の賃金を支払っていませんでした。本件は、オール歩合賃金制度の下、売上げ低迷のため賃金が最低賃金を下回る状態が継続していたものです（北海道労働局の送検事例）。

2　固定残業代制によるもの

2013年（平成25年）の最低賃金の履行確保を目的として監督の結果、地場の洋菓子店（パティスリー）チェーンや各種飲食店などで、月給にいわゆる「固定残業代」を含めた状態で最低賃金額を割り出しているケースが多く、その結果最賃法違反となっていたものがあります（東京労働局品川監督署）。

3　賃金控除によるもの

名古屋西監督署は、2014年（平成26年）、最賃法違反の疑いで婦人服製造会社と同社の男性専務（54）を書類送検しました。知的障害のある女性社員8人の2～3月分の賃金から「教材費」名目で月1万5千円を天引きし、愛知県の最低賃金額に相当する約131万円を支払わなかった容疑です。専務は調べに対し「教材費は不良品の生産で被った損害額だった」と供述しています。監督署によると、専務は実際の損害額を計算していなかったといいます。

4　制度をよく知らないもの

（1）技術習得中

最賃法に違反していた地場の洋菓子店（パティスリー）チェーンや各

種飲食店などでは、修業中の者には最低賃金額が適用されないと考えていた事業場もあったということです。洋菓子店、飲食店あるいは理・美容業など、技術の習得に何年もかかるという業種ではこのような誤解があります。

(2) 減額特例の対象なのに手続きをしていないもの

障害者を使用している場合で、減額特例制度を知らずに、許可を受けることなく、最低賃金額未満を支払っていることがあります。あるいは、障害者を最低賃金額で使用している場合に、賃金の計算期間の途中で最低賃金額が引き上げられていることを知らずに最低賃金額未満で支払うということがあります。

最賃法違反とならないために実務上留意すべきポイントを教えてください。

1　オール歩合の場合

労基法27条では、「出来高払制その他の請負制で使用する労働者については、使用者は、労働時間に応じ一定額の賃金の保障をしなければならない。」としており、さらにタクシー業については、「自動車運転者の労働時間等の改善のための基準について」（平元.3.1基発93号、平9.3.11基発143号、平11.3.31基発168号）で、歩合給の場合、「通常の賃金の

図表71●オール歩合給の場合の賃金の時間換算の方法

総支給額 152,100円
- 歩　合　給…144,000円
- 時間外割増賃金…　5,400円（144,000円÷200時間×0.25×30時間）
- 深夜割増賃金…　2,700円（144,000円÷200時間×0.25×15時間）

◆時間当たりの賃金額の算出

●ポイント

歩合給の時間当たりの賃金額は、歩合給の額をその歩合給を得るために働いた総労働時間（所定労働時間＋時間外労働時間）で割って計算します。

歩合給の時間当たりの賃金額＝歩合給÷月間総労働時間

歩合給の時間当たりの賃金額は、

歩合給144,000(円)÷月間総労働時間200(時間)＝720(円)

となります。

◆最低賃金額との比較

タクシー事業者の所在地である○○県の地域別最低賃金が764円の場合、

720円 < 764円

となり、時間当たりの賃金額が最低賃金額を44円下回っていますので、最低賃金額との差額と、差額に対する割増分を支払う必要があります。

※時間外と深夜の割増賃金は、最低賃金額との比較にあたって算入されません。

資料出所：厚生労働省パンフレット「タクシー運転者の最低賃金について」

６割以上の賃金が保障される保障給を定めるものとすること」と定め、指導が行われています。

タクシー業に限らず、営業職で完全歩合制度をとっている場合は、保障給を定めることと、売上げが少ない場合には、最低賃金を下回っているかどうかを検証する必要があります。保障給の目安については、休業手当でも平均賃金の６割としていることからすると、労働者が就業していることから、平均賃金の６割程度とすることが妥当と考えられています（厚生労働省労働基準局編『労働基準法　上』）。

2　固定残業代の場合

固定残業代を採用している場合は、固定残業代が毎月の実際の時間外労働時間数による残業代を上回るように管理する必要があります。実際の時間外労働時間数が固定残業代の時間数よりも少ないからといって、固定残業代を減額することはできないので、常に余分に残業代を払う傾向になります。また、実際の時間外労働時間数が固定残業代の時間を上回る場合は、差額を計算して支払わなければ労基法37条違反になります。もちろん労働時間の管理を免れるということもありません。

それでも固定残業代を採用したい場合は、最低賃金と賃金の比較にあたって次の賃金は算入されないので、③に該当する固定残業代は月給から控除して計算しなければなりません。

【最低賃金の対象とならない賃金】

①　臨時に支払われる賃金（結婚手当など）
②　１カ月を超える期間ごとに支払われる賃金（賞与など）
③　所定労働時間を超える時間の労働に対して支払われる賃金（時間外割増賃金など）
④　所定労働日以外の労働に対して支払われる賃金（休日割増賃金など）
⑤　午後10時から午前５時までの労働に対して支払われる賃金のうち、通常の労働時間の賃金の計算額を超える部分（深夜割増賃金など）
⑥　精皆勤手当、通勤手当および家族手当

3　派遣労働者への適用

派遣労働者には、派遣先の最低賃金が適用されるので、派遣元の使用者は、派遣先の事業場に適用される最低賃金を把握しておく必要があります。

◇ 図表72●派遣先の事業場が他地域にある例

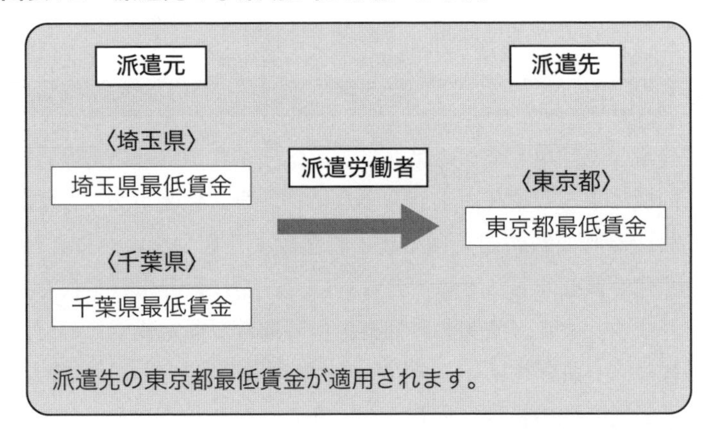

資料出所：厚生労働省HP「最低賃金制度の概要」

4　最低賃金額との比較の方法

支払われる賃金が最低賃金額以上であるかを調べるには、最低賃金の対象となる賃金額と適用される最低賃金額を**図表73**の方法で比較します。

なお、最低賃金を計算する場合には、実際に支払われる賃金から**前頁**枠内の①～⑥の賃金を除外したものが対象となります。

◆ 図表73●最低賃金との比較方法

①　時間給制の場合

時間給≧最低賃金額（時間額）

②　日給制の場合

日給÷１日の所定労働時間≧最低賃金額（時間額）

ただし、日額が定められている特定（産業別）最低賃金が適用される場合には、
日給≧最低賃金額（日額）

③　月給制の場合

月給÷１カ月平均所定労働時間≧最低賃金額（時間額）

④　出来高払制その他の請負制によって定められた賃金の場合

出来高払制その他の請負制によって計算された賃金の総額を、当該賃金計算期間に出来高払制その他の請負制によって労働した総労働時間数で除して時間当たりの金額に換算し、最低賃金額（時間額）と比較する。

⑤　上記①～④の組み合わせの場合

例えば、基本給が日給制で各手当（職務手当等）が月給制などの場合は、それぞれ上の②、③の式により時間額に換算し、それを合計したものと最低賃金額（時間額）と比較します。

最低賃金の減額特例許可について教えてください。

1　最低賃金の減額特例制度

使用者は、最低賃金の適用を受ける労働者に対し、その最低賃金額以上の賃金を支払わなければなりません（最賃法４条）。最低賃金は、原則として正社員、パートタイマー、アルバイト等の雇用形態や呼称のいかんを問わず、事業場で働くすべての労働者に適用されます。

ただし、一般の労働者と比較して労働能力が著しく劣るため最低賃金を一律に適用すると、かえって雇用機会を狭める可能性がある労働者の場合や労働の態様が大きく異なる場合には、使用者が都道府県労働局長の許可を受ければ適用される最低賃金の減額が認められ、これを「減額特例制度」といいます。

最低賃金の減額特例制度は次の①～④に該当する労働者について適用され、最低賃金額からその最低賃金額に労働能力その他の事情を考慮して最賃法施行規則５条で定める率（減額率）を乗じて得た額をその労働者に適用される最低賃金額とするとされています（最賃法７条）。

[減額特例の許可基準]

「最低賃金法第７条の減額の特例許可事務マニュアル」

（平20. 7. 1基勤勤発0701002号、改正：平22. 3. 24基勤勤発0324第１号）

①　精神または身体の障害により著しく労働能力の低い者の許可基準

ｉ　精神または身体の障害が当該労働者に従事させようとする業務の遂行に直接支障を与えることが明白である場合のほかは許可しないこと。

ii　当該業務の遂行に直接支障を与える障害がある場合にも、その支障の程度が著しい場合にのみ許可すること。支障の程度が著しいとは、当該労働者の労働能率の程度が当該労働者と同一または類似の業務に従事する労働者であって、減額しようとする最低賃金額と同程度以上の額の賃金が支払われているもののうち、最低位の能力を有するものの労働能率の程度にも達しないものであること。

「精神の障害」としては、精神障害または知的障害が、また、「身体の障害」としては身体障害者福祉法施行規則別表５号（５条関係）の「身体障害者障害程度等級表」に掲げられている障害が対象になると考えられるが、これらに該当しない「精神または身体の障害」についても、それが原因となって従事する業務に直接著しい支障を与えることが明白な場合は、許可の対象となり得る。

高齢労働者の加齢による心身の衰えについては、「精神または身体の障害」には該当しない。

② 試の使用期間中の者の許可基準

ⅰ　試の使用期間とは、当該期間中または当該期間の後に本採用をするか否かの判断を行うための試験的な使用期間であって、労働協約、就業規則または労働契約において定められているものをいうこと。その名称のいかんを問わず、実態によって本号の適用をするものであること。

ⅱ　当該業種、職種等の実情に照らし必要と認められる期間に限定して許可すること。その期間は最長６カ月を限度とすること。

③ 職業能力開発促進法に基づく認定職業訓練を受ける者のうち一定のものの許可基準

ⅰ　職業能力開発促進法24条１項の認定を受けて行われる職業訓練のうち職業に必要な基礎的な技能およびこれに関する知識を習得させることを内容とするものを受ける者であって最賃法施行規則３条１項で定めるもの。

ⅱ　職業訓練中であっても、訓練期間を通じて１日平均の生産活動に従事する時間（所定労働時間から認定を受けて行われる職業訓練の時間（使用者が一定の利益を受けることとなる業務の遂行の過程内において行う職業訓練の時間を除く。）を除いた時間）が、所定労働時間の３分の２程度以上である訓練年度については、許可しないこと。

訓練期間が２年または３年であるものの最終年度については、原則として許可しないこと。

いわゆる見習工、養成工等として訓練を受けている者であっても、認定職業訓練を受ける者でなければ、許可の対象とならないこと。

参照条文

最賃法施行規則３条１項

（最低賃金）法第７条第３号の厚生労働省令で定める者は、職業能力開発促進法施行規則第９条に定める普通課程若しくは短期課程（職業に必要な基礎的な技能及びこれに関する知識を習得させるためのものに限る。）の普通職業訓練又は同条に定める専門課程の高度職業訓練を受ける者であって、職業を転換するために当該職業訓練を受けるもの以外のものとする。

④　軽易な業務に従事する者その他の厚生労働省令で定める者

イ　軽易な業務に従事する者の許可基準

許可申請の対象となる労働者は、その従事する業務の負担の程度が当該労働者と異なる業務に従事する労働者であって、減額しようとする最低賃金額と同程度以上の額の賃金が支払われているもののうち、業務の負担の程度が最も軽易なものの当該負担の程度と比較してもなお軽易である者に限られること。

常態として身体または精神の緊張の少ない監視の業務に従事する者は、軽易な業務に従事する者に該当すること。

軽易な業務に従事する者とは

⑺　業務の進行や能率についてほとんど規制を受けない物の片付け、清掃等の本来の業務には一般的に属さない例外的なごく軽易な業務であって、かつ、当該事業場において従事する労働者数が極めて少数である業務に従事する労働者がこれに該当する。

⑴　当該業務が⑺の軽易な業務に該当する場合であって、次の①～⑤までに掲げるすべての項目に該当するときは許可の対象として差し支えないこと。

① 拘束時間が９時間以内であること。
② 当該事業場における本来の業務に専ら従事するものではないこと。
③ 業務の内容が他の労働者に比べて明らかに軽易であること。
④ 業務の進行及び能率について、ほとんど規制を受けていないこと。
⑤ 当該事業場に他に同種の労働者がほとんどいないこと。

(ウ)「常態として身体または精神の緊張の少ない監視の業務に従事する者」とは、労基法41条３号の「監視に従事する者」と同義であるが、監視の業務に従事する者が、労基法41条３号に該当し、同法の労働時間等に関する規定の適用除外許可を受けていたとしても、法７条の減額の特例許可を自動的に受けられるものではなく、申請に基づき調査を行った結果、許可の可否を判断するものであること*。

*したがって、本来業務として行われる監視労働や、拘束時間が９時間を超える場合は、最低賃金の減額特例許可の対象とはなりません。

ロ　断続的労働に従事する者の許可基準

許可申請の対象となる労働者は、常態として作業が間欠的であるため労働時間中においても手待ち時間が多く実作業時間が少ない者であること。

断続的労働とは

労基法41条３号に規定する「断続的労働」と同意であり、作業が間欠的に行われるもので、作業時間が長く継続することなく中断し、しばらくして再び同じような態様の作業が行われ、また中断するというように繰り返されるもののことである。

手待時間が実作業時間を上回る時にのみ許可すること。

2 減額特例許可の手続きの流れ

減額特例許可の手続きは以下のとおりです。

◇図表74●減額特例許可手続きの流れ

最低賃金の減額の特例許可申請書（2部用意）*

所轄監督署で書類審査の上受理

監督署で調査（実地調査）を実施する

労働局長が許可または不許可の決定

監督署で許可書または不許可通知書交付（手交または郵送）

＊３部提出し、１部は受理された証として受理印を押印、返却してもらうことができる。

◉ 資料26―申請書様式・関連通達

【最低賃金の減額の特例許可申請書様式】

→http://www2.mhlw.go.jp/topics/seido/kijunkyoku/minimum/minimum-21.htm

●最低賃金の減額の特例許可申請書

（様式第１号：精神又は身体の障害により著しく労働能力の低い者用）
「精神障害者保健福祉手帳」「療育手帳」「身体障害者手帳」等公的機関の発行した障害が明らかとなる書類のコピーが必要。

●最低賃金の減額の特例許可申請書（様式第２号：試の使用期間中の者用）

●最低賃金の減額の特例許可申請書

（様式第３号：基礎的な技能及び知識を習得させるための職業訓練を受ける者用）

●最低賃金の減額の特例許可申請書（様式第４号：軽易な業務に従事する者用）

●最低賃金の減額の特例許可申請書（様式第５号：断続的労働に従事する者用）

【厚生労働省法令等データベースサービス参照】

●「最低賃金法第５条の現物給与等の適正評価基準及び同法第７条の最低賃金の減額の特例の許可基準について」（昭34. 10. 28基発747号）

●「最低賃金法第７条の減額の特例許可事務マニュアルの一部改正について」（平22. 3. 24基勤勤発0324第１号）

Q43 障害者の減額特例許可を取りたいのですが、減額率について教えてください。

1　比較対象労働者の選定

精神または身体の障害により著しく労働能力の低い者の減額率は「当該掲げる者と同一又は類似の業務に従事する労働者であって、減額しようとする最低賃金額と同程度以上の額の賃金が支払われているもののうち、最低位の能力を有するものの労働能率の程度に対する当該掲げる者の労働能率の程度に応じた率を100分の100から控除して得た率」と規定されています（最賃法施行規則５条）。

減額対象労働者と労働能率の程度を比較する労働者（以下「比較対象労働者」という）として、同じ事業場で働く他の労働者のうち、減額対象労働者と同一または類似の業務に従事していて、かつ、減額の特例の許可を受けようとする最低賃金額と同程度以上の額の賃金が支払われている者の中から、最低位の能力を有する者を選定します。

そのような労働者がいない場合は、事業場の無技能者、未熟練者等の中から適当な者を選定し、同一または類似の業務に試験的に従事させて比較することとしても差し支えないとされています（「最低賃金法第７条の特例許可事務マニュアルの作成について」平20. 7. 1基勤勤発0701002号、改正：平22. 3. 24基勤勤発0324第１号）。

2　減額できる率の上限となる数値の算出

減額対象労働者と比較対象労働者の労働能率を数量的に把握し、減額できる率の上限となる数値を算出します。この比較のために、許可申請の際に、過去２週間程度の減額対象労働者と比較対象労働者の作業実績に関する資料を提出しなければなりません。

比較対象労働者の労働能率の程度を100分の100としたときの、減額対象労働者の労働能率の程度が100分の60である場合は、減額できる率は

40%となります。この計算で小数点以下が生じた場合は、小数点第２位以下を切り捨てます。

（100／100－60／100）×100＝40%

このように最賃法施行規則５条の表による率を上限として算出した後、個々の減額対象労働者の職務の内容、職務の成果、労働能力、経験等の要素を総合的に勘案して減額率を定めることとされています。

ところで、同規則５条において、減額率の上限は、前述により算出した率であるとされていることから、減額対象労働者の職務の内容、職務の成果、労働能力、経験等を理由に減額率を引き上げること、すなわち、最低賃金額を引き下げることはできないこととされています。

◆ **図表75●減額率**（最賃法施行規則５条）

対象者	減　額　率
精神または身体の障害により著しく労働能力の低い者	「対象労働者と同一または類似の業務に従事する労働者であって、減額しようとする最低賃金額と同程度以上の額の賃金が支払われているもののうち、最低位の能力を有するものの労働能率の程度」に対する「対象労働者の労働能率の程度」に応じた率を100分の100から控除して得た率
試の使用期間中の者	100分の20以下の率
職業訓練を受ける者	対象労働者の所定労働時間のうち、職業能力開発促進法24条１項の認定を受けて行われる職業訓練の時間（使用者が一定の利益を受けることとなる業務の遂行の過程内において行う職業訓練の時間を除く）の１日当たりの平均時間数を当該者の１日当たりの所定労働時間数で除して得た率
軽易な業務に従事する者	軽易な業務に従事する者と異なる業務に従事する労働者であって、減額しようとする最低賃金額と同程度以上の額の賃金が支払われているもののうち、業務の負担の程度が最も軽易なものの当該負担の程度に対する当該軽易な業務に従事する者の業務の負担の程度に応じた率を100分の100から控除して得た率
断続的労働に従事する者	対象労働者の１日当たりの所定労働時間数から１日当たりの実作業時間数を控除して得た時間数に100分の40を乗じて得た時間数を当該所定労働時間数で除して得た率

Ⅳ 安全衛生管理

1　健康診断

健康診断について監督官はどのような指導をするのでしょうか。

1　健康診断について監督指導で確認されること

2016年度（平成28年度）の地方労働行政運営方針で、法定労働条件の確保等として、基本的労働条件の確立を図り、これを定着させることが監督指導の重点事項とされています。基本的労働条件とは以下の①から⑥までを意味し、一般健康診断の実施はそのうちの一つとされています。

【基本的労働条件の確立】

①　労働条件の明示	②　賃金の適正な支払い
③　就業規則の作成届出	④　法定労働時間の履行・確保
⑤　労働時間管理の適正化	⑥　一般健康診断の実施

監督指導では、一般健康診断の個人票を見せるようにと指示され、その内容を点検されます。確認されるのは主に以下のことです。

①　雇入れ時の健康診断を実施しているか（安衛則43条）

②　定期健康診断を実施しているか（安衛則44条）

③　安衛則43条等の健康診断の結果に基づく健康診断の項目に異常の所見があると診断された労働者に関係するものについて医師からの意見聴取をしているか（安衛則51条の２）

④　常時50人以上の労働者を使用している場合に、健康診断の結果報告をしているか（安衛則52条）

2 一般健康診断の種類

一般健康診断とは、労働者の一般的な健康状態を調べる健康診断（安衛法66条１項）であり、以下のものがあります。

図表76●一般健康診断一覧

健康診断の種類	対象となる労働者	実施時期
雇入時の健康診断（安衛則43条）	常時使用する労働者	雇入れの際
定期健康診断（安衛則44条）	常時使用する労働者（特定業務従事者を除く）	１年以内ごとに１回
特定業務※従事者の健康診断（安衛則45条）	安衛則13条１項２号に掲げる業務に常時従事する労働者	左記業務への配置替えの際、６カ月以内ごとに１回
海外派遣労働者の健康診断（安衛則45条の２）	海外に６カ月以上派遣する労働者	海外に６カ月以上派遣する際、帰国後国内業務に就かせる際
給食従業員の検便（安衛則47条）	事業に附属する食堂または炊事場における給食の業務に従事する労働者	雇入れの際、配置替えの際
深夜業の自発的健康診断（安衛則50条の２）	常時使用され、自発的健康診断を受けた日前６カ月間を平均して１月当たり４回以上の深夜業に従事した労働者	事業者の実施する次回の特定業務健診の実施前

※特定業務
イ　多量の高熱物体を取り扱う業務および著しく暑熱な場所における業務
ロ　多量の低温物体を取り扱う業務および著しく寒冷な場所における業務
ハ　ラジウム放射線、エックス線その他の有害放射線にさらされる業務
ニ　土石、獣毛等のじんあいまたは粉末を著しく飛散する場所における業務
ホ　異常気圧下における業務
ヘ　さく岩機、鋲打機等の使用によって、身体に著しい振動を与える業務
ト　重量物の取扱い等重激な業務
チ　ボイラー製造等強烈な騒音を発する場所における業務
リ　坑内における業務
ヌ　深夜業を含む業務
ル　水銀、砒素、黄りん、弗化水素酸、塩酸、硝酸、硫酸、青酸、か性アルカリ、石炭酸その他これらに準ずる有害物を取り扱う業務
ヲ　鉛、水銀、クロム、砒素、黄りん、弗化水素、塩素、塩酸、硝酸、亜硫酸、硫酸、一酸化炭素、二硫化炭素、青酸、ベンゼン、アニリンその他これらに準ずる有害物のガス、蒸気又は粉じんを発散する場所における業務
ワ　病原体によって汚染のおそれが著しい業務
カ　その他厚生労働大臣が定める業務

健康診断の費用を節約したいので、一般健康診断の省略項目を教えてください。

雇入れ時の健康診断には省略項目はありませんが、雇入れ前３カ月以内に受けた健康診断結果の証明書の提出により省略できます（安衛則43条）。

定期健康診断、特定業務従事者の健康診断については、省略基準（図表77の右欄）に基づき医師が必要でないと認めるときは省略できます（安衛則44条２項、同項に基づき厚生労働大臣が定める基準、安衛則45条２項）。「医師が必要でないと認める」とは、自覚症状および他覚症状、既往歴等を勘案し、医師が総合的に判断することをいいます。

定期健康診断は、雇入れ時の健康診断、海外派遣労働者の健康診断または特殊健康診断（安衛法66条２項）を受けた者については、当該健康診断の実施の日から１年間（特定業務従事者の健康診断については６カ月）に限り、その者が受けた健康診断の項目に相当する項目を省略することができます（安衛則44条３項）。

◇ 図表77●一般健康診断の項目

	雇入れ時の健康診断	定期健康診断、特定業務従事者の健康診断	
健診項目	必須か否か	必須か否か	省略基準
①既往歴および業務歴の調査	○	○	—
②自覚症状および他覚症状の有無の検査	○	○	—
③身長、体重、腹囲、視力および聴力の検査	○	△	［身長］20歳以上の者 ［腹囲］ ①40歳未満（35歳を除く）の者 ②妊娠中の女性その他の者であって、その腹囲が内臓脂肪の蓄積を反映していないと診断された者 ③BMIが20未満である者

			④BMIが22未満で自ら腹囲を測定し、その値を申告した者 ＊BMI＝体重(kg)/身長(m)^2
④胸部エックス線検査	○ （胸部エックス線検査のみ）	△ （特定業務従事者は年1回でよい）	40歳未満のうち、次のいずれにも該当しない者 ①5歳ごとの節目年齢（20歳、25歳30歳および35歳）の者 ②感染症法で結核に係る定期の健康診断の対象とされている施設等で働いている者 ③じん肺法で3年に1回のじん肺健康診断の対象とされている者
喀痰検査	—	△ （特定業務従事者は年1回でよい）	①胸部エックス線検査を省略された者 ②胸部エックス線検査によって病変の発見されない者または胸部エックス線検査によって結核発病のおそれがないと診断された者
⑤血圧の測定	○	○	—
⑥貧血検査（血色素量および赤血球数）	○	△	35歳未満の者および36～39歳の者 ＊特定業務従事者については、前回の健康診断で受けた項目について医師が必要でないと認めたときは省略可。
⑦肝機能検査（GOT、GPT、γ–GTP）	○	△	
⑧血中脂質検査（ＬＤＬコレステロール、ＨＤＬコレステロール、血清トリグリセライド）	○	△	
⑨血糖検査	○	△	
⑩心電図検査	○	△	
⑪尿検査（尿中の糖および蛋白の有無の検査）	○	○	—

○は必須。省略することはできない。
△は右欄の省略基準に該当する場合で、医師が必要でないと認めるときに省略することができる。

Q46 アルバイトやパートタイマーについても健康診断をやらなければならないのでしょうか。

アルバイトやパートタイマーについては、以下の二つの要件を満たす場合は、常時使用する労働者として一般健康診断を実施しなければなりません。

① **期間の定めのない労働契約により使用される者であること**

期間の定めのある労働契約により使用される者であっても、契約期間が１年以上*である者、更新により１年以上*使用されることが予定されている者、および更新により１年以上*使用されている者も含まれる。

＊深夜業など特定業務従事者の健康診断（安衛則45条の健康診断）の対象となる場合は、６カ月以上

② **１週間の労働時間数が当該事業場において同種の業務に従事する通常の労働者の１週間の所定労働時間数の４分の３以上であること**

ただし、上記の②に該当しない場合であっても、上記の①に該当し、１週間の労働時間数が当該事業場において同種の業務に従事する通常の労働者の１週間の所定労働時間数のおおむね２分の１以上である者に対しても一般健康診断を実施するのが望ましいとされています（「短時間労働者の雇用管理の改善等に関する法律の一部を改正する法律の施行について」（平26. 7. 24基発0724第２号、職発0724第５号、能発0724第１号、雇児発0724第１号））。

毎年、定期健康診断を受けない従業員がいますが、どうすればいいのでしょうか。（労務担当者）

安衛法は、労働者に健康診断の受診義務を課し（安衛法66条５項）、受診を拒否することは認めていません。ただし、労働者が会社の行う健康診断を受けたくない場合には、他の医師または歯科医の健康診断を受け、その結果を証明する書面を会社に提出することができるとされ（安衛法66条５項ただし書）、医師選択の自由が認められています。

従業員が健康診断受診を拒否し、自分で健康診断を受けてこない場合の対処として、その事実を記録しておくことをお勧めします。当該従業員の健康状態を把握することができないことにより、会社が就労環境を十分に整備できず、その結果、当該労働者に健康被害が発生したとしても、健康診断を受けなかったという記録により、会社は安全配慮義務を尽くさなかったことについてその責任を負わないと主張することが可能と思われます。また、就業規則に受診義務の規定を置くことにより、業務命令として受診を命ずることができるようにすることもできます。

裁判例 ―― 教諭に受診義務があり、校長の受診命令拒否に対する減給処分が有効とされた事案

愛知県教育委員会事件（最高裁第一小法廷 平13. 4. 26判決）

〔事件の概要〕

公立中学教諭Xが、1983年（昭和58年）５月、定期健康診断における胸部エックス線検査につき放射線暴露の危険性を理由として受診せず、その後の２回の未受診者検査の受診を命じた校長の職務命令を拒否したこと、および同年11月28日、勤務条件に関する措置要求のため校長の不許可にもかかわらず職場離脱したことが地方公務員法29条（法律等違反、職務上の義務違反）に当たるとして、被告教育委員会から３カ月間、給料と調整手当の合計額の10分の１の減給処分を受けた。Xは、不服申立てを却下され、同処分を違法として取消請求をした。

〔判決の内容〕

市町村は、学校保健法により、毎年度定期に、学校の職員の健康診断を行

わなければならず、当該健康診断においては、結核の有無をエックス線間接撮影の方法により検査するものとされている。
　市町村立中学校の教諭等は、労働安全衛生法66条５項による定期健康診断を受ける義務を負っているとともに、エックス線検査については結核予防法７条１項によっても受診する義務を負っている。
　市立中学校の教諭が、エックス線検査を行うことが相当でない身体状態ないし健康状態にあったなどの事情もうかがわれないのに、市教育委員会が実施した定期健康診断においてエックス線検査を受診しなかったなど判示の事実関係の下においては、校長が職務上の命令として発したエックス線検査受診命令は適法であり、上記教諭がこれに従わなかったことは、地方公務員法（平成11年法律第107号による改正前のもの）29条１項１号、２号に該当する。

　なお、この判決は、集団感染の可能性が高い中学生に接する生活環境であることなども判断要素として考慮している。

健康診断の結果について、医師から意見聴取をしなければならないということですが、50人未満の工場なので産業医がいません。どうすればよいのでしょうか。

1　健康診断結果に基づく事後措置

健康診断の結果に基づき、健康診断の項目に異常の所見のある労働者について、労働者の健康を保持するために必要な措置について、医師（歯科医師による健康診断については歯科医師）の意見を聴かなければなりません（安衛法66条の４）。産業医の意見を聴くことが適当ですが、産業医選任の義務のない事業場においては、地域産業保健センターを利用することができます。

医師等の適切な意見を聴くためには、医師等に労働者に関する情報（健康診断結果、労働時間、残業時間、作業の状態、作業負荷の状況、深夜業の状況等）を適切に提供する必要があります。

2　地域産業保健センター

地域産業保健センターとは、法令上産業医の選任義務がない、規模50人未満の事業場とそこで働く労働者を対象に、産業保健サービスを充実させることを目的として、おおむね監督署の管轄区域ごとに設けられた都道府県産業保健総合支援センターの地域窓口です。

地域産業保健センターでは以下のサービスが無料で受けられます。

①労働者の健康管理に係る相談等

i　脳・心臓疾患のリスクが高い労働者に対する健康相談・保健指導

安衛法に基づく健康診断の結果、「血中脂質検査」「血圧の検査」「血糖検査」「尿中の糖の検査」「心電図検査」の項目に異常の所見があった労働者について、医師または保健師による日常生活での指導などを受けることができます。

ii　メンタルヘルス不調の労働者に対する相談・指導

メンタルヘルス不調を感じている労働者および当該労働者を使用している事業者に対し、医師または保健師による相談・指導を行います。

②健康診断の結果についての医師からの意見聴取（安衛法により実施義務がある）

安衛法に基づく健康診断で異常の所見のあった労働者に関してその健康を保持するために必要な措置について、医師から意見を聴くことができます。

③長時間労働者に対する面接指導（安衛法により実施義務がある）

時間外労働が長時間に及ぶ労働者に対し、疲労の蓄積状況の確認など医師による面接指導を行います。

④ストレスチェック結果に基づく面接指導

ストレスチェックの結果、高ストレスと判断された労働者に対し、心理的な負担の状況の確認など医師による面接指導を行います。

⑤職場環境チェック（個別訪問指導）

事業場を訪問して医師などが職場巡視により、事業場の状況を踏まえた産業保健に係る指導を行います。

3　定期健康診断の有所見率の改善

定期健康診断における有所見率は、1999年（平成11年）の44％から年々増加し、2015年（平成27年）に53.6％となっています。脳・心臓疾患の発生防止の徹底を図り、職業性疾病としての熱中症等の予防をするために、有所見率の改善※が重要であるとして、厚生労働省は以下の事項を確実に実施するように指導を行っています（平22. 3. 25基発0325第１号）。これらの実施に先立って、医師からの意見聴取は欠かせません。

①　定期健康診断実施後の措置を行うこと（安衛法66条の５）。
②　定期健康診断の結果を労働者に通知すること（同法66条の６）。
③　定期健康診断の結果に基づき保健指導を行うこと（同法66条の７）。
④　健康教育・健康相談等を行うこと（同法69条）。

※脳・心臓疾患関係の主な検査項目（血中脂質検査、血圧の検査、血糖検査、尿中の糖の検査および心電図検査をいう）における有所見となった状態の改善をいう。

2　メンタルヘルス対策

当社は従業員数約100人で、ストレスチェックを行わなくてはならないということですが、どのようにすればよいのでしょうか。

ストレスチェックは医師、保健師等が実施するものと定められているので、自社の産業医、保健師、実施者になるための研修を受けた看護師、精神保健福祉士が実施することができます。

ストレスチェックを自社では実施できない場合は、健康診断実施機関に委託するという方法があります。ストレスチェックの概要は以下のとおりです。

1　ストレスチェック制度の目的

2014年（平成26年）の安衛法の改正により、常時労働者数が50人以上の事業場において、１年以内ごとに１回、定期に心理的な負担の程度を把握するための検査（ストレスチェック）の実施が義務付けられています。このストレスチェック制度の目的は以下のとおりです。

・一次予防（図表78）を主な目的とする（労働者のメンタルヘルス不調の未然防止）

図表78●一次予防、二次予防、三次予防（メンタルヘルス対策）

一次予防	メンタルヘルス不調の発生を未然に防ぐための取組み	病気が発症する前の予防 物理的環境から仕事の進め方や対人関係まで広い意味での“職場環境”を組織的に改善しようとする対策
二次予防	病気を早期に発見し、迅速に適切な対応を取るための取組み	病気の早期発見・早期対応 軽症の段階で不調のサインに気付き、適切な治療を受けること
三次予防	現在の病状を適切に把握・管理し、病気の重症化を防ぐための取組み	精神障害の発症による休業・休職者の職場復帰への支援等

・労働者自身のストレスへの気付きを促す
・ストレスの原因となる職場環境の改善につなげる

2　ストレスチェック制度の概要

ストレスチェック制度は、定期的に労働者のストレスの状況について①のように検査を行い、本人にその結果を通知して自らのストレスの状況について気付きを促し、労働者からの申出があれば②の面接指導を実施、③の就業上の措置を講じることにより個人のメンタルヘルス不調のリスクを低減させるとともに、④の検査結果を集団的に分析し、職場環境の改善につなげる取組みです。

① 常時使用する労働者に対して、医師、保健師等による心理的な負担の程度を把握するための検査（ストレスチェック）を１年以内ごとに１回、定期に実施しなければならない（安衛法66条の10、安衛則52条の９、52条の10)。〈労働者50人未満の事業場については当分の間努力義務〉
② 検査の結果、一定の要件に該当する労働者から申出があった場合、医師による面接指導を実施することが事業者に義務付けられている。
③ 面接指導の結果に基づき、医師の意見を聴き、必要に応じ就業上の措置を講じなければならない。
④ ストレスチェック結果の集団ごとの集計・分析およびその結果を踏まえた必要な措置は努力義務であるが、事業者は、できるだけ実施することが望ましい（安衛則52条の14)。

3　ストレスチェック実施の流れ※

（1）導入の準備

① 会社として「メンタルヘルス不調の未然防止のためにストレスチェック制度を実施する」旨の方針を示す。
② 次に、事業場の衛生委員会で、ストレスチェック制度の実施方法な

※制度の詳細は、厚生労働省HP「ストレスチェック等の職場におけるメンタルヘルス対策・過重労働対策等」（http://www.mhlw.go.jp/bunya/roudoukijun/anzeneisei12/）に掲載されている。

どを話し合う。

③　話し合って決まったことを社内規程として明文化し、すべての従業員にその内容を知らせる。

④　実施体制・役割分担を決める。

（2）ストレスチェックの実施

①　質問票を従業員に配って、記入してもらう。

②　記入が終わった質問票は、医師などの実施者（またはその補助をする実施事務従事者）が回収する。

③　回収した質問票を基に、医師などの実施者がストレスの程度を評価し、高ストレスで医師の面接指導が必要な者を選ぶ。

④　結果（ストレスの程度の評価結果、高ストレスか否か、医師の面接指導が必要か否か）は、実施者から直接本人に通知する。

⑤　結果は、医師などの実施者（またはその補助をする実施事務従事者）が保存する。

（3）面接指導の実施と就業上の措置

①　ストレスチェック結果で「医師による面接指導が必要」とされた従業員から申出があった場合は、医師に依頼して面接指導を実施する。

②　面接指導を実施した医師から、就業上の措置の必要性の有無とその内容について、意見を聴き、それを踏まえて、労働時間の短縮など必要な措置を実施する。

③　面接指導の結果は事業場で５年間保存する。

（4）職場分析と職場環境の改善（努力義務）

①　ストレスチェックの実施者に、ストレスチェック結果を一定規模の集団（部、課、グループなど）ごとに集計・分析してもらい、その結果を提供してもらう。

②　集計・分析結果を踏まえて、職場環境の改善を行う。

4　労働者に対する不利益な取扱いの防止

事業者が、ストレスチェックおよび面接指導において把握した労働者の健康情報等に基づき、労働者に対して不利益な取扱いを行うことはあってはなりません（ストレスチェック指針※）。このため、事業者は、以下の不利益な取扱いを防止しなければなりません。

①法の規定により禁止されている不利益な取扱い

事業者は、労働者が面接指導の申出をしたことを理由とした不利益な取扱いをしてはなりません（安衛法66条の10第３項）。

②禁止されるべき不利益な取扱い

次に掲げる事業者による不利益な取扱いについては、一般的に合理的なものとはいえないため、事業者はこれらを行ってはならないとされています。

ア　労働者が受検しないこと等を理由とした不利益な取扱い

イ　面接指導結果を理由とした不利益な取扱い

→詳細はストレスチェック指針参照

5　労働者の健康情報の保護

ストレスチェック制度において、実施者が労働者のストレスの状況を正確に把握し、メンタルヘルス不調の防止および職場環境の改善につなげるためには、事業場においてストレスチェック制度に関する労働者の健康情報の保護が適切に行われることが極めて重要であり、事業者がストレスチェック制度に関する労働者の秘密を不正に入手するようなことがあってはなりません。このため、労働者の同意なくストレスチェック結果が事業者には提供されないしくみとされています（安衛法66条の10第２項後段）。

※ストレスチェック指針

「心理的な負担の程度を把握するための検査及び面接指導の実施並びに面接指導結果に基づき事業者が講ずべき措置に関する指針」（平27.4.15　心理的な負担の程度を把握するための検査等指針公示１号。平27.11.30改正）

6　面接指導の実施

ストレスチェックの結果の通知を受けた労働者で、心理的な負担の程度が高く、面接指導を受ける必要があるとストレスチェックを行った医師等が認めたもの（安衛則52条の15）が申出をしたときは、その労働者に対し医師による面接指導を行わなければなりません（安衛法66条の10第３項）。

面接指導では、次の①～③のほか、④～⑥についても確認を行うことになっています（安衛則52条の17）。

[安衛則52条の９による事項]

① 職場における当該労働者の心理的な負担の原因に関する項目
② 当該労働者の心理的な負担による心身の自覚症状に関する項目
③ 職場における他の労働者による当該労働者への支援に関する項目

[安衛則52条の17による事項]

④ 当該労働者の勤務の状況
⑤ 当該労働者の心理的な負担の状況
⑥ ⑤のほか、当該労働者の心身の状況

事業者は、面接指導の結果について医師からの意見聴取を行い、必要があると認めたときは、労働者の実情を考慮して、就業場所に変更、作業の転換、労働時間の短縮、深夜業の回数の減少等の措置を講じなければなりません（安衛法66条の10第５項、６項）。

Q50 ストレスチェック結果の集団ごとの集計・分析が努力義務だそうですが、やらなくてもいいということですか。

厚生労働省が策定している第12次労働災害防止計画※（計画期間：平成25年４月～平成30年３月）では、メンタルヘルス対策として、「メンタルヘルス不調を予防するための職場改善手法を検討する」ことが講ずべき施策として掲げられていました。ストレスチェックも一次予防を目的としているので、集団ごとの集計・分析を行って職場環境の改善を行うことをお勧めします。

◉ 資料27―第12次労働災害防止計画（抜粋）

> a　メンタルヘルス不調予防のための職場改善の取組
> ・職場環境の改善・快適化を進めることにより、メンタルヘルス不調を予防するという観点から、職場における過度のストレスの要因となるリスクを特定、評価し、必要な措置を講じてリスクを低減するリスクアセスメントのような新たな手法を検討する。

1　職場ごとの分析の必要性

改正安衛法によるストレスチェック制度の目的の一つとして、「ストレスの原因となる職場環境の改善につなげる」ということがあります。そのためには検査結果の集団ごとの分析が必要ですが、それは努力義務（安衛則52条の14第１項）となっています。さらに、分析の結果を勘案し、その必要があると認めるときは、当該集団の労働者の実情を考慮して、当該集団の労働者の心理的な負担を軽減するための適切な措置を講ずるよう努めなければならないとされています（同条２項）。このように、職場ごとの分析とその結果に基づく改善措置は努力義務とされ、メンタルヘルス対策の施策としては弱くなっています。

※「労働災害防止計画」とは、労働災害を減少させるために安衛法６条により国が重点的に取り組む事項を定めた中期計画である。

分析と職場改善について留意すべきことは「ストレスチェック指針」に示されています。

2　職場のストレッサー（ストレス要因）

職場のストレッサー（ストレス要因）には、以下のようなものがあります。

仕事の負担（量）、仕事の負担（質）、身体的負担、対人関係 職場の支援、職場環境（物理的ストレッサー、化学的ストレッサー等）

具体的な事例（**オタフクソース・石本食品事件**）でストレッサー（ストレス要因）を見ると、

- **職場環境として高温職場（推定約40℃）**であったこと
- **長時間労働**をしていたこと
- **人間関係として、部門リーダーとしての責任や同僚の働きぶりの悪さ**
- **職場の支援として相談体制がなかった**こと

があります。

ストレスチェックが実施され、職場分析を行い、職場環境の改善を実施することにより、このような出来事を防ぐことが期待されます。その意味で、ストレスチェックは一次予防と位置付ける必要があります。

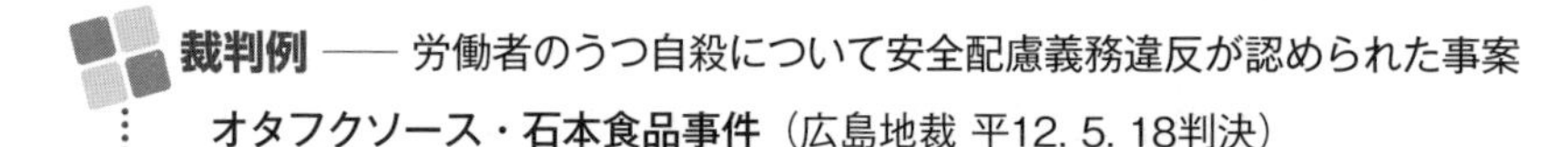

裁判例 ―― 労働者のうつ自殺について安全配慮義務違反が認められた事案

オタフクソース・石本食品事件（広島地裁 平12. 5. 18判決）

入社半年後にオタフクソースの一製造部門であり、取締役の大部分はオタフクソースの取締役でもあり、従業員も頻繁に流動している石本食品に転籍し、ソースの製造業務に従事することとなったが、高温の作業環境で過密かつ長時間労働を余儀なくされ心身の負担が増大し、また人的環境の変化に伴い部門リーダーとしての責任や同僚の働きぶりの悪さ等の打開策について悩み、うつ病に罹患し（たとされ）、管理職に相談したが適切な改善が行われなかった結果自殺した労働者の死亡について、オタフクソースと石本食品の安全配慮義務違反に対する損害賠償請求が認容された。

◉ 資料28―「事業場におけるストレスチェック制度の義務化に関する検討結果（中間報告）」より

（平25. 8. 1 日本産業衛生学会「政策法制度委員会メンタルヘルスワーキンググループ」）
https://www.sanei.or.jp/images/contents/269/InterimReport_MHWG_stress_check.pdf

ワーキンググループは、「ストレスチェック制度に関する科学的根拠の不足と運用上の不安を指摘し、『法改正によるストレスチェック制度の義務化を見送る』（法改正による義務化ではなく、通達でガイドラインや好事例を示すことにとどめるべき内容とすることを提案）ことを提案することに賛成した。この制度の代わりに、一定の準備期間や研究成果の蓄積をもとに、将来的には、職場の心理社会的環境（職業性ストレスなど）を事業場ごとに評価し、その対策を立案、実施、改善を行ってゆくリスクアセスメントを推進する制度を導入することが望ましい。」とし、以下のこと（概略）を提案しています。

1　ストレスチェックの実施における事業場および産業保健スタッフの主体的関わりを促すこと

安全衛生委員会の審議を経て、産業医等によるストレスチェックの実施が効果的に運用されている事例が数多く見られるので、このような先進事例が阻害されないような法制化と運用に十分な注意が払われる必要がある。

2　ストレスチェックを第一次予防につなげるための方針の明確化と支援

ストレスチェック制度が第一次予防を主眼としたものとなるべきことは、2010年９月の厚生労働省労働基準局「職場のメンタルヘルス対策検討会報告書」(5)の結論でもあり、本学会としても一貫して強調してきた点であるが、制度の実施にあたって、この点を明記するとともに、ストレスチェックが第一次予防につながり、効果的な制度となるために多様な支援施策・制度が拡充される必要がある。

3　ストレスチェックに関する科学的根拠および技術の蓄積

研究の推進と好事例の収集がなされるべきである。

4　５年をめどとして制度の評価と見直しを改正法に明記すること

5　ストレスチェック制度の運用を支援するための制度、支援機関

外部機関のうち、公的機関（産業保健推進センター、地域産業保健センター、メンタルヘルス対策支援センター）※に実践能力の高い専門職の配置を一層推進すること、民間機関（労働衛生機関等）や医療保険者に所属する専門職の人材育成の強化、その他の活用可能な地域資源を含む多機関・多職種間の連携を推進するしくみづくりが必要である。

※2014年（平成26年）４月に３つの産業保健事業（産業保健推進事業、メンタルヘルス対策支援事業および地域産業保健事業）を一元化し、産業保健活動総合支援事業となり、名称も産業保健総合支援センターとなっている。

Q51 安全配慮義務とはどのような義務ですか。

1　安全配慮義務とは何か

安全配慮義務とは、「ある法律関係に基づいて特別な社会的接触の関係に入った当事者間において、当該法律関係の付随義務として当事者の一方または双方が相手方に対して信義則上負う義務」をいいます。

労働契約上の安全配慮義務とは、「労働者が労務提供のため設置する場所、設備もしくは器具等を使用し又は使用者の指示のもとに労務の提供をする過程において、労働者の生命及び身体等を危険から保護するよう配慮すべき（使用者の）義務」（**川義事件、最高裁第三小法廷昭59. 4. 10判決**）をいい、労働契約を締結すれば契約に付随して当然に発生する使用者の義務です。

昭和40年代頃までは、労働災害による損害賠償請求訴訟では、不法行為責任による請求が主流だったのですが、その後安全配慮義務違反による債務不履行責任を追及する例が増え、それを認める判決が地方裁判所などで出されるようになりました。そして、車両整備をしていた自衛隊員が、同僚の運転する大型自動車の後車輪で頭部を轢かれ即死した事故に関して国に安全配慮義務違反による損害賠償責任があるとされた**陸上自衛隊八戸駐屯地事件**の最高裁判決（**最高裁第三小法廷昭50. 2. 25判決**）によって、使用者の安全配慮義務が確立されました。民間労働者に対する安全配慮義務については、18歳の新入社員が勤務先の会社の宿直中に反物を盗む目的で訪れた元従業員に殺された事案で、遺族が会社に対し宿直員の身体、生命に対する安全配慮義務の違反があったとして損害賠償の支払いを求めて提訴した前掲**川義事件**で認められました。

現在は、労働契約法５条に、「使用者は、労働契約に伴い、労働者がその生命、身体等の安全を確保しつつ労働することができるよう、必要な配慮をするものとする。」と規定されています。

2　債務不履行と不法行為

労災保険の給付は、例えば、障害補償一時金であれば、給付基礎日額の503日分から56日分というあらかじめ定められた基準で補償が行われるものなので、逸失利益（もし、被災者が事故に遭わなければ、これから先、当然得られたであろうとされる利益）や精神的損害（慰謝料）は補償されません。あるいは、労災認定基準に該当しないということで、労災保険による給付を受けられないこともあります。

労働者あるいは遺族は、労災保険の給付を受けられる場合でも、民事上の損害賠償を請求することができます。労働災害に関して民事上の損害賠償請求が行われる法的な根拠としては、主に債務不履行責任（民法415条）と不法行為責任（民法709条、715条）があります。

債務不履行責任：信義則上（民法１条２項）、使用者が労働者の安全（健康）に対して配慮すべき義務に違反した場合に問われる契約上の責任
不法行為責任：故意または過失により労働災害を生じさせたときの加害者とその使用者の負う責任

図表79●債務不履行と不法行為の違い

債務不履行 （安全配慮義務違反）		不法行為
請求者（労働者） ：安全配慮義務の内容を特定し、かつ、義務違反に該当する事実を主張・立証 **使用者**：自らの無過失を立証	証明責任	請求者（労働者）が相手方（使用者）の故意または過失を主張・立証
10年（民法167条１項）	消滅時効	**３年**（民法724条）
労働契約関係にない遺族には固有の慰謝料は認められない	死亡慰謝料	遺族（親、配偶者、子）にも固有の慰謝料が認められる
債権者による請求時	遅延損害金の起算点	損害の発生時

債務不履行責任と不法行為責任の違いは**図表79**のとおりであり、訴訟においては、このどちらかを主張することもありますが、両方を主張することも可能です。

精神衛生（メンタルヘルス）についても使用者は安全配慮義務を負うのですか。

安全配慮義務の内容は、薬品や重機などの危険・有害な職場で、生命・身体への物理的な危害が中心だったのですが、安全から健康へと移り、また、健康の中でも典型的な職業病から作業関連疾患へとその課題は広がってきています。例えば、粉じん作業に従事していた労働者に発生するじん肺、騒音作業における難聴などの職業性疾病に、労働者が罹患しないようにすることは安全配慮義務の一つです。

電通事件（最高裁第二小法廷平12. 3. 24判決）で、最高裁は事業者が労働者に対してその従事すべき業務を定めて従事させているに際し、その業務の量と質を適正に把握して管理し、当該「業務の遂行に伴う疲労や心理的負荷等が過度に蓄積して労働者の心身の健康を損なうことがないよう注意する義務」として、事業者が精神衛生面についても安全配慮義務を負うことを明らかにしました。

電通事件の最高裁判決（**Q2（144頁）**参照）は、①業務と過労自殺との間の因果関係を最高裁が初めて認めたこと、②労働者のメンタルヘルス不全が企業の安全配慮義務の対象となることを認めたことの二つの点において、重要な意味を持っています。

Q53 抽象的に安全配慮義務といわれても困ります。具体的に何をすればよいのでしょうか。

1 安全配慮義務の具体的内容

安全配慮義務の具体的内容は、「労働者の職種、労務内容、労務提供場所等安全配慮義務が問題となる当該具体的状況等によって異なるべきもの」（川義事件、最高裁第三小法廷昭59. 4. 10判決）ですが、具体的に何をする義務があるのかについて、過去の裁判例から以下の①、②、③のように分析されています（土田道夫著『労働契約法』467頁以下）。

① 事故・災害の場合

- i 物的設備の設置義務などの物的環境を整備する義務
- ii 安全監視員の配置をするなどの人的設備を適切に行う義務
- iii 安全教育・適切な業務指示の義務
- iv 履行補助者によって適切な整備・運転・操縦等をさせる義務
- v 安全衛生法令を遵守する義務

② 職業性疾病の場合

- i 疾病・死亡の防止段階における措置義務

  有害な化学物質排出の抑制などの作業環境整備、局所排気装置等の衛生設備の設置、保護具の装着、安全衛生教育の実施、健康診断の実施、作業環境測定の実施

- ii 疾病増悪の回避段階における措置義務

  健康診断結果の労働者への告知、医師の意見聴取、作業軽減、労働時間の軽減

③ 過重労働に起因する疾病・死亡の場合など

- i 労働時間、業務状況の把握義務

ⅱ　健康診断の実施や日常の観察に基づく心身の健康状態の把握義務
ⅲ　休憩時間、休日、休憩場所等について適正な労働条件を確保義務
ⅳ　労働者の年齢、健康状態等に応じて従事する作業時間および内容の軽減、就労場所の変更等適切な措置義務
ⅴ　疾病増悪の回避段階
　健康診断結果の労働者への告知、医師の意見聴取、作業軽減

精神障害については以下の措置が考えられます。
ⅰ　適正な労働条件の確保措置
　労働時間、休憩時間、休日、休憩場所等について適正な労働条件の確保
ⅱ　職場環境の整備措置
　気温の管理、騒音の低減等
ⅲ　人間関係の改善措置
　パワハラ、セクハラの禁止
ⅳ　心身の健康状態の把握措置
ⅴ　休養や医師等への受診勧奨等の措置
　精神障害を発病している場合、あるいは発病が疑われる場合には、休養や医師等への受診勧奨等適切を講じる。
ⅵ　職場復帰支援措置

2　安全配慮義務の内容の基準

それでは、安全配慮義務の具体的内容は何によって決まるのかですが、「労働安全衛生法をはじめとする労働安全衛生関係法令においては、事業主の講ずべき具体的な措置が規定されているところであり、これらは当然に遵守されなければならないものであること」（「労働契約法の施行について」（平24.８.10基発0810第２号））と示されているように、労働安全衛生関係法令は、安全配慮義務の具体的内容を決める基準となります。

また、安全配慮義務の内容の基準として、『裁判例にみる安全配慮義務の実務』（安西愈監修、中央労働災害防止協会編）では、①労働安全衛生関係法令、②告示、公示、指針（ガイドライン）、行政指導、行政通達、

③社内安全衛生規定、作業標準、作業心得等、④危険の予知（危険予知訓練[※1]やリスクアセスメント[※2]など）を挙げています。

※1　危険予知訓練
災害の未然防止を目的として、職場や作業の状況の中に潜む危険要因とそれが引き起こす現象を確認・共有する訓練。
※2　リスクアセスメント
災害防止のための手法の一つで、労働者の就業に係る危険性または有害性を特定し、これを除去または低減するための対策を検討すること。

Q54 自社の従業員以外の者に対しても安全配慮義務を負うのでしょうか。それはどのような場合なのでしょうか。

安全配慮義務は、前掲陸上自衛隊八戸駐屯地事件最高裁判決（最高裁第三小法廷 昭50. 2. 25判決）で、「ある法律関係に基づいて特別な社会的接触の関係に入った当事者間において、当該法律関係の付随義務として当事者の一方又は双方が相手方に対して信義則上負う義務」と判示され、労働契約関係に限定されるものではありません。したがって、以下のように労働契約関係にない当事者間においても安全配慮義務違反が認められています。

1　下請の労働者に対する元請企業の安全配慮義務

下請企業が元請企業と独立して業務を行っており、元請企業の従業員に対して指揮命令等を行わない場合は、元請企業は下請企業の従業員に対して安全配慮義務を負いません。

しかし、特定元方事業（造船・建設業）において、あるいは、それ以外の製造業においても、元請企業の労働者および下請企業の労働者の作業が同一の場所において行われることによって生ずる労働災害を防止するため作業間の連絡調整や関係請負人に安衛法等に基づく措置を講ずるように指導することなどを義務付けられている（安衛法30条、30条の2）こともあり、元請企業の労働者と下請企業の労働

図表80●特定元方事業における下請の労働者に対する安全配慮義務

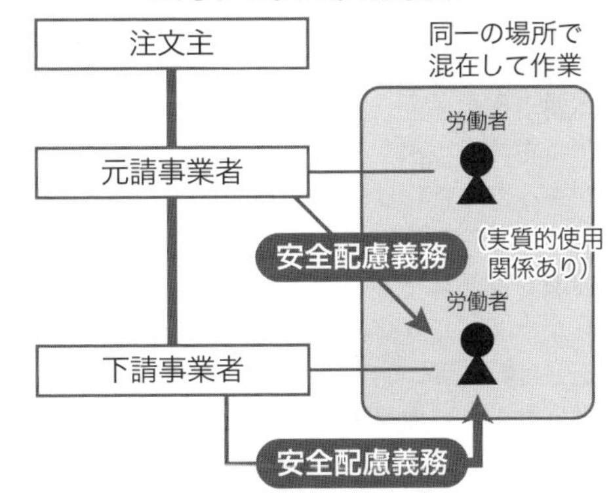

者の間に、「実質的な使用関係」あるいは「直接的または間接的指揮監督関係」が認められれば、元請企業が下請企業の労働者に対して安全配慮義務を負うと判断される可能性は大きいといえます。

裁判例 ── 構内請負企業の労働者に対する安全配慮義務

三菱重工業神戸造船所事件（最高裁第一小法廷 平3. 4. 11判決）

構内請負企業の労働者の騒音性難聴について発注元企業の責任が問われた事案。裁判所は、元請企業の管理する設備、工具等を用い、事実上元請企業の指揮、監督を受けて稼働し、その作業内容も元請企業の従業員とほとんど同じであったなど原判示の事実関係の下においては、元請企業は、信義則上、右労働者に対し安全配慮義務を負うとしている。

2 請負業者に対する安全配慮義務

注文主と請負人との間で締結される請負契約では、労働契約ではないので直ちに安全配慮義務を負うものではありません。しかし、**和歌の浦運送事件**のように、注文主が「指図」を越えて、「指揮命令」をすることにより、「特別な社会的接触関係にある」と認められたときは、注文主は安全配慮義務を負う場合もあります。

裁判例 ── 請負関係において実質的な使用従属関係があったものとして安全配慮義務を負うとされた事案

和歌の海運送事件（和歌山地裁 平16. 2. 9判決）

原告は、昭和54年1月頃から被告運送会社（運転手約60人）において、自己の所有・管理に属する普通貨物自動車を使用して鮮魚の運送業務に従事する傭車運転手で、労働者ではなかった。傭車運転手に運送会社の指揮監督の下に労務を提供する関係が認められ、雇用契約に準じるような使用従属関係があった場合には、運送会社には、傭車運転手の労働時間、休日の取得状況等について適切な労働条件を確保し、その労働状態を把握して健康管理を行い、健康状態等に応じて労働時間を軽減するなどの措置を講じるべき安全配慮義務があるとされた。傭車運転手が発症した脳内出血と脳梗塞の発症には、運送会社の業務と相当因果関係があるとされ、安全配慮義務違反による損害として、逸失利益、慰謝料等の合計6886万余円が認容された。

3　子会社の労働者に対する親会社の安全配慮義務

平和石綿工業事件では、４割の株式所有、取締役、工場長の派遣の事実から、親会社としての実質的支配により子会社の従業員との間に雇用関係に準ずる労務指揮権に関する法律関係が成立していたとして、安全配慮義務違反による債務不履行責任を認めています。

裁判例 ―― 子会社の労働者に対する親会社の安全配慮義務が認められた事案

平和石綿工業事件（長野地裁 昭61. 6. 27判決）

石綿粉じん作業に従事してきた労働者およびその遺族がじん肺（石綿肺）に罹患したことについて、使用者、その親会社を相手として安全配慮義務違反を理由に、国を相手として、監督義務違反を理由に、損害賠償を請求したものである。判決は使用者に関しては全面的に、最大の取引先であった親会社については、４割の株式所有、取締役、工場長の派遣の事実から、親会社としての実質的支配により子会社の従業員との間に雇用関係に準ずる労務指揮権に関する法律関係が成立していたとして、安全配慮義務違反による債務不履行責任を認め、慰謝料の支払いを命じた。しかし、じん肺の発生につき、国の監督機関の労働法規上の監督権限の不行使の違法があったとはいえないとして、国家賠償法１条１項の責任を否定し、国に対する関係の請求は棄却した。

4　派遣労働者に対する安全配慮義務

アテスト（ニコン熊谷製作所）事件では、派遣元（契約上は下請となっていた）アテストは、派遣労働者の使用者として、過重な業務に従事することなどにより、心身の健康を損なうことを予防する注意義務を負うと解されるところ、派遣労働者の就業状況を把握しておらず、当該注意義務違反の過失があることが認められ、当該労働者の死亡による損害を賠償する責任を負うとされました。一方、派遣先（契約上は元請となっていた）ニコンは、同人の死亡につき不法行為が成立するからこれによる損害を賠償する責任を負うとされ、また、民法719条１項（共同不法行為）の場合に当たり、派遣元と派遣先は連帯して責任を負うとされました。

裁判例 —— 派遣先の安全配慮義務が認められた事案

アテスト（ニコン熊谷製作所）事件（東京高裁 平21. 7. 28判決）

㈱アテスト（旧商号：㈱ネクスター）の従業員であり、㈱ニコンの熊谷製作所で勤務していた（勤務形態等については、争いがある。）労働者が自殺により死亡したのは、その勤務における過重な労働等による肉体的負担および精神的負担のために同人がうつ病に罹患したことが原因であるとして、派遣元アテストと派遣先ニコンの安全配慮義務違反ないし不法行為に基づく損害賠償請求が認められた。

5 出向労働者に対する出向元の安全配慮義務

出向とは、企業が業務命令によって従業員を子会社や関連会社に異動させ、就労させることをいい、出向元との労働契約に基づく従業員たる地位を保有したまま出向先の指揮監督下に労務を提供する「在籍出向」と、出向元との労働契約を解消した上で出向先との間で新たに労働契約を締結する「転籍出向」があります。

出向元の安全配慮義務違反の有無が問題になるのは在籍出向の場合ですが、裁判においては個別具体的に判断されています。出向先が安全配慮義務を尽くしていないということを知りながら、それに対して何も手を打たず放置していたという場合に出向元の安全配慮義務違反を認めたものがあります。

裁判例 —— 出向元の安全配慮義務違反が認められた事案

デンソー（トヨタ自動車）事件（名古屋地裁 平20. 10. 30判決）

労働者が出向中にうつ病を発症し、出向元デンソーに対し、帰社させて欲しい旨を訴えた頃には、労働者に対し、業務の軽減、その他何らかの援助を与えるべき義務が生じ、その後も、労働者の業務遂行の状況や健康状態に注意し、援助を与える義務があったというべきであり、それにもかかわらず、労働者がうつ病を発病するまでこれを怠り、また、帰社させるべき状況にあったのに、かえって長期出張の延長をしたとして、出向元に安全配慮義務違反があると認定された。

出向先トヨタについては、原告がB主担当員に対し、「現在の負荷では、私一人では対応できません。」と述べたことにより、被告トヨタは、原告に対し、

業務の軽減、その他何らかの援助を与えるべき義務が生じ、その後も、原告の業務遂行の状況や健康状態に注意し、援助を与える義務があったというべきであり、それにもかかわらず、少なくとも原告がうつを発病するまでこれを怠っていたのであるから、安全配慮義務の不履行があるとされた。

労災かくし

労災かくしとはどのようなことをいうのですか。

労働災害が起きたら、労災保険の給付請求手続きとは別に、図表81のように労働者死傷病報告を行わなければなりません（安衛法100条、安衛則97条）。

厚生労働省労働基準局によると、「労災かくし」とは、労働災害の発生事実を隠ぺいするため、

① 故意に労働者死傷病報告を所轄監督署長に提出しないもの

② 虚偽の内容を記載した労働者死傷病報告を所轄監督署長に提出するもの

をいいます。

さらに詳しく見れば、以下のようなやり方があります。

・労災保険給付の請求手続きをせず、労働者死傷病報告も行わないもの

・労災保険給付の請求手続きはしておきながら、労働者死傷病報告を提出しないもの

・事故発生後、現場の状況を改ざんし、安衛法に違反していない状況を作ってから監督署に通報するもの

・建設現場で元請の労災保険を使わず、発生現場を偽り下請の作業場にして下請の労災保険を使わせるいわゆる「とばし」というやり方（最近は製造業でも行われている）

図表81●労働者死傷病報告

４日未満の休業（不休を除く）	四半期に一度報告 労働者死傷病報告書（安衛則様式24号）を所轄監督署長に提出しなければならない（安衛則97条２項）
４日以上の休業	労働者死傷病報告書（安衛則様式23号）を所轄監督署長に遅滞なく提出しなければならない（安衛則97条１項）
死亡	労働者死傷病報告書（安衛則様式23号）を所轄監督署長に遅滞なく提出しなければならない（安衛則第97条１項）

参照条文

（労働者死傷病報告）

安衛則97条　事業者は、労働者が労働災害その他就業中又は事業場内若しくはその附属建設物内における負傷、窒息又は急性中毒により死亡し、又は休業したときは、遅滞なく、様式第23号による報告書を所轄労働基準監督署長に提出しなければならない。

2　前項の場合において、休業の日数が４日に満たないときは、事業者は、同項の規定にかかわらず、１月から３月まで、４月から６月まで、７月から９月まで及び10月から12月までの期間における当該事実について、様式第24号による報告書をそれぞれの期間における最後の月の翌月末日までに、所轄労働基準監督署長に提出しなければならない。

Q56 労災かくしは、年間何件ぐらい行われているのですか。

労災かくしの件数がどれぐらいあるのかはわかっていません。労災かくしの送検件数、臨検監督による行政指導の件数、政府管掌の健康保険を使って治療を受けたが、本来は労災扱いとすべき事案の件数等から推し量り、少なくとも労災保険の新規受給者総数（平成26年度新規受給者数は、619,599人）の１割（61,959人）は超えているだろうといわれています。

◇ 図表82●日本とイギリスの労働災害件数比較

	死亡者数	死亡者数/労働者数×10万	休業者数	休業者数/労働者数×1000	労働者数
日本2007	1,357	2.7	119,999 (181,958)	2.4 (3.7)	49,452,510
イギリス2007/2008	179	0.7	108,795	4.1	——

注：(　) 内の数字は労災保険の新規受給者数の１割（平成26年度、61,959）を加えた仮の数字

資料出所：厚生労働省労働基準局「労働基準監督年報」

◇ 図表83●労災かくし送検件数の推移（安衛法100条違反※）

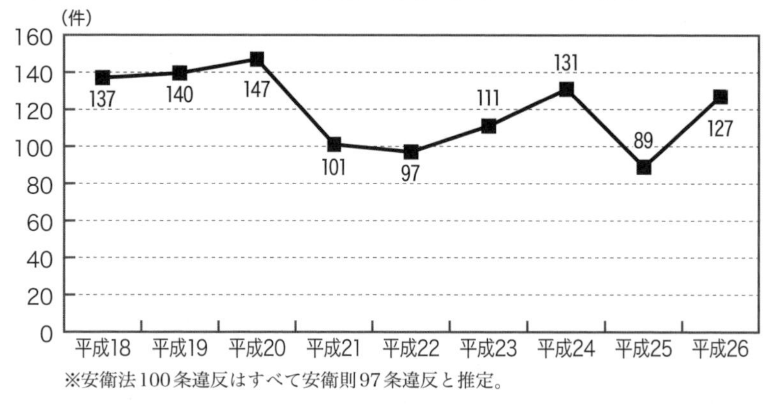

※安衛法100条違反はすべて安衛則97条違反と推定。

資料出所：「労働基準監督年報」

また、日本とイギリスの労働災害件数を比較すると、死亡災害は圧倒的に日本が多いのに、休業災害の件数は日本の方が少ないのです。この数字の違いに労災かくしが影響していると誰もいいませんが、何か影響しているような感じがします。

Q57 今年は労働災害が増えたので、１件健康保険で治療させました。かくしたことがばれる可能性があるのでしょうか。ばれたらどのような処分があるのでしょうか。

労働基準行政は、労災かくし対策として以下のことを行っています（「いわゆる労災かくしの排除について」平3. 12. 5基発687号）。被災した従業員が監督署に相談に行くことでわかってしまう可能性もあり、あるいは、全国健康保険協会（協会けんぽ）都道府県支部の情報によって発覚することもあるかもしれません。

労災かくしが発覚すれば、最悪の場合は司法処分にされるでしょう。

1　事態の把握および調査

監督署では、次のような労災かくしの調査を行っています。

① 労働者死傷病報告書、休業補償給付支給請求書等関係書類の内容を点検し、必要に応じ関係書類相互間の突合を行い、災害発生状況等の記載が不自然と思われる事案の把握を行うこと。

② 被災労働者からの申告、情報の提供がなされた場合には、その情報に基づき、改めて労働者死傷病報告書、休業補償給付支給請求書等関係書類の提出の有無を確認し、また、その相互間の突合を行い事案の内容の把握を行うこと。

③ 監督指導時に、出勤簿、作業日誌等関係書類の記載内容を点検し、その内容が不自然と思われる事案の把握を行うこと。

④ 上記①から③により把握した事案については、実地調査等必要な調査を実施し、労災かくしの発見に徹底を期すること。

ほかに、全国健康保険協会都道府県支部との連携による労災保険給付の請求勧奨を行うとしています（平成28年度地方労働行政運営方針）。

2　労災かくしを発見した場合の措置

労災かくしを発見した場合には、以下の措置を行うとされています。

① 労災かくしを行った事業場に対しては司法処分を含め厳正に対処する。

② 事業者に出頭を求め、都道府県労働局長または所轄監督署長から警告を発するとともに、同種事案再発防止対策を講じさせる。

③ 全国的または複数の地域で事業を展開している企業において労災かくしが行われた場合は、必要に応じて、その企業の本社等に対して、再発防止のための必要な措置を講ずる。

④ 建設事業無災害表彰を受けた事業場には、無災害表彰状を返還させる。

⑤ 労災保険のメリット制（289頁参照）の適用を受けている事業場では、メリット収支率の再計算を行い、必要に応じ、還付金の回収を行う等適正な保険料を徴収する。

Q58 労災かくしの理由はどんなものがあるのでしょうか。労災かくしはなぜいけないのですか。

1　労災かくしの理由

労災かくしの理由には、以下のようなものがあります。実際に労災かくしが行われる事案では、これらの理由の一つであったり、複数あったりすることもあります。

① 事業者（元請業者）が、監督署から調査や監督を受け、その結果、行政上の措置や処分が下されることを恐れてかくす
② 公共工事などの現場で労災事故が起きた場合、元請業者が、労災事故の発生を知った発注者から今後の受注に障害となるようなペナルティーが科されることを恐れてかくす
③ 労災事故を起こした下請業者が、事故の発生を元請業者に知られると、今後の受注に悪影響を及ぼすと判断してかくす
④ 事業者が、労災事故によって労災保険のメリット制の適用に響くためかくす
⑤ 無災害表彰の受賞や社内の安全評価、安全成績に影響を及ぼすためかくす
⑥ 下請業者が、元請の現場所長や職員の評価にかかわるため、迷惑がかからないようにとかくす
⑦ 元請業者が、下請業者に対し災害補償責任を負わせるため虚偽の報告を行う

（資料出所：厚生労働省リーフレット「労災かくしは犯罪です」）

2　労災かくしの弊害

労災かくしが行われることで以下のような弊害が生じます。

① 労災保険の適正な給付が行われず、被災労働者や下請業者が負担を強いられる。

② 事業場の適切な労災防止対策が講じられなくなり、労働者の労働意欲が減退することにもなる。

③ 労働基準監督機関が労働災害発生原因等を把握できなくなり、災害発生事業場に再発防止策を講じさせることができない。

④ 労働災害の発生原因を究明することができないので、同種の事業場に対する適切な労働災害防止対策を講ずることができない。

COFFEE BREAK 12 労災保険に対する誤解

「労災保険を使うと保険料が上がるから、うちの会社では労災保険は使わないようにと言われているよ」と、メンタルヘルスの研修会で参加者が言っていました。それを聞いて、「うちの会社もそうだよ」という声もありました。どうも、労災保険を自動車保険のように誤解している人がいるようです。このような素朴な誤解も労災かくしの原因となっているのではないでしょうか。

労災保険には、納付された労災保険料の額と、支給した労災保険給付の額の比率に応じて、一定の範囲で労災保険料率を上下させるメリット制がありますが、一定の規模等の条件があり、すべての事業に適用されるわけではありません。

労災保険のメリット制

1　メリット制とは

労災保険のメリット制は、労災保険に加入するすべての事業に適用されるわけではありません。労災保険料のメリット制とは、

① 過去の業務災害発生状況に応じて労災保険料負担の公平を図る

② 事業主の業務災害防止努力を促進する

という二つの目的のため、納付された労災保険料の額と支給した労災保険給付の額の比率に応じて、一定の範囲で労災保険料率を上下させる制度です。適用対象となるのは、３年間継続して一定の規模を満たした事業のみです。

2　メリット制適用対象〈継続事業・一括有期事業の場合〉

連続する３保険年度の最終年度の末日（３月31日）時点で労災保険関係成立後３年以上経過していて、当該３保険年度中の各保険年度において、次の①～③のいずれかに該当する事業がメリット制の対象になります。

① 100人以上の労働者を使用する継続事業

② 20人以上（100人未満）の労働者を使用する継続事業で、かつ災害度係数が0.4以上の事業

※災害度係数＝労働者数×（適用される労災保険料率−0.6/1000）
通勤災害などの非業務災害率（0.6/1000）を除外する。

③ 確定保険料の額が40万円以上の一括有期事業

3 メリット制のしくみ

メリット制は、原則として、過去３年間の労災保険の収支率（納付済保険料額に対する支給済保険給付額の割合）に応じて、その３年間の最終年度の翌々年度の労災保険率を±40％の範囲で増減するシステムです。

本来の労災保険料率から「通勤災害などの非業務災害率（0.6/1000）」を除外した部分のみがメリット制による±40％の増減の対象となります。

4 建設業の有期事業（建設現場）へのメリット制適用

原則として、一般の継続事業と同様に、翌々年度の労災保険率を±40％の範囲で増減します。

ただし、平成24年４月１日以降に労災保険関係が成立した一括有期事業については、年間の確定保険料の額が40万円以上（100万円未満）の場合、±30％の増減幅が適用されます。

また、連続する３保険年度に平成24年度以降の年度が含まれる一括有期事業については、年間の確定保険料の額が40万円以上（100万円未満）の年度が１年度でもある場合、±30％の増減幅が適用（平成26年度以降）されます。（なお、連続する３保険年度中に年間の確定保険料の額が40万円未満の年度が１年度でもある場合はメリット制の適用対象外です）

Q59 グループホームでパートで働いています。パートは労災がないそうですが、けがをしたときの医療費は自分持ちなんでしょうか。

労働者を１名でも使用していれば、原則として労災保険法の適用事業場となり、保険料は事業主が払います。パートタイマーやアルバイトでも業務上災害および通勤災害に遭えば補償の給付を受けられます。

1　労災保険の適用

労働者を１名でも使用していれば、原則として労災保険法の適用事業場となり、労働者を使用して事業を開始した日に、その事業に関して適用関係が成立します（労災保険法３条１項、徴収法３条）。

しかし、以下の①から③の事業は暫定任意適用事業とされています（労災保険法昭和44年附則12条１項、失業保険法及び労働者災害補償保険法の一部を改正する法律及び労働保険の保険料の徴収等に関する法律の施行に伴う関係政令の整備等に関する政令17条）。暫定任意適用事業とは、労働保険に加入するかどうかは事業主の意思やその事業に使用されている労働者の過半数の意思にまかされている事業をいいます。保険関係は、事業主が任意加入の申請をし、その承諾を得てはじめて成立します。

①　労働者数５人未満の個人経営の農業であって、特定の危険または有害な作業を主として行う事業以外のもの

②　労働者を常時は使用することなく、かつ、年間使用延労働者数が300人未満の個人経営の林業

③　労働者数５人未満の個人経営の水産業で、総トン数５トン未満の漁船によるものまたは災害発生のおそれの少ない河川・湖沼または特定水面において主として操業するもの

2　未加入の場合

労災保険は、労働者を使用して事業を開始した日にその事業に関して適用関係が成立するので、事業主が加入手続きを行っていない場合でも、

業務上の事由または通勤による負傷等について保険給付を受けることができます。

未加入の場合について、労災保険法等に直接的な罰則規定はありません。しかし、事業主が監督署等から加入手続きを行うよう指導等を受けていたにもかかわらず、保険関係成立手続きを怠っていた場合、その期間中に業務災害や通勤災害が発生したときは、「故意に手続きを行わないもの」と認定され、原則として保険給付額※の100％を費用徴収されます。

また、加入手続きの指導等を受けていなかった場合であって、保険関係が成立した日から１年を経過しても保険関係成立手続きを行っていなかった場合、その期間中に業務災害や通勤災害が発生したときは、「重大な過失により手続きを行わないもの」と認定され、原則として、保険給付額※の40％を費用徴収されます。

別途、遡って保険料も徴収されることになります。

※療養開始後３年間に支給されるものに限る。また、療養（補償）給付および介護（補償）給付は除かれる。

Ⅵ 派遣労働者、外国人労働者、年少者

1　派遣労働者

製造業で派遣労働者を使用しています。安全衛生教育は派遣元にまかせておけばいいと思いますが、だめでしょうか。

1　安全衛生教育の実施義務者

派遣労働者については、雇入れ時・作業内容変更時（派遣時）の安全衛生教育は派遣元に、法令で定められた危険有害業務に従事するときの特別教育は派遣先に実施義務があります。

なお、平成27年労働者派遣法改正により、労働者派遣事業の許可基準に、「派遣労働者に対して、労働安全衛生法第59条に基づき実施が義務付けられている安全衛生教育の実施体制を整備していること」（労働者派遣事業関係業務取扱要領）が追加されています。

◇図表84●派遣労働者に対する安全衛生教育と実施義務者

派遣元	雇入れ時	雇入れ時教育
	派遣先事業場を変更したとき	作業内容変更時教育
派遣先	法令で定められた危険有害業務に従事させるとき	特別教育
	受け入れている派遣労働者の作業内容を変更したとき	作業内容変更時教育

2　安全衛生に係る措置に関する派遣先の協力等

製造業で働く派遣労働者の労働災害発生率は高く、中でも経験の浅い者の労働災害の占める割合が高くなっています。このため、

◆　派遣労働者に対する安全衛生教育を労働災害防止に必要な内容・

時間をもって行うこと（雇入れのとき、派遣先が変わったとき、作業内容が変わったとき）

◆　派遣元事業場と派遣先事業場が十分に連絡・調整すること

が求められます。

派遣先は、派遣元事業主から雇入れ時等の安全衛生教育の委託の申入れがある場合には可能な限りこれに応じるように努める等、必要な協力や配慮を行わなければなりません（派遣先指針第２の17）。

図表85●派遣元・派遣先事業者が連携して行う安全衛生教育

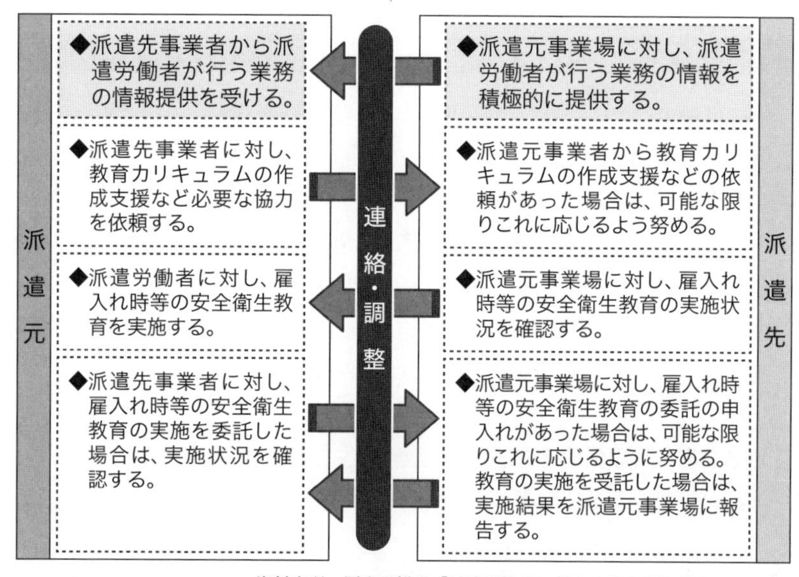

資料出所：厚生労働省「派遣労働者に対する安全衛生教育について」

3　製造業務専門の派遣元・派遣先責任者の選任

製造業務では、他の業務に比べて危険な機械や有害な化学物質を取り扱うことが多いので、派遣元・派遣先事業主は、それぞれの責任において安衛法上の措置を徹底しなければなりません。また、これらの措置を円滑に実施するために、連絡調整のため派遣元・派遣先では製造業務専門の責任者の選任が義務付けられています。

①派遣元

製造業務に派遣する派遣元事業主は、当該派遣労働者を専門に担当する派遣元責任者を１単位（製造業の業務に従事させる派遣労働者１人以上100人以下を１単位とする）につき１人以上選任しなければなりません（労働者派遣法36条、労働者派遣法施行規則29条３号）。

②派遣先

製造業務に50人を超える派遣労働者を従事させる派遣先は、当該派遣労働者を専門に担当する派遣先責任者を選任しなければなりません。

原則として、製造業務に従事する派遣労働者が50人を超え100人以下の場合は１人以上、100人を超え200人以下の場合は２人以上を選任し、以下同様に100人当たり１人以上の者を追加する必要があります（労働者派遣法41条、労働者派遣法施行規則34条３号）。

図表86●製造業務専門の派遣元・派遣先責任者数

派遣労働者数	派遣元責任者数	派遣先責任者数
１人を超え50人以下	１人以上	—
50人を超え100人以下		１人以上
100人を超え200人以下	２人以上	２人以上
200人を超え300人以下	３人以上	３人以上

Q61 派遣先と派遣元の労基法と安衛法の責任範囲を教えてください。

1　労基法等の特例適用

労働者派遣とは、派遣元事業主と派遣先事業主との労働者派遣契約に基づき、派遣元が自己の雇用する労働者を、派遣先の指揮命令の下で派遣先のために労働に従事させることをいいます。雇用関係は派遣元事業主と派遣労働者との間にありますが、働く場所が派遣元事業主の管理が及ばない場所であることが多く、労働者を保護するためには、実際にその労働者に就労の指揮命令をし、派遣先事業主が使用者としての責任を負った方がよいものを、法律の面で「特例適用」としています。

特例適用の対象とされている法律は、労基法、安衛法、じん肺法、作業環境測定法および男女雇用機会均等法です。

この適用については、労働者派遣事業の実施について許可を受けた適正な派遣元事業主が行う労働者派遣だけではなく、いわゆる偽装請負についても適用されます。

なお、この労働者派遣と請負との違いについては、厚生労働省で区分基準（昭61. 4. 17労働省告示37号、131頁参照）を示しています。この基準の定める一定要件を満たさないものは、労働者派遣として取り扱うこととされています。

2　労基法

派遣労働者の使用者は雇用関係を締結している派遣元です。一方、派遣先事業主と派遣労働者との間には雇用関係はありませんが、実際に派遣労働者が指揮命令を受けて業務に従事しているのは派遣先の事業場です。

そのため、労働者派遣法44条には、派遣先の事業場を派遣中の労働者を使用する事業とみなし、労基法の規定の一部を適用するという特例があります。

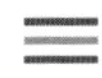

時間外・休日労働に関する協定（36協定）の締結・届出や１カ月単位の変形労働時間制の取り決めなどの枠組みは派遣元が設定し、その枠組みの範囲内で派遣先事業主が派遣労働者を指揮命令し就労させることができます。したがって、派遣元が36協定を締結し、これを監督署長に届け出た場合に限り、派遣先事業主はその協定に定める限度内で派遣労働者に法定労働時間を超えて、または法定休日に労働させることができます。

◆図表87●労基法に関する派遣元・派遣先の責任

派遣元	実施事項	派遣先
○	労働契約の締結	—
○	賃金の支払い	—
○	時間外、休日、深夜の割増賃金	—
—	労働時間、休憩、休日	○
○	時間外・休日労働協定届 変形労働時間制の取り決めなどの枠組み	—
○	年次有給休暇	—
—	年少者の労働時間	○
—	産前産後の時間外、休日労働	○
—	育児時間、生理休暇	○
○	産前・産後の休業	—
○	災害補償	—
○	就業規則の作成・届出	—
○	労働者名簿の作成・保存	—
○	賃金台帳の作成・保存	—

3　安衛法の特例適用

安衛法に関しても、派遣先の事業場を派遣労働者を使用する事業者とみなし、規定の一部が適用されます。（労働者派遣法45条）

①　**安全衛生管理体制**

総括安全衛生管理者や衛生管理者、産業医は派遣元だけではなく派遣先にも選任義務が課され、安全管理者や安全委員会は派遣先にのみ選任・設置義務があります。派遣先は派遣労働者を含めた常時使用する労働者数をカウントし、適正な安全衛生管理体制を整える必要があります。

②　**安全衛生教育**

雇入れ時の安全衛生教育を行う義務は派遣元にあり、作業内容変更時や危険・有害業務に就かせるときの特別教育は派遣先事業主が行う義務があります。

③　**健康診断**

一般健康診断（雇入れ時および定期）は派遣元事業主に実施義務があり、健康診断の結果、派遣労働者に健康状態に異常がある場合は、派遣先と派遣元の双方が就業場所の変更、深夜勤務の回数減少など、労働条件や作業環境について適切な措置を行う義務を負います。

◇ 図表88 ● 安衛法に関する派遣元・派遣先の責任

	派遣元	実施事項	派遣先
安全衛生教育	○	雇入れ時	—
	○	作業内容変更時	○
	—	特別教育	○
健康診断	○	一般健康診断	—
	○	健康診断実施後の作業転換等の措置	○
	—	有害業務の健康診断	○

Q62 派遣元の36協定の延長時間が当社の36協定の延長時間より短いにもかかわらず、当社の従業員に合わせて残業をさせてしまい、派遣元から苦情がありました。派遣社員の労働時間管理について教えてください。

派遣先と派遣元との間の労働者派遣契約において、１日８時間を超えてあるいは法定休日に就労することができる旨定めていたとしても、派遣元において時間外・休日労働に関する協定（36協定）の締結・届出をしていなければ、派遣先は派遣労働者に対して時間外労働や休日労働を命じることはできません。したがって、派遣先は、派遣元との契約時に受け入れる派遣労働者に適用される有効な36協定について確認する必要があります。

1　労働時間の枠組みについて

派遣元は時間外労働・休日労働協定届を行い、その内容を派遣先に知らせなければなりません。

派遣先は、派遣元の36協定の範囲内で派遣労働者に時間外労働・休日労働を行わせることができますが、派遣先の延長時間が派遣元のそれより長い場合でも、派遣元の延長時間を超えて時間外労働を行わせることはできません。

2　労働時間の管理、連絡体制の確立

派遣先は派遣元との労働時間に関する連絡調整を的確に行うことが義務付けられています（派遣先指針第２の11）。派遣先は適正に派遣就業をした日、派遣就業をした日ごとの始業し、および終業した時刻並びに休憩した時間等を把握し、派遣先管理台帳に記録し、１カ月ごとに１回以上、一定の期日を定めて、書面等により派遣元に通知しなければなりません（労働者派遣法42条３項、労働者派遣法施行規則38条１項）。

派遣元事業主は、派遣先からの通知を基に始業・終業時刻、休憩時間を記録し、労働時間の適正管理を行い、賃金を支払わなければなりません。

派遣労働者が派遣先でけがをしました。監督署への報告、労災保険の手続きはどうすればよいのでしょうか。

1　労働者死傷病報告

派遣労働者が労働災害に遭った場合の労働者死傷病報告の提出義務は、派遣先・派遣元の双方にあります。派遣元・派遣先の双方の事業者が、それぞれ労働者死傷病報告を作成し、所轄監督署長に提出しなければなりません（安衛則97条、労働者派遣法45条15項）。

派遣労働者に係る労働災害については、労働者死傷病報告に派遣先・派遣元の明示や、派遣先事業場名の明記等が義務付けられています。

2　労災保険の給付

派遣労働者も労災保険の給付は一般の労働者と同じです。派遣労働者に係る労災保険は、労働時間の長さや契約期間の長さにかかわらず、すべての派遣労働者が対象となります。

労災保険給付を受けようとする場合には、基本的に派遣元の所在地を管轄する監督署に給付請求書を提出することになります。例えば療養補償給付等について、給付請求書には「事業主の証明を受けること」とされていますが、この事業主の証明というのは、災害発生の原因や状況等の事実に相違がない旨の証明のことで、労災保険の認定・給付を行うのはあくまでも監督署です。

しかし、派遣元に災害発生の原因や状況等に関する情報が伝わっていなければ証明ができません。このため派遣先の事業者は、当該労働災害について労働者死傷病報告を監督署に提出するとともに、その写しを派遣元に送付しなければなりません（労働者派遣法施行規則42条）。

労災の給付請求をするのは労働者本人または遺族ですが、派遣元では、被災した労働者が労災保険給付の手続きを行うために必要な助力を行うよう義務付けられています（労災保険法施行規則23条）。

2　外国人労働者

外国人労働者にも日本の労基法や健康保険法などが適用されるのでしょうか。

1　外国人労働者の類型

外国人労働者は、次のように分類されます（参考：厚生労働省HP「日本で就労する外国人のカテゴリー」)。

（1）適法就労者

①　就労目的で在留が認められる者

教授、高度専門職などの「専門的・技術的分野」

②　身分に基づき在留する者……就労に制限がない。

「定住者」（主に日系人)、「永住者」、「日本人の配偶者等」等

③　技能実習

④　特定活動……個々の許可の内容により報酬を受ける活動の可否が決まる。

EPA（経済連携協定）に基づく外国人看護師・介護福祉士候補者、ワーキングホリデー等

⑤　資格外活動……本来の在留資格の活動を阻害しない範囲内（１週28時間以内等）で、相当と認められる場合に報酬を受ける活動が許可される。

留学生のアルバイト等

（2）不法就労者

（1）のような出入国管理及び難民認定法（入管法）上の在留資格の制限を超えて就労している労働者

2　労働関係法規・社会保険関係法規の適用

労基法、安衛法、最賃法等の労働保護法規をはじめ職業安定法、労働

者派遣法、労働組合法等のすべての労働法規は、適法な就労か不法就労かを問わず、日本国内で就労している外国人に対して、原則として適用されます（「外国人の不法就労等に係る対応について」（昭63.1.26基発50号・職発31号））。

① 労基法3条は、労働者の国籍を理由とする賃金、労働時間その他の労働条件についての差別を禁止しています。

② 労災保険法は、適法な就労かどうかを問わず外国人に適用されます。

③ 雇用保険法は、日本国に在留する外国人については、外国公務員および外国の失業補償制度の適用を受けていることが立証された者を除き、国籍のいかんを問わず被保険者として取り扱うこととされています。

④ 労働災害について民事訴訟により損害賠償を請求する場合、不法就労であっても休業損害に対する賠償が否定されることはありません。判例では、外国人労働者が労働災害を被った場合、後遺障害がある場合の逸失利益の算定は、予想される日本での就労可能期間は日本での収入を基礎に、その後は母国での収入等を基礎になされるべきであり、不法就労者の場合は日本での就労期間が長期にわたると認めることはできないとされています（**改進社事件、最高裁第三小法廷平9.1.28判決**）。

⑤ 国民年金法、厚生年金保険法、健康保険法は、外国人労働者についても、適法な就労か否かを詮索せずに適用されることになっていますが、関係機関は不法就労が判明した場合には出入国管理局に通知することになっています。

国民健康保険法は外国人であっても1年以上の滞在が見込まれる者に適用されることになっています。

Q65 技能実習生を使いたいと思いますが、どのような制度でしょうか。

技能実習制度

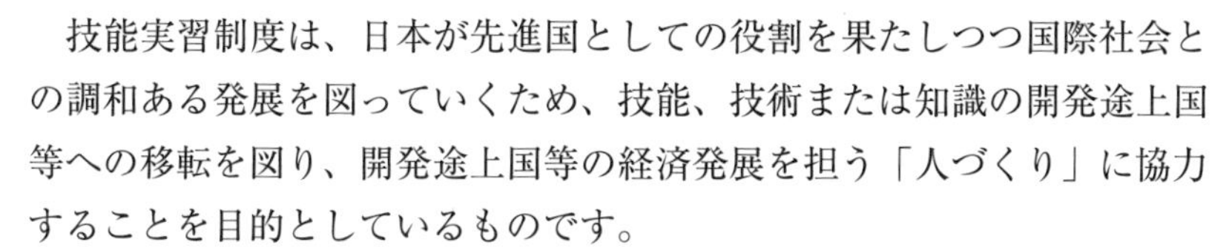

技能実習制度は、日本が先進国としての役割を果たしつつ国際社会との調和ある発展を図っていくため、技能、技術または知識の開発途上国等への移転を図り、開発途上国等の経済発展を担う「人づくり」に協力することを目的としているものです。

技能実習制度は、最長３年の期間において、技能実習生が雇用関係の下、日本の産業・職業上の技能等の修得・習熟をすることを内容とするものです。受け入れる方式は、企業単独型と団体監理型に大別されます。

① **企業単独型**：日本の企業等（実習実施機関）が海外の現地法人、合弁企業や取引先企業の職員を受け入れて技能実習を実施するもの。

② **団体監理型**：商工会や中小企業団体等営利を目的としない団体（監理団体）が技能実習生を受け入れ、傘下の企業等（実習実施機関）で技能実習を実施するもの。

上記の二つのタイプのそれぞれが、技能実習生の行う活動内容により、入国後１年目の技能等を修得する活動と、２、３年目の修得した技能等に習熟するための活動とに分けられ、対応する在留資格として「技能実習」には４区分が設けられています。

◆ 図表89● 技能実習生在留資格

	入国1年目	入国2、3年目
企業単独型	在留資格「技能実習１号イ」	在留資格「技能実習２号イ」
団体監理型	在留資格「技能実習１号ロ」	在留資格「技能実習２号ロ」

技能実習生は、技能実習１号終了時に移行対象職種・作業（2016年（平成28年）４月１日現在、技能実習２号移行対象職種は74職種133作業）について技能検定基礎２級等に合格し、在留資格変更許可を受けると技能実習２号へ移行することができます。この場合、技能実習１号で技能等を修得した実習実施機関と同一の機関で、かつ同一の技能等について習熟するための活動を行わなければなりません。

図表90●技能実習の流れ

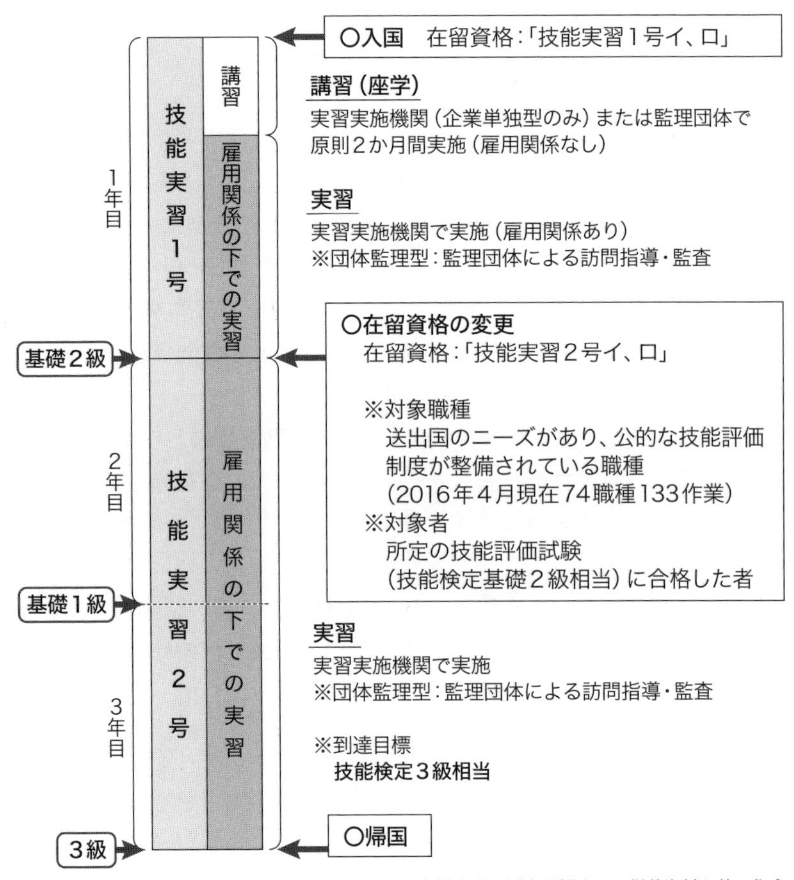

資料出所：厚生労働省ＨＰ掲載資料を基に作成

労働局では、技能実習生の労働問題についてどのような対策を行っているのでしょうか。

労働局や監督署では、以下のような指導、処分を行うとしています。
一方、外国語による相談窓口を設け、技能実習生に限らず外国人からの相談を受け付けています。

①重点的な監督指導

技能実習生については、労働基準関係法令違反があると考えられる事業場に対して重点的に監督指導を実施し、重大または悪質な労働基準関係法令違反事案に対しては、司法処分を含め厳正に対処するとともに、出入国管理機関との相互通報制度の確実な運用を図る。

②悪質な違反事業場の司法処分

技能実習生に係る強制労働が疑われる事案、技能実習生への暴行・脅迫・監禁等、技能実習生からの違約金の徴収等、技能実習生の預金通帳・印鑑・旅券等の取上げ等が疑われ、かつ、技能実習生に係る労働基準関係法令違反が疑われる事案については、技能実習生の人権侵害が疑われる事案であることから、出入国管理機関との合同監督・調査を実施し、労働基準関係法令違反が認められ、悪質性が認められるものまたは社会的にも看過しえないものについては、積極的に司法処分に付すこととする。

③相談窓口

都道府県労働局に設置されている外国人労働者相談コーナーおよび「外国人労働者向け相談ダイヤル」（2015年（平成27年）６月開設）により、外国人労働者からの相談に的確に対応する。

外国人労働者向け相談ダイヤルは、増加を続ける技能実習生を含む外国人労働者からの相談に的確に対応するため、外国人労働者相談コーナーが設置されている都道府県労働局の同相談コーナーを活用し、5か国語（中国語、ポルトガル語、スペイン語、タガログ語、英語）に対応する電話相談窓口を整備したもので、ナビダイヤルにより、相談者が希望する言語の下記代表電話番号にかけると、あらかじめ曜日ごとに設定された当該言語に対応できる相談コーナーに自動的に転送されます。開設時間は各言語とも午前10時から午後3時です。

英　　　語	（毎週月〜金曜日）	0570−001701
中　国　語	（毎週月〜金曜日）	0570−001702
ポルトガル語	（毎週月〜金曜日）	0570−001703
スペイン語	（毎週火、木、金曜日）	0570−001704
タガログ語	（毎週火、水曜日）	0570−001705

◉ 資料29―2015年人身売買報告書の日本に関するもの（抜粋）

アメリカ国務省人身取引監視対策部

強制労働の事案は、政府が運営するTITP〔編注：Technical Intern Training Program　外国人技能実習制度〕において発生している。この制度は本来、外国人労働者の基本的な産業上の技能・技術を育成することを目的としていたが、むしろ臨時労働者事業となった。「実習」期間中、多くの移住労働者は、TITPの本来の目的である技能の教授や育成は行われない仕事に従事させられ、中には依然として強制労働の状態に置かれている者もいた。技能実習生の大半は中国人およびベトナム人であり、中には職を得るために最高で1万ドルを支払い、実習を切り上げようとした場合には、数千ドル相当の没収を義務付ける契約の下で雇用されている者もいる。この制度の下での過剰な手数料、保証金、および「罰則」契約は依然として報告されている。脱走やTITP関係者以外の人との連絡を防ぐために、技能実習生のパスポートやその他の身分証明書を取り上げ、技能実習生の移動を制限する雇用主もいる。

外国人の安全衛生管理は何か特別のことをしなければならないのでしょうか。

外国人は、日本語ができなかったり、不自由だったりします。また、生活習慣が違ったり、日本以外では会社で健康診断を実施することはないので、健康診断を会社で受けることが理解できなかったりすることがあります。したがって、日本語がわからなくても理解できるような配慮をし、日本の制度、習慣についても十分な説明が必要です。

厚生労働省労働基準局は、「派遣労働者に係る労働条件及び安全衛生の確保について」(平21. 3. 31基発0331010号、改正：平27. 9. 30基発0930第５号）において、「労働条件の明示や安全衛生教育の実施、労働災害防止に関する標識、掲示等については、外国人労働者がその内容を理解できる方法により行う等、『外国人※労働者の雇用管理の改善等に関して事業主が適切に対処するための指針』(平成19年厚生労働省告示第276号)に基づく必要な措置を講ずること」を指導するように都道府県労働局に示達しています。

この指針は、雇用対策法（職業安定局所掌の法律）８条に定める事項に関し、事業主が適切に対処することができるよう、事業主が講ずべき必要な措置について定めたものです。

指針では、以下のように外国人労働者に配慮した安全衛生管理を行うことを求めています。

（１）安全衛生教育の実施

外国人労働者に対し安全衛生教育を実施するに当たっては、当該外国

※ここでいう外国人とは、日本の国籍を有しない者をいい、雇用対策法施行規則１条の２で定める次の者を除く。

① 出入国管理及び難民認定法別表第１の１の表の外交または公用の在留資格をもって在留する者

② 日本国との平和条約に基づき日本の国籍を離脱した者等の出入国管理に関する特例法に定める特別永住者

人労働者がその内容を理解できる方法により行うこと。
特に、外国人労働者に使用させる機械設備、安全装置又は保護具の使用方法等が確実に理解されるよう留意すること。

（2）労働災害防止のための日本語教育等の実施

外国人労働者が労働災害防止のための指示等を理解することができるようにするため、必要な日本語及び基本的な合図等を習得させるよう努めること。

（3）労働災害防止に関する標識、掲示等

事業場内における労働災害防止に関する標識、掲示等について、図解等の方法を用いる等、外国人労働者がその内容を理解できる方法により行うよう努めること。

（4）健康診断の実施等

・労働安全衛生法等の定めるところにより外国人労働者に対して健康診断を実施すること。
・実施に当たっては、健康診断の目的・内容を当該外国人労働者が理解できる方法により説明するよう努めること。
・外国人労働者に対し健康診断の結果に基づく事後措置を実施するときは、健康診断の結果並びに事後措置の必要性及び内容を当該外国人労働者が理解できる方法により説明するよう努めること。

（5）健康指導及び健康相談の実施

産業医、衛生管理者等を活用して外国人労働者に対して健康指導及び健康相談を行うよう努めること。

（6）労働安全衛生法等関係法令の周知

労働安全衛生法等関係法令の定めるところによりその内容についてその周知を行うこと。その際には、分かりやすい説明書を用いる等外国人労働者の理解を促進するため必要な配慮をするよう努めること。

3　年少者

年少者の使用で労基法違反の新聞記事を見ることがあります。若い人を雇い入れるときに気を付けなければならないことはどんなことでしょうか。　（建設業事業主）

高校生等の満18歳未満の「年少者」を、アルバイト等に使用するときは、以下のことに気を付けなければなりません。もちろん、労基法や最賃法は全面的に適用されます。

雇入れにあたっては、必ず年齢確認をしてください。年齢確認は住民票記載事項証明書で行います。しかし、念のため、写真付きの公的証明（運転免許証、パスポート、在留カード等）による本人確認を行うこととし、いずれもない場合は、住民票の写しの原本とそのほかの公的証明の組み合わせで確認することも必要でしょう。

建設業では、以下の⑤のように満18歳未満の者を就労させてはいけない危険有害業務があるので、高校生のアルバイト等を使用する場合にも十分気を付ける必要があります。

①　未成年者の労働契約締結の保護（労基法58条）

労働契約は本人が結ばなければならず、親や後見人が代わって結ぶことはできません。

②　年齢証明書等の備付け（労基法57条）

事業場には、年少者の年齢を証明する書面を備え付けなければなりません。

③　労働時間・休日の制限（労基法60条）

次の場合を除き、いわゆる変形労働時間制により労働させることはできません。

満15歳以上で満18歳に満たない者（児童を除く年少者）が、

ア　１週40時間を超えない範囲で、１週間のうち１日の労働時間を４時間以内に短縮する場合において、他の日の労働時間を10時間まで延長する場合

イ　１週48時間、１日８時間を超えない範囲内において、１カ月または１年単位の変形労働時間制を適用する場合

また、年少者には、時間外労働、休日労働を行わせることはできません。

④　深夜業の制限（労基法61条）

原則として、午後10時から翌日午前５時までの深夜時間帯に使用することはできません。

⑤　危険有害業務の制限（労基法62条）

次のような危険または有害な業務については就業が制限または禁止されています。なお、詳細は年少者労働基準規則７条および８条で確認してください。

◆重量物の取扱いの業務
◆運転中の機械等の掃除、検査、修理等の業務
◆ボイラー、クレーン、２トン以上の大型トラック等の運転または取扱いの業務
◆深さが５メートル以上で地穴または土砂崩壊のおそれのある場所における業務
◆高さが５メートル以上で墜落のおそれのある場所における業務
◆足場の組立て等の業務
◆大型丸のこ盤または大型帯のこ盤に木材を送給する業務
◆感電の危険性が高い業務
◆有害物または危険物を取り扱う業務
◆著しくじんあい等を飛散する場所、または有害物のガス、蒸気もしくは粉じん等を発散する場所における業務
◆ラジウム放射線、エックス線その他有害放射線にさらされる業務
◆著しく高温もしくは低温な場所または異常気圧の場所における業務
◆酒席に侍する業務

◆特殊の遊興的接客業（バー、キャバレー、クラブ等）における業務
など

⑥　坑内労働の禁止（労基法63条）

満18歳に満たない者を坑内で労働させてはいけません。

⑦　使用禁止（労基法56条）

原則として※満15歳に達した日以後の最初の３月31日が終了するまでの児童（中学生以下の児童）を使用することはできません。

除染作業に従事

福島第一原発事故に伴う除染作業を、15歳の少年にさせたとして、愛知県警は2015年（平成27年）２月18日、名古屋市にある土木建設会社の専務の男を労基法違反（危険有害業務の就業制限）の疑いで逮捕した。2014年（平成26年）７月、当時15歳だった少年に、18歳未満であることを知りながら、原発事故で飛散した放射性物質に汚染された草や土を取り除く作業をさせた疑い。

福島原発内で就労

東京電力は2011年（平成23年）５月から６月にかけ、東京電力福島第一原発で当時16歳の少年が作業していたと明らかにした。同原発の事故後、労基法違反に当たる18歳未満の就労が判明したのは２人目。

ＪＫビジネス

2011年（平成23年）年５月、アルバイトの女子高生の下着をマジックミラー越しに客に覗かせたとして、女子高生見学クラブの経営者が、労基法違反（危険有害業務の就業制限）で逮捕された。

※　満13歳以上の児童については、非工業的業種に限り、(ⅰ)健康および福祉に有害でないこと、(ⅱ)労働が軽易であること、(ⅲ)修学時間外に使用すること、(ⅳ)所轄監督署長の許可を得ること等により使用することができる。

また、満13歳未満の児童については、映画の製作または演劇の事業に限り、(ⅰ)～(ⅳ)の条件を満たした上で使用することができる。

掲載裁判例一覧

（裁判年月日順）

［出典・掲載誌の略称］
民集……最高裁判所民事判例集　　労民集……労働関係民事裁判例集
刑集……最高裁判所刑事判例集　　労判……労働判例
労経速……労働経済判例速報　　判時……判例時報

【参考文献】

内務省社会局『大正12年工場監督年報（第８回)』1924年
吉阪俊蔵著『改正工場法論』大東出版社　1926年
労働省労働基準局、厚生労働省労働基準局『労働基準監督年報』昭和24年~平成26年分
厚生労働省労働基準局編『平成22年版　労働基準法』（上・下巻）労務行政　2011年
厚生労働省労働基準局編『労働基準法解釈総覧　改訂15版』労働調査会　2014年
労働調査会出版局編『改訂３版　最低賃金法の詳解』2009年
安西愈監修　中央労働災害防止協会編『裁判例にみる安全配慮義務の実務』2002年
我妻栄著『債権各論中巻二（民法講義Ｖ３)』岩波書店　1962年
内田貴著『民法Ⅰ　第４版　総則・物権総論』東京大学出版会　2008年
土田道夫著『労働契約法』有斐閣　2008年
中山慈夫著『就業規則モデル条文—上手なつくり方、運用の仕方　第３版』経団連出版　2013年
石嵜信憲編著『就業規則の法律実務　第３版』中央経済社　2013年
エンゲルス著『イギリスにおける労働者階級の状態』1844年（翻訳版：岩波文庫（上・下）1990年など）
細井和喜蔵著『女工哀史』（岩波文庫　1980年）
風間直樹著『雇用融解』東洋経済新報社　2007年

【参考サイト】

厚生労働省　http://www.mhlw.go.jp/
都道府県労働局ホームページ
こころの耳　http://kokoro.mhlw.go.jp/
あかるい職場応援団　http://www.no-pawahara.mhlw.go.jp/
安全衛生情報センター　https://www.jaish.gr.jp/
ＩＬＯ駐日事務所　http://www.ilo.org/tokyo/lang--ja/index.htm
情報公開推進局　http://www.joshrc.org/~open/
裁判所　http://www.courts.go.jp/
衆議院　質問答弁情報
http://www.shugiin.go.jp/internet/itdb_shitsumon.nsf/html/shitsumon/menu_m.htm
衆議院予算委員会議事録（第145回国会予算委員会第21号）
http://kokkai.ndl.go.jp/SENTAKU/syugiin/145/0018/14507150018021c.html
中央労働災害防止協会　各国情報・国際関係
http://www.jisha.or.jp/international/statistics/200903_01.html
イギリス安全衛生統計（Health and Safety Statistics 2007/08）
http://www.hse.gov.uk/statistics/overall/hssh0708.pdf

〈著者紹介〉

角森 洋子（かくもり ようこ）

特定社会保険労務士・労働衛生コンサルタント・元労働基準監督官。
兵庫産業保健総合支援センター法令担当相談員。
兵庫県社会保険労務士会所属、NPO法人障害年金支援ネットワーク会員。
1977年労働省（当時）入省、労働基準監督官として東京労働基準局、兵庫労働基準局、石川労働基準局、富山労働基準局に勤務。1991年労働省退職。1993年社会保険労務士資格取得。2000年社会保険労務士事務所開業（於富山市）。2005年社会保険労務士事務所移転（於神戸市）。2006年特定社会保険労務士資格取得。2009年労働衛生コンサルタント（保健衛生）資格取得。
著書に『労働基準監督署への対応と職場改善』（労働調査会）、『新版 新・労働法実務相談』（労務行政、分担執筆）、『わかりやすい労働安全衛生管理』（経営書院）などのほか雑誌記事執筆多数。

事務所：神戸元町労務管理サポート
　　　　神戸市中央区北長狭通5-2-19 コフィオ神戸元町311

監督署は怖くない！ 労務管理の要点

平成28年9月30日　初版発行

著　者　角森　洋子
発行人　藤澤　直明
発行所　労働調査会
〒170-0004 東京都豊島区北大塚2-4-5
TEL 03-3915-6401
FAX 03-3918-8618
http://www.chosakai.co.jp/

ISBN978-4-86319-502-8 C2032